弁護士１人あた

順位	都道府県	弁護士１人あたりの人口	弁護士数	人口（単位千人）					（単位千人）
1	秋　田	12,800	75	960	25	奈　良	7,201	184	1,325
2	岩　手	11,757	103	1,211	26	鹿児島	7,190	221	1,589
3	青　森	11,063	112	1,239	27	大　分	7,031	160	1,125
4	山　形	10,279	104	1,069	28	静　岡	7,031	517	3,635
5	岐　阜	9,519	208	1,980	29	山　梨	6,429	126	810
6	茨　城	9,438	304	2,869	30	和歌山	6,322	146	923
7	福　島	9,357	196	1,834	31	福　井	6,287	122	767
8	三　重	9,176	193	1,771	32	熊　本	6,167	282	1,739
9	滋　賀	8,949	158	1,414	33	石　川	6,158	184	1,133
10	富　山	8,562	121	1,036	34	群　馬	6,139	316	1,940
11	鳥　取	8,523	65	554	35	兵　庫	5,480	998	5,469
12	栃　木	8,445	229	1,934	36	沖　縄	5,338	275	1,468
13	徳　島	8,372	86	720	37	神奈川	5,316	1,738	9,240
14	愛　媛	8,247	162	1,336	38	北海道	5,033	1,039	5,229
15	島　根	8,096	83	672	39	香　川	5,005	190	951
16	長　崎	8,055	163	1,313	40	宮　城	4,798	480	2,303
17	長　野	7,946	258	2,050	41	岡　山	4,644	407	1,890
18	埼　玉	7,926	927	7,347	42	広　島	4,562	614	2,801
19	宮　崎	7,868	136	1,070	43	福　岡	3,642	1,411	5,139
20	新　潟	7,781	283	2,202	44	愛　知	3,628	2,080	7,546
21	高　知	7,604	91	692	45	京　都	3,150	819	2,580
22	佐　賀	7,589	107	812	46	大　阪	1,847	4,787	8,843
23	千　葉	7,493	839	6,287	47	東　京	672	20,923	14,065
24	山　口	7,299	184	1,343	全国合計		2,921	43,206	126,225

【注】 1．人口は，総務省統計局「令和２年国勢調査統計結果」（2021年６月25日公表速報値）による2020年10月１日現在。

2．弁護士数は，2021年３月31日現在。

3．弁護士１人あたりの人口の全国合計値は，全国総人口を全国弁護士数で除したもの。小数点以下は四捨五入。

4．大分と静岡の弁護士１人あたりの人口は，表中では等しいが，小数点以下が異なる。

5．都道府県の人口は，単位未満を四捨五入してあるため，合計値と各都道府県の内訳の計は必ずしも一致しない。

（『弁護士白書2021年版』より作成）

ブリッジブック

法システム入門

―― 法社会学的アプローチ ――

〔第５版〕

Bridgebook

宮澤節生・武蔵勝宏・上石圭一
菅野昌史・畑浩人・大塚浩・平山真理 著

信山社

Shinzansha

第5版はしがき

2008年10月に初版が発行された本書は，今年15周年を迎えることになる。2018年6月に発行された第4版からでも，間もなく4年が経過しようとしている。2020年からは，新型コロナウイルス感染症の出現と，それに対処する緊急事態宣言によって，大学教育を含む国民生活は大きく制約された。しかし，当然ながら法システムは作動と変化を続けており，第4版までの改版サイクルに照らすと，版を改めるべき時期に来ている。コロナ禍の中での出版事情はきわめて厳しいものであったにも関わらず，信山社には我々の意欲をご理解いただき，ここに第5版を発行していただくことになった。心から感謝したい。

第4版での最も大きな変化は，私の担当部分を減らして新たな執筆者を2名加えることであったが，今回もさらに私の担当部分を削減し，広島大学の畑浩人を新たに執筆者に加えた。畑は，神戸大学大学院在学中の1990年代に刑事弁護の実証研究で研究生活を始めた法社会学者である。私としては，本書の執筆を，より若い執筆者陣にいずれ完全にバトンタッチしたいと考えている。

しかし，初版以来のコンセプトに変更はない。つまり，法律を作ったり使ったりするするプロセス，法律を使うことを仕事としている人々，そして法システムを使うことの効果について，その「実態」を「初めて」自分で調べてみよう，考えてみようとするすべての人々に読んでいただきたいということである。本書が引き続き読者の手引きとなり，法システムについて自分で調べて自分で考える人々が少しでも増えることを期待したい。

2023年2月　立春直後の雪の日に

宮澤節生

初版はしがき

本書は，法律を作ったり使ったりするプロセス，法律を使うことを仕事としている人々，そして法システムを使うことの効果について，その「実態」を「初めて」自分で調べてみよう，考えてみようとする人々に読んでいただくために書かれた。それが法学部生であるか，他学部生であるか，法科大学院生であるか，あるいは一般市民であるかは問わない。したがって，文章表現のレベルは，法学部以外の学部の１年生・２年生でも理解できることを目標とした。それがどの程度成功したかは，読者の評価を待ちたいと思う。

分担執筆した４人は，いずれも日本法社会学会の活動的なメンバーであり，一定の発想を共有している。法律を作ったり使ったりするプロセス，法律を使うことを仕事としている人々，そして法システムを使うことの効果などの「実態」は，そこで使われる法律だけで決まるのではなく，法律以外のさまざまな要因の影響も受けているというものである。どのような要因に注目するかは，分析対象の性質や著者の関心によって異なるが，どの部分をとっても，法社会学の発想が現れているはずである。本書を読んだ読者が，法社会学という学問自体にも興味を感じてくれたとすれば，心から嬉しく思う。

しかし，われわれがもっとも期待しているのは，読者が，＜ステップアップ＞の課題にとどまることなく，自分の関心で問題を選んで資料を調べ，自分の頭で問題の原因や対策を考えるようになることである。司法制度改革が実施に移されると同時に，それに対する批判や抵抗も強まりつつある現在，司法制度のユーザーである一般市民も，自分なりの考えをもって変化に対応する必要があるであろう。本書がきっかけとなって，法システムについて自分で調べて自分で考える人々が少しでも増えることを期待したいと思う。

2008年7月

宮澤節生

ブリッジブック法システム入門〔第5版〕 Bridgebook

【目　次】

PART Ⅳ　犯罪・非行の処理過程

PART V 法の変動と社会の変動

略語一覧

〈法　令〉

外事弁護　外国弁護士による法律事務の取扱いに関する特別措置法（外国弁護士法）
(旧)弁護　(旧）弁護士法
行書　行政書士法
行訴　行政事件訴訟法
行手　行政手続法
刑　刑法
刑訴　刑事訴訟法
憲　日本国憲法
検察　検察庁法
公証　公証人法
国賠　国家賠償法
国会　国会法
裁　裁判所法
司書　司法書士法
自治　地方自治法
社労士　社会保険労務士法
少　少年法
消費契約　消費者契約法
人訴　人事訴訟法
税理士　税理士法
男女雇用機会均等法　雇用の分野における男女の均等な機会及び待遇の確保等に関する法律
地独行法　地方独立行政法人法
独禁　私的独占の禁止及び公正取引の確保に関する法律（独占禁止法）
内　内閣法
弁護　弁護士法
弁理士　弁理士法
民訴　民事訴訟法
民訴費　民事訴訟費用等に関する法律
〔『六法全書』（有斐閣）参照〕

〈判　決〉

最判(決)　最高裁判所判決（決定）
高判(決)　高等裁判所判決（決定）
地判(決)　地方裁判所判決（決定）

〈判例集〉

民集　最高裁判所民事判例集
刑集　最高裁判所刑事判例集
行集　行政事件裁判例集
刑月　刑事裁判月報
家月　家庭裁判月報
裁時　裁判所時報
判時　判例時報
判タ　判例タイムズ

執筆者紹介

＊掲載順

宮澤　節生（みやざわ・せつお）――《プロローグ，UNIT 8, 9》

1947年生まれ
1970年　北海道大学法学部卒業
1972年　北海道大学大学院法学研究科修士課程修了
1985年　イェール大学大学院社会学研究科博士課程修了，Ph. D. 取得
1987年　北海道大学から法学博士取得
北海道大学助手・助教授，神戸大学，早稲田大学，大宮法科大学院大学，青山学院大学，カリフォルニア大学ヘイスティングス・ロースクール（UCH）の各教授を経て，現在，神戸大学名誉教授，UC ロースクール・サンフランシスコ客員教授

〔主要著作〕『犯罪捜査をめぐる第一線刑事の意識と行動』（成文堂，1985 年）／『海外進出企業の法務組織』（学陽書房，1987 年）／Policing in Japan（SUNY Press, 1992）／『テキストブック現代司法』（共著）（日本評論社，初版 1992 年，第 6 版 2015 年）／『法過程のリアリティ』（信山社，1994 年）／The Japanese Adversary System in Context（co-ed.）（Palgrave Macmillan, 2002）／アメリカ法曹協会『法学教育改革とプロフェッション』（共訳）（三省堂，2003 年）／『プロブレムブック法曹の倫理と責任』（共編著）（現代人文社，初版 2004 年，第 2 版 2007 年）／East Asia's Renewed Respect for the Rule of Law in the 21st Century（co-ed.）（Brill/Nijhoff, 2015）／Crime and Justice in Contemporary Japan（co-ed.）（Springer, 2018）／ジョン・P・ハインツ他『アメリカの大都市弁護士』（監訳）（現代人文社，2019 年）

武蔵　勝宏（むさし・かつひろ）――《UNIT 1, 2》

1961年生まれ
1984年　神戸大学法学部卒業，参議院事務局入局
1996年　神戸大学大学院法学研究科博士後期課程退学，神戸大学から博士（法学）取得
2007年　大阪大学から博士（国際公共政策）取得
名城大学法学部助教授，同志社大学大学院総合政策科学研究科教授を経て，2010 年より同志社大学政策学部教授

〔主要著作〕『現代日本の立法過程 ― 一党優位制議会の実証研究』（信山社，1995 年）／『議員立法の実証研究』（信山社，2003 年）／『冷戦後日本のシビリアン・コントロールの研究』（成文堂，2009 年）／「参議院は無用か ― 二院制の日英比較」『現代日本の法過程（宮澤節生先生古稀記念）上巻』（共編著）（信山社，2017 年）／『議会制度とその運用に関する比較研究』（晃洋書房，2021 年）

上石　圭一（あげいし・けいいち）――《UNIT 4, 5, 11》

1964年生まれ
1988年　大阪大学法学部卒業
1990年　大阪大学大学院法学研究科博士前期課程修了
1999年　神戸大学大学院法学研究科博士後期課程単位取得満期退学
新潟大学人文社会・教育科学系助教授・准教授を経て，2012 年より追手門学院大学社会学部教授

〔主要著作〕『国際人権法・英米刑事手続法』（共訳）（晃洋書房，1991 年）／「弁護

士の語りにおける『法曹の一体性』（1）（2完）」民商法雑誌118巻1号，2号（1998年）／『社会構築主義のスペクトラム ── パースペクティブの現在と可能性』（共著）（ナカニシヤ出版，2001年）／『テキストブック現代司法』（共著）（日本評論社，初版1992年，第6版2015年）／『現代日本の紛争処理と民事司法 第1巻・法意識と紛争行動』（共著）（東京大学出版会，2010年）／「法テラス・公設法律事務所に勤務する新人弁護士をめぐる現状と課題」『現代日本の法過程（宮澤節生先生古稀記念）上巻』（共編著）（信山社，2017年）

菅野　昌史（かんの・まさし）──《UNIT 3, 16》

1968年生まれ
1997年　神戸大学大学院法学研究科博士前期課程修了
2003年　神戸大学大学院法学研究科博士後期課程単位取得満期退学，神戸大学大学院法学研究科助手（21世紀COEプログラム「市場化社会の法動態学」研究センター研究員）
いわき明星大学(現・医療創生大学)教授を経て，2022年より山陽学園大学地域マネジメント学部教授

〔主要著作〕「陪審評議の会話秩序」法社会学55号（2001年）／「消費者紛争処理の法動態学」『法動態学叢書・水平的秩序 第4巻 紛争と対話』（法律文化社，2007年）／「法律に接する」『エスノメソドロジーを学ぶ人のために』（世界思想社，2010年）／「トラブル認知と団体参加」『現代日本の紛争処理と民事司法 第2巻 トラブル経験と相談行動』（東京大学出版会，2010年）／「東日本大震災が福島県の法システムに与えた影響：予備的検討」『現代日本の法過程（宮澤節生先生古稀記念）下巻』（信山社，2017年）

畑　浩人（はた・ひろと）──《UNIT 6, 7》

1967年生まれ
2000年　神戸大学大学院法学研究科博士後期課程単位取得退学
広島大学教育学部教育学研究科専任講師を経て、2020年より広島大学人間社会科学研究科・教育科学専攻・教師教育デザイン学プログラム・社会認識教育学領域専任講師

〔主要著作〕「刑事弁護の実像を求めて ── 神戸と福岡における法廷観察と面接調査から」六甲台論集40巻1号（1993年）／「刑事弁護活動の日常と刑事弁護士論の展開 ── 『刑事専門』弁護士の観察研究によって」神戸法學雜誌48巻2号（1998年）／「本人訴訟体験からの法律学修 ── 樹木伐採工事禁止の仮処分申立てなど」広島大学大学院教育学研究科紀要第二部68号（2019年）

大塚　浩（おおつか・ひろし）──《UNIT 10, 12, 15》

1969年生まれ
1994年　神戸大学大学院法学研究科博士前期課程修了
1998年　神戸大学大学院法学研究科博士後期課程単位取得満期退学，日本学術振興会特別研究員
2022年　奈良女子大学から博士(学術)取得
奈良女子大学生活環境学部専任講師・准教授を経て，2023年より同教授

〔主要著作〕「依頼者なき法動員 ─『株主オンブズマン』と株主代表訴訟」神戸法学

雑誌47巻4号（1998年）／「弁護士と社会変革運動 ── 法専門職の関与と倫理」法社会学61号（2004年）／「訴訟動員と政策形成／変容効果 ── 法運動における訴訟再定位へむけての一試論」法社会学63号（2005年）／「コーズ・ローヤリングにおける弁護士 ── 依頼者関係の実態と弁護士倫理」法社会学70号（2009年）／「最高裁における個別意見制の現状と活性化へ向けての課題 ── 行政事件の出身母体別反対意見数の分布とグループダイナミクスの作用」『現代日本の法過程（宮澤節生先生古稀記念）上巻』（共編著）（信山社，2017年）／『弁護士と社会運動 ── 社会改革的公益活動の展開と変容 1990 ～ 2020』（信山社，2023年刊行予定）

平山　真理（ひらやま・まり）──《UNIT 13, 14, 17》

1973年生まれ

1999年　関西学院大学大学院法学研究科博士課程前期課程修了

2003年　University of Minnesota Law School, LL. M. 修了

2004年　関西学院大学大学院法学研究科博士課程後期課程単位取得満期退学

白鷗大学法学部専任講師・准教授を経て，2016年より白鷗大学法学部教授

〔主要著作〕『刑事政策のすすめ ── 法学的犯罪学』（共著）（法律文化社，初版2003年，第2版2007年）／『刑事訴訟法入門』（共著）（八千代出版，2011年）／『刑事訴訟法教室』（共著）（法律文化社，2013年）／『刑事政策がわかる』（共著）（法律文化社，初版2014年，改訂版2019年）／「今市事件裁判員裁判における被疑者取調べ録音録画映像のインパクト ── 刑事裁判のリアリティ」『現代日本の法過程（宮澤節生先生古稀記念）下巻』（共編著）（信山社，2017年）／『検察審査会 ── 日本の刑事司法を変えるか』（共著）（岩波書店，2022年）

Bridgebook

プロローグ
本書を十分に活用し，楽しむために

この本の目的はなんであろうか。この本は誰が書いたのであろうか。この本は誰のために書かれたのであろうか。この本はどう使っていただきたいのであろうか。このプロローグでは，これらの点を説明しておきたい。

1　この本の目的はなにか

この本は，法律を作ったり使ったりするプロセスと，法律を使うことを仕事としている人々の「実態」を検討する。つまり，立法過程（**UNIT 1**），行政過程（**UNIT 2**），地方自治（**UNIT 3**），法律のプロフェッショナル（**UNIT 4～9**），民事紛争（**UNIT 10～12**），そして刑事手続（**UNIT 13, 14**）である。この本のタイトルの「法システム」は，これらの全体を意味する言葉として使われている。この本は，さらに，法システムを使うことが政策形成に対して持っている効果（**UNIT 15**）と，法システムが大きな社会問題に対してどのように対応しているかということ（ディザスターに関する **UNIT 16** とジェンダーに関する **UNIT 17**）も検討する。

そして，「法システム入門」というタイトルは，この本の目的が，法律を作ったり使ったりするプロセス，法律を使うことを仕事としている人々，そして法システムを使うことの効果について，その「実態」を初めて自分で考えてみよう，調べてみようとする人々のために，「基礎的な知識」を提供することにある，ということを意味している。

2　この本は誰が書いたか

法システムの「実態」

私はたったいま，この本の目的は，「法律を作ったり使ったりするプロセス，法律を使うことを仕事としている人々，そして法システムを使うことの効果について，その「実態」を初めて自分で考えてみよう，調べてみようとする人々のために，「基礎的な知識」を提供することにある」と書いた。その意味で「入門」であるというのである。

しかし，「基礎的な知識」といっても，法律を使うための手続に関する法律や，誰に権利があって誰に義務があるかを定める法律や，法律を使う職業に関する法律について，条文解釈の基礎的な解説を行うことを意味しているわけではない。そのための入門書は山ほど出ている。

この本の力点は，法律を作ったり使ったりするプロセス，法律を使うことを仕事としている人々，そして法システムを使うことの効果について，その「実態」を検討することにある。ポイントは「実態」である。

法社会学者の発想

法律を作るプロセスの「実態」，法律を使うプロセスの「実態」，法律を使うことを仕事としている人々の「実態」，法システムを使う効果や法システムが社会において果たしている役割の「実態」などを研究する学問のことを**法社会学**という。この本の執筆者7名の経歴は執筆者紹介に載っているが，全員，日本法社会学会の活動的なメンバーであり，神戸大学に勤務していた宮澤と1990年代に一緒に勉強した仲間である。武蔵は，立法過程研究の第一人者で，日本では珍しい政治学的アプローチで法システムの「実態」を研究している。上石は，弁護士会内部の政治過程や弁護士が自分自身について語るレトリックを研究した後，最近では若手弁護士のキャリア規定要因や刑事弁護に注力する弁護士に関する一連の計量研究を行っている。菅野は，契約過程や陪審評議の会話分析で研究活動を始め，現在は2011年3月に起きた東日本大震災の被害者に対する法システムの役割について検討している。畑は，1990年代初期に刑事弁護の観察研究で独創的な成果を挙げて以来，刑事分野を中心とする研究に取り組んできた。大塚は，社会運動にかかわる弁護士の公益的活動を一貫して研究しているほか，消費者法にも関心を持っている。平山は刑事訴訟と刑事政策の研究者で，とくに性犯罪に対する裁判員裁判や立法の研究で国際的に知られており，法システム分析におけるジェンダーの視点にも関心を持っている。そして宮澤は，警察研究から始めて，企業法務研究を経由し，比較犯罪学にも手を染めながら，最近では弁護士研究と法曹養成制度研究に力を注いでおり，いくつかの国際学会の立ち上げに携わってきた。

この7名に共通のアプローチを挙げるとすれば，法律を作るプロセスの「実態」，法律を使うプロセスの「実態」，法律を使うことを仕事としている人々の「実態」，法システムを使う効果の「実態」などは，それらで使われる法律によって決まっているわけではなく，法律以外のさまざまな要因の影響をも受けているという発想である。法社会学という学問は，これらの「実態」がどのようなものであるのか解明し，その「実態」を現実に生み出している要因と，その「実態」がもたらす効果を発見しようと努めるのである。

この本が提供する「基礎的な知識」

したがって，この本が提供する「基礎的な知識」も，法律条文の基礎的な解説を意味しているのではない。必要に応じて法律の条文に言及することはあるが，法律の解説自体が目的なのではない。この本が提供するのは，法システムの「実態」がどうなるかは法律以外の要因によっても規定されていると考えた場合に見えてくるものの中で，とくに重要と思われるもの，という意味で「基礎的な知識」なのであり，この本は，その意味で「入門」なのである。

そのような「基礎的知識」を提供する「入門」としての性格上，この本では法社会学の専門用語は極力避け，可能なかぎり普通の日本語で述べることに努めている。専門用語を使わざるをえない場合には，かならず説明を加えるようにしている。

法社会学の理論や研究方法をそれ自体としてとりあげることもしていない。文献の引用は，データの出典を示す場合など，最小限にとどめている。

しかし，各 **UNIT** で検討される問題の「実態」やその要因・効果の分析は，法社会学者をはじめとする様々な研究者の業績を踏まえたものであり，この本における叙述は，専門用語を使っていない個所や，文献引用がない個所においても，法社会学の実践になっていると自負している。その意味で，この本は，法社会学への入門としても役立つはずである。

3　この本は誰のために書かれたか

この本を読んでいただきたいのは，法律を作ったり使ったりするプロセス，法律を使うことを仕事としている人々，そして法システムを使うことの効果について，その「実態」を「初めて」自分で考えてみよう，調べてみようとする人々，すべてである。ポイントは，「実態」を「初めて」自分で考え，調べる，という点にある。そういう人々であれば，法学部生であろうと，他学部生であろうと，法科大学院生であろうと，一般市民であろうと，誰でも歓迎である。そのため，文章表現のレベルは，法学部以外の学部の１年生・２年生が理解できることを目標としている。

とくに，日本社会の現実に関する読み物として読んでいただけるならば，これほど嬉しいことはない。実際，立法過程や行政過程はどのように変わりつつあるのか，警察・検察のあり方はこれまでどおりでよいのか，裁判所や弁護士はほんとうに利用しやすくなっているのかといった問題は，マスコミによって常に取り上げられるようになっている。一般市民自身にとっても，法システムを利用するだけではなく，裁判員として法システムの運用を直接担う制度が設けられている。このような時代の中で日本の法システムの「実態」を自分なりに理解したいと望むすべての人々にとって，この本は最適の読み物となるはずである。

自分で考え，調べよう

他方，この本は，大学の教材として使われることも意図している。

執筆者７名の教育経験は，大学の一般教養科目，法学部，法学部以外の学部，法学・政治学の研究者養成大学院，社会人向け大学院，法科大学院など，多様である。そこで共通に痛感しているのは，たとえ法律の条文解釈に関する知識が豊富にあっても，法システムの「実態」を自分で考えてみる，調べてみるという経験をもっている者はごく少数しかいないということである。その意味で，「実態」を「初めて」自分で考え，調べるという作業は，法学部以外の学部１年生のレベルから，法科大学院に至るまで，広い範囲で実行可能なのであって，この本も，多様なレベルの授業において教材として使っていただけると考えている。

4 この本はどのように使うか

この本を教材として使ってくださる教員に対して、この本の使い方についてひとつお願いがある。それは、各 **UNIT** の最後に置かれた「ステップアップ」の「オリジナルで考えよう」を活用して、各 **UNIT** で参照された文献の原文を読んで考えさせるという課題である。

考えさせる教材として

「オリジナルで考えよう」というテーマは，執筆者７名が講義形式の授業を行ったときのフラストレーションを反映している。使用したすべての教科書が重要な研究業績や文献を参照し，参考文献リストを用意しているのであるが，学生が自らそれらの文献を読んでみることはほとんどないということである。そのため，この本では，学生にオリジナルの文献を読ませて考えさせる課題を設定した。この本を演習形式の授業で教材とされる場合には１学期につき数回，講義形式の授業で教材とされる場合にも１学期につき１回か２回，ぜひこの課題を活用していただきたい。

目的はオリジナルを読む機会を与えることであるから，Ａ４用紙１枚，1,500 字程度のレポートを書かせるだけで十分である。大学によっては，法学・政治学系の文献が図書館に十分揃っていないこともあるが，その場合には，課題の文献が利用できる **UNIT** に限定してもよいし，担当教員が当該大学等で利用可能な別な文献を指定してもよいであろう。

ちなみに，法律文献の引用形式については，いしかわまりこ・藤井康子・村井のり子『リーガル・リサーチ〔第５版〕』（日本評論社，2016年）の付録が参考になる。しかし、「オリジナルで考えよう」の課題は法律解釈に関するものではないから，各 **UNIT** 末尾の〈参考文献〉の形式を参考にするだけでもよいであろう。

なお，本書を１学期２単位の授業で教材として使用される場合，14 回か 15 回の枠にうまく収まらない可能性がある。その場合には，もちろん，適宜 **UNIT** を削除するなり，合併するなり，授業のニーズに応じた工夫をしていただければさいわいである。

PART I

立法過程と行政過程

UNIT *I*

法律はどのようにつくられるのか

Point 法律は誰によってつくられ，どのようなプロセスによって決定されているのだろうか。法律の作成・決定過程に市民がかかわることは果たして可能だろうか。

税金や犯罪に関して，租税法律主義や罪刑法定主義という言葉があるように，政府が新たに国民の権利を制限し，または義務を課す場合には，法律で定めることが必要である（侵害留保説）。今日ではさらに進んで，国民の生活にとって重要な影響のある事項については法律の根拠が必要という考え方も提起されている（重要事項留保説）。憲法は「すべて国民は，健康で文化的な最低限度の生活を営む権利を有する」（25条）と生存権を定めているが，この規定だけでは社会保障に関する国民の請求権はただちに導き出せない。国民年金法や健康保険法のような法律が制定されることによって，国民は年金受給や医療保険の給付といった具体的な権利を持つことができるのである。このように法律は，国民の権利や自由を保障するための不可欠の手段なのである。

では，こうした法律は，一体どこで，誰が，どのような形で具体的に決定しているのだろうか。憲法は，法律は衆参両院の可決によって成立する（59条）と定めており，文字通り読めば，立法は国会議員の仕事である。私たち国民も，選挙を通じて議員を選ぶことで，国会による法律の決定に関わっていることになる。しかし，立法において官僚や利益集団が果たす役割が大きいというのが現実である。そこで，この **UNIT** では法律の立法過程を中心にその構造と動態を説明することとしよう。

1 法律案を作っているのは誰か

法律案の作成はどのように行われているのだろう

（i）立法の主体　　立法の主体が国会であることは，憲法41条が「国会は国の唯一の立法機関」としていることからも当然である。同条は，国の立法は，常に国会を通してなされなければならず（国会中心立法の原則），国会の議決のみで成立すること（国会単独立法の原則）を意味している（参考文献①）。しかし，今日の行政国家においては，議員のみで立法提案を行うには，その専門性や情報収集の上で大きな制約がある。実際に，国会に提出される法案の約3分の2は**内閣提出法案**であり，成立した法案に占めるその比率は84％を占める。国会に提出される法律案には，内閣提出法案と議員提出法案の2種類があるが，前者が政府の各省庁によって起案され，内閣から国会に提出される政府立法であるのに対して，後者は与野党を問わず，国会議員から国会に発議される議員立法である。

（ii）ボトムアップ型の立法手続　　まず，内閣提出法案がどのような手続で国会提出に至るのか，**図**にしたがって説明することとしよう。内閣が提出する法律案の原案の作成は，それを所管する各省

図　内閣提出法案の立法過程

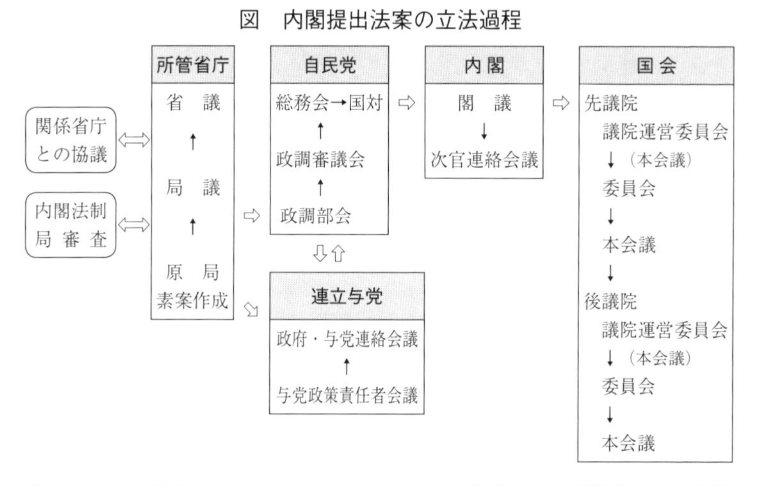

庁において行われる（**分担管理原則**という）。各省庁は所管する行政施策の遂行上，新たな法律の制定や既存の法律の改正・廃止の必要性がある場合に，法律案の立案を開始する。起案を担当するのは，課単位の原局であり，他局部課や大臣官房との調整を経て，省議で原案を決定するボトムアップ方式が採用されてきた。省議決定の前に，審議会に対する諮問や公聴会における意見聴取等の手続が必要な場合，それを経ることが必要となる。そして，閣議に付議する前段階で，関係する省庁との協議や，内閣法制局の審査，与党との意見調整が行われる。

所管省庁にとってこうした関係諸機関との協議や調整は，政策の実現の可否を握る関所にたとえられる。関係省庁との協議（各省協議という）では，他省庁との間で権限や予算の奪い合いになることも多い。各省がこうした縄張りを主張するのは，複数の省庁間でそれぞれの権限が重複する政策が非常に多いことに原因があるとされる。こうした各省協議を通じて，省庁間の権限配分を合理的に調整しているという見方もできる。内閣の意思決定機関である**閣議**は全会一致による決定を原則としており，関係省庁の合意が得られないと，法案を閣議の日程に載せることすらできない。

同様に，与党との調整では，実質的な法案審査が行われ，自民党の政務調査会にある各部会の了承が得られないと，政府は閣議決定を行わないという**事前審査**の慣行が1960年代以降，継続されてきた。このように，関係省庁や与党の部会が事実上の拒否権を持つことで，省庁の法案作成に対して大きな影響力を行使することができるのが，政府立法の特徴である。一方，こうした省庁の原局から上に積み上げていく方式とは別に，首相の指示で法案が作成されるトップダウン方式が小泉内閣（2001-06年）以降，活用されるようになった。内閣主導の法案立案を可能にするために，橋本内閣（1996-98年）において内閣機能の強化が行われ，首相直属のスタッフ組織である内閣官房が各省庁の所管事項に関しても自ら法案の立案ができるようになったのはその改革の成果である（内12条2項2号）。また，首相が議長を務める**経済財政諮問会議**の場を通じて，首相のイニシアティブで各省庁に法案作成を指示する事例も増えることとなった。2005年に成立した郵政民営化法案は，従来であれば所管の総務省が法案を立案していたのに，小泉首相の指示で内閣官房によって作成されることとなったのである。民主党連立政権時（2009-12年）に制定された社会保障と税の一体改革に関する法律や安倍内閣（2012-20年）において制定された平和安保法制，最近では，新型インフルエンザ等対策特別措置法も内閣官房の所管法律となっている。

(iii) 議員立法の現状　こうした政府立法に対して，**議員立法**は提出数こそ全法案の約3分の1を占めるものの，その成立数は全成立法案の16％程度にすぎない。与党の自民党が，1955年以降，常に政権の座にある一党優位体制が長期間継続した結果，与党は，内閣を通じてその政策を提案・実現することを常態化させたからである。与党から議員発議で法案が提出されるのは，ヘイトスピーチ解消法（本邦外出身者に対する不当な差別的言動の解消に向けた取組の推進に関する法律）のような表現の自由などの憲法と抵触したり，定期借家権導入のように各省間の調整に時間がかかり過ぎたりすることで政府提案にすることが政府にとって都合の悪い場合，または，地域振興や特定の業界団体向けのアピールとして議員立法が選択された場合がほとんどである。1990 年代以降は，超党派の議員グループによる議員立法が増加する傾向にある。しかし，これらも臓器移植法や DV 防止法（配偶者からの暴力の防止及び被害者の保護等に関する法律）のように政府側の取り組みが遅れた分野で議員側が法制化を図ったものが多いといえる。一方，議員立法では党議拘束を外して政党内で自由投票とすることもある。サッカーくじ法（スポーツ振興投票の実施等に関する法律）やカジノ解禁法（特定複合観光施設区域の整備の推進に関する法律）のようなトバク関連では，政党内で賛否が割れることも見られた。

立案過程の問題点は何か

（i）官僚優位論　　日本は議院内閣制を採用している。国会の多数党の党首が首相に選出され，首相は行政府の長であるとともに，多数党の党首として，事実上立法府も支配する。議院内閣制は首相に権力を集中させる政治制度といえる。しかし，立法過程における首相の指導力は本当に強いといえるのだろうか。日本の行政府の中では，政治部門である内閣には首相を含めてわずか 20 名の大臣がいるにすぎず，実質的には，各省庁の官僚が政策立案の実権を握っているという官僚優位論が唱えられてきた。

（ii）政党優位論　　これに対して，自民党の長期政権のもとで与党の力が増大し，官僚の側も法案を国会で通してもらうためには，与党の意向に沿った法案を作らざるをえないという政党優位論が有力になった。政府に対して，与党がより大きな影響力を持つようになったのは，議院内閣制のもとで与党が内閣を形成するという仕組みに加えて，日本では，政府に国会の議事運営権は付与されておらず，政府が国会対策を与党に依存せざるをえないという仕組みが作用した面が大きいと考えられる。1960年代から，与党による事前審査を続けてきたのも，政府側から見た場合，国会審議の事前に与党の意向を法案に反映させ，国会での法案通過を確実にするために必要な手段であったといえる。

(iii) 本人・代理人理論　　その結果，官僚が法案の大部分を立案しているとしても，それは，代理人である官僚が本人である与党が何を望んでいるのか，その欲するところを予想して内容を決めているということであり，本人の委任から逸脱する官僚代理人の行動に対して，与党幹部は監視と取締りを有効に行使することができるという見方（本人・代理人理論という）もなされるようになった（参考文献②）。

(iv) 鉄の三角形政治　　もっとも，こうした官僚に対する政治家の優位は，自民党政権のもとでの**族議員**（特定省庁の応援団として政策決定や予算獲得に強い影響力を持つ与党議員のことをいう）の影響力の拡大を意味しているにすぎず，議院内閣制のもとでの首相や閣僚などの内閣のリーダーシップをむしろ損ねているとの見方もできる。特に，与党の事前審査は，非公開の密室で行われ，族議員が特定省庁や利益団体の利害を代弁する場と化していると批判されてきた。そこでは，国民全体に便益が広く薄く及ぶ公共的な利益はどうしても軽視されやすく，特定の集団や地域に便益が集中する選択的な利益が優先されがちになることは否定できない。こうして政・官・業の鉄の三角形が形成されると，既存の政策を変更することも難しくなる。コメの輸入自由化や診療報酬の引き下げといった既得権の削減が容易に進まないのは，こうした支持利益団体の意向を受けた族議員の強い抵抗があるからでもある。

(v) 政治の大統領制化　2009年の政権交代で民主党連立政権が発足し，与党による事前審査制は一時的に廃止されたものの，結局，与党内の分裂から内閣提出法案に対する与党の事前の同意取り付けは継続されることとなった。2012年の総選挙では，自公連立政権が再び復活することとなった。2013年参院選挙以降は，ねじれ国会も解消し，歴代政権でも特に高い内閣支持率のもとで，安倍首相の指導力は強化され，内閣提出法案の成立率も大きく改善することとなった。このような首相権力の増大は，選挙における国民からの首相個人への直接的な支持を背景に，首相が与党や行政府からの自律性を強め，政策決定の中心がリーダーである首相個人にシフトするという**政治の大統領制化**の現れとも考えられる（参考文献③）。しかも，アメリカの大統領制と比べて，議院内閣制のもとで国会の安定多数を与党が占める状況での首相権力はより強大なものとなる。このように，官邸主導政治を実現したとされる安倍・菅内閣の退陣後，現在の岸田内閣では，与党が国会の絶対多数を占めつつも与野党の協調路線への転換が進むかが注目される。

2　国会で法律案はどのように審議されているのだろう

日本の国会は野党に影響力を付与しているか

(i) 国会の法案審議手続　政府によって作成された内閣提出法

案が国会でどのように審議され，決定されているのか，再び図にしたがって見ていこう。まず，内閣提出法案が国会（通常は衆議院に提出されるが，参議院が先議院となる場合も１～２割程度ある）に提出されると，法案は，議長によって適当な委員会に付託される。委員会では，所管大臣の提案理由説明から始まり，実質的な審査が行われる。委員会での審査は，法律案全体に対する質疑応答の形式で進められ，質疑，討論が終局すると，委員長は採決を宣告して表決に付す。委員会の審査が終わると，法案は，本会議の審議に移され，本会議では，委員長から委員会の審査の経過および結果の報告があり，これに対して，各会派から討論が行われた後，採決によってその可否が決せられる。先議院で議決された法案は，他の議院に送付され，再び，委員会及び本会議の審議，表決の手続が行われる。両議院の議決が異なった場合は，両院協議会を開催して成案を得るか，衆議院が出席議員の３分の２で再議決することも可能である。

このように，日本の国会は，委員会中心の制度を採用し，第二院である参議院が衆議院とほぼ対等な法案審査の権限をもつ**二院制**の仕組みを採っている。もっとも，帝国議会時代の名残から，重要法案の委員会審査の際，事前に，議院運営委員会が特に必要があると認めた場合には，本会議で担当大臣から法案の趣旨説明を聴くことも制度上認められている（国会56条の２）。

(ii) 国会機能論　　こうした日本の国会における議事決定ルールは憲法，国会法ともに多数決が採用されている。議院内閣制は，衆議院の多数党が内閣を組織する仕組みなので，与党が衆参両院を支配している限り，政府から提出された議案が，野党の反対で否決されるということはない。もちろん，与党の議員が政府提出の議案に反対すれば，否決ということもありうるが，**党議拘束**が極めて厳格な日本では，そうした造反が議決に及ぼす影響は限られている。選挙の結果，多数を握った与党が内閣と同時に国会も支配することが可能とすれば，野党の影響力は極めて限られたものになり，国会は，政府が提出した法案を通すだけの無力な存在になるはずである。しかし，実際には，政府から提出された法案の成立率は89％と100％ではない。また，法案が国会で修正される割合も約2割に上っている。しかも，そうした未成立や修正は，与野党伯仲や衆参ねじれのような与野党の勢力が接近したり，逆転したりした時期に限られるわけではない。

(iii) 野党の粘着力　　数で劣勢なはずの野党が，内閣提出法案を廃案にしたり，修正したりできるのは，国会の制度や慣行が野党に有利に働いているためと考えるのが，ヴィスコシティ説である（参考文献④）。

ヴィスコシティ（viscosity）とは，国会の持つ粘着性や抵抗力などを示す概念で，政府与党にとっては，内閣提出法案の成立を妨害する「障害物」として捉えられる。野党にヴィスコシティを与えているのは，日本の国会の時間的制約と野党に融和的な世論である。日本の国会は，1年間に複数回召集される**細切れの会期制**を採用しており，会期内に成立しない法案は，原則として次期国会に継続されない（会期不継続の原則）。もっとも内閣提出法案の場合は，与党側が多数で継続審査を議決することが可能である。しかし，次国会では審議のやり直しになるので継続になることのダメージは小さくない。毎年1月に召集され会期が150日間と決まっている通常国会の場合，会期の前半は予算案の審議に費やされ，後回しにされた法案の委員会審議入りも，野党が本会議での趣旨説明を要求することで，委員会付託自体が先送りされる（これを「吊るし」という）。

委員会に付託されても，野党は，委員会の議事運営を決める委員会理事会の場で，法案の審議をたびたびストップさせる。戦後，新国会が始まって以来，理事会は全会一致で決定するという慣行（全会一致ルール）があり，これが，野党が委員会の議事日程について抵抗したり，妨害したりする有力な手段となってきた。しかも，委員会では，担当大臣が出席しなければ野党は法案審議に応じず，本会議や他院の委員会と日程が重なると審議も行えない。本会議や他院の委員会と重複しないように各委員会の定例日が定められているが，常任委員会では，一週間の内，わずか2日程度しか審査する日が割り当てられていない。これに対して，特別委員会には定例日の制限はない。

同様の制約は後議院でもまったく同じなので，予算と同時に年度内で成立させることが必要な重要予算関連法案（日切れ法案という）は，施行日を先送りする修正をせざるを得ない場合が少なくなかった。修正の約3分の1はこうした形式修正であるが，2000年代以降は大半が実質修正となっている（参考文献⑤）。野党が絶対通したくない反対法案では，野党は審議拒否を交えた審議引き延ばし戦術を採り，会期末が近づいてくると，与党によって会期延長という方法がしばしば用いられるが，延長は通常国会では1回のみ，臨時国会でも2回までという回数制限がある。

(iv) 野党に融和的な世論　　自民党の長期政権が継続していた時代，野党を支持する少数派の要求は，政府を通じて実現することは困難であった。そのため，世論も国民の幅広い利害を政策決定に反映させるための手段として，野党の抵抗戦術に対して比較的寛容であった。また，与党の強行採決に対しては，不正常な国会審議として野党との話し合いを求めた。与党は残り少ない会期と世論の反応を睨みながら，採決を強行するか，話し合いによって，野党の要求を部分的に取り入れた修正を行うかの判断を迫られることとなる（参考文献⑥）。こうして与野党間の修正協議が委員会理事会において行われることになるのである。

(v) **国対主導の委員会運営**　ところで，こうした分権的な常任委員会制度は与野党ともに委員の政策専門性を高め，各党代表の理事の間で妥協を生みやすい制度でもある。委員会での議決が本会議で覆る率がわずか２％にすぎないことが示しているように，委員会での決定が議院の事実上の決定となっている。しかし，こうした委員会のメンバーも，法案の取扱いについての自律的な決定権を常に付与されているわけではない。委員会筆頭理事は各党の国会対策副委員長と兼務しており，出先である委員の行動は，その背後にある党の**国会対策委員長**（党執行部の一員として党首・幹事長のラインに属する）によるコントロールに服しているのが実態である。理事会での修正協議がまとまらない場合，与野党間の国会対策委員長会談の場で法案の実質的な取扱いが決められることも見られた。

(vi) **政府の予測的対応**　理事会であれ，国会対策委員長会談であれ，そうした政党間の調整を行う場が非公開で行われることは日本だけではなく，各国の議会においても同様である。表の場である委員会で，与野党が激しく論争したり，審議拒否や強行採決が行われたりしても，内閣提出法案の９割近くが成立に至っているのは，こうした与野党の協調的な関係を示しているともいえる。全会一致で成立する政府立法が４割を超えていることは，野党に影響力を付与する国会制度のもとで，政府側が法案の国会通過を確実にするために，法案作成の段階から内容を調整したり，国会提出の法案件数を絞り込んだりする予測的対応の表れでもあったのである（参考文献

⑦)。

与野党協調か与党主導か

(i) 多数決主義の優先　こうした与野党協調的な国会の捉え方に対して，野党の抵抗は最終的には与党による多数決によって破られており，理事会における全会一致ルールが紳士協定である以上，国会の議事手続である多数決が優先されているという見解が主張されている。実際に，議院運営委員会において1980年代以降，多数決による採決が増加し，全会一致はそれほど強く求められなくなっている（参考文献⑧)。

(ii) 議事運営権の所在　増山幹高は，法案の生殺与奪は議事運営権の所在によって左右され，与党の政策選好に反する法案は議会に提出されず，与党の政策選好に沿う法案ほどより推進されるという仮説を実証し，国会を与党多数党に影響力を行使させる政治制度と捉えなおした（参考文献⑨)。**議事運営権**とは，会議体でどの議案をいつどの順番でどのように議題にするのかを決定する権限を指す。法規上は，本会議では議長，委員会では委員長が持つ。実質的な議事運営権を誰が持つかについては，理事会における全会一致ルールのもとでは野党が持つとする野党説と，本来の議長や委員長が持つとする専決事項説がある。与党が多数決，極端な場合は強行採決でしばしば全会一致ルールを破ることから，後者の専決事項説が近年では有力となっている。

55年体制では，実際の運営においても，与党は絶対安定多数を握るとすべての常任委員長を独占することをもっぱらとしてきた。1970年代の保革伯仲期においては，与党は重要委員会については，委員長ポストをとることで，あえて逆転委員会を選択し，本会議での逆転可決を図ってきた。1990年代の政権交代を契機に，委員長ポストは野党会派にも配分され，重要法案が野党委員長の委員会に付託されることも多くなってきた。野党の委員長ポストの獲得は，野党側に議案を議題にかけない権力（拒否権）をもたらすこととなったのである。

そこで，90年代以降は，野党が委員長ポストを握る場合，与党側が委員会審議を中断し，いきなり本会議の採決にかける**中間報告**（国会56条の3）が行使されることが見られるようになった。これらの事例は，委員長の持つ議事運営権が，法案の成否に決定的に重要な役割を持つことを示す証拠であろう。

(iii) ねじれ国会と衆議院の優越　　一方，こうした議事運営権も，衆参ねじれ状況になると，参議院では，野党側が過半数議席に加えて議長ポストや重要委員会の委員長ポストを占めることにより，内閣提出法案の生殺与奪権を握ることになる。福田・麻生両内閣（2007-09年）では，補給支援特別措置法案や道路整備財源特例法案などの野党の反対する対決法案を衆議院の再議決を行うことで成立させることとなったが，成立した政府立法の修正率は3割にものぼることとなった（**表**）。民主党連立政権においては，衆議院で与党が3分の2を超える議席を有していないため，野党の自公両党の賛成の得られる法案でなければその成立は不可能となった。**特例公債法案**を人質にとって，野党側が内閣総辞職や衆議院の解散を迫ることもしばしば見られた。このようなねじれ国会が生じるのは，衆議院と参議院の選挙制度の相違というよりはむしろ両院の選挙時期が異なることにあるともいえる。二院制を採用するOECD加盟国で両院が直接選挙で選ばれ，両院の選挙が別時期で行われることが一般化しているのは日本だけであるという（参考文献⑩）。憲法では予算に関する衆議院の優越が認められているものの，予算関連法案が成立

表　1990年代後半以降の歴代内閣の内閣提出法案の成立率及び修正率

年	内閣	新規提出件数 (A)	成立件数（継続法案含む）(B)	成立法案中の修正件数（継続法案含む）(C)	法案成立率（%）(B)/(A)	法案修正率（%）(C)/(B)	議員立法成立数
1996～1998年	橋本	340	320	18	94.1	5.6	41
1998～2000年	小渕	306	316	40	103.3	12.7	54
2000～2001年	森	121	113	17	93.4	15.0	31
2001～2006年	小泉	685	658	53	96.1	8.1	132
2006～2007年	安倍	109	108	5	99.1	4.6	30
2007～2008年	福田	90	77	16	85.6	20.8	29
2008～2009年	麻生	84	80	26	95.2	32.5	20
2009～2010年	鳩山	76	46	4	60.5	8.7	15
2010～2011年	菅	110	96	24	87.3	25.0	40
2011～2012年	野田	109	81	37	74.3	45.7	37
2012～2020年	安倍	644	616	74	95.7	12.0	175
2020～2021年	菅義偉	70	71	6	101.4	8.5	28
2021～2022年	岸田	85	84	5	98.8	6.0	25
合計・平均		2829	2666	325	94.2	12.2	657

しなければ予算の執行もストップする。もっとも，英仏独の各国では，予算も予算関連法案もともに法律の形式で提出，審議され，日本のように予算が成立しても予算関連法案は成立できないという不一致は生じにくい。特に，日本では財政法4条の建設国債の原則から，2012年度まで赤字国債の発行の特例を認める特例公債法案を毎年度成立させることが必要であった。そのため，現行の特例公債法では，単年度の期限を5年ごとに延長すればよいとする内容に改められた。

国会審議の問題点

国会審議の空洞化　　国会は言論の府であり，与野党の議員間で活発な論争を行ったうえで，法案の問題点を是正したり，政府と野党との争点を明示したりする役割が期待されている。ところが，実際の国会審議はあまり活発ではないようだ。衆議院の委員会審議時間の変化をみてみると，1960年代から70年代にかけて年平均で約2,000時間の審議が行われていたのに，1980年代以降は，約1,300時間と大幅に減少し，2019年では1,200時間となっている。衆議院本会議の審議も年間合計しても70時間に満たない（参考文献⑪）。国会の会期は年間で約230〜250日間開催されているので，特に本会議の少なさが際立っている。

国会審議の空洞化は量的な面だけでなく，内容面においても指摘されている。1999年に廃止されるまで，担当大臣を補佐して官僚が実質的に答弁を代行するという政府委員制度が長く続いてきた。大臣が答弁でしくじらないように，野党委員に対して政府職員が質問取り（議員から見ると質疑通告となる）をし，大臣は官僚が作成した**想定問答集**を読み上げるといった緊張感のない審議がまかり通っていた面もある。各国議会のような逐条審査が行われないため，条文ごとの精緻な法律論ではなく，法案全体の政策論に終始しがちである。採決も逐条ごとでなく，全部一括採決なので，細かい修正を行うには適しない。与党議員の要望は事前審査によって反映されるため，国会提出後，与党議員は内閣提出法案を無修正で可決するために行動し，与野党の議員間で法案修正を図ろうという動機付けは働きにくい。その結果，国会審議は政府・与党対野党の党派対立的な論戦に終始し，国会内の公式の場での実質的な法案審議はほとんど行われていないとまで批判されている（参考文献⑫）。

改革の試み

（i）国会審議活性化法　　以上の問題点については，国会においても，改革の試みが行われている。1999年には国会審議活性化法が与野党間の合意を経て成立し，政府委員制度が廃止され，2001年からは**副大臣制**が導入された。官僚が政府参考人として技術的・細目的事項について答弁する仕組みは残ったものの，政治家による答弁が中心になった。1998年に民主党が野党第一党になって以降，同党は対案の提出を活発化させ，党の方針として，委員会での逐条式の質疑方法を原則とするようになった。イギリス議会をモデルに，国家基本政策委員会において，首相と野党党首が論争する**党首討論**も実施されるようになった。他方で，党首討論を定例化する代わりに首相の国会出席義務を軽減する運用も検討されるようになっている。

(ii) 予備的調査制度の活用　　一方，憲法62条は，「両議院は，各々国政に関する調査を行ひ，これに関して，証人の出頭及び証言並びに記録の提出を要求することができる」ことを規定している。この国政調査権は，議院に与えられた権能を実効的に行使するために認められた補助的な権能と解されているが，証人喚問や記録の提出要求には強制力があり，国会による強力な行政監視の手段となりうる。しかし，実際の運用では，委員会の多数による議決が必要であり，少数会派のみの要求では，実現が難しいという限界があった。そこで，1998年に導入された衆議院の予備的調査制度では，委員会または議員40人以上の要求に基づいて衆議院調査局を通じて，行政庁に対して資料の提出，意見の開陳，説明などの調査協力を求めることができることとなった。2006年に民主党の長妻昭議員らが，この制度を用いて調査要求を行い，5000万件に上る年金納付記録の消滅問題（消えた年金記録）が発覚することとなった。当時，自公連立政権は不正や無駄遣いが蔓延していた社会保険庁を非公務員型の公法人とする改革法案を提出していたが，審議の焦点は年金記録問題に集中し，最終的に強行採決によって政府案が成立したものの，政府は年金記録の回復問題に最優先で取り組むことを余儀なくされた。このように予備的調査制度は，政府のガバナンスの問題点をあぶり出し，政策の内容を転換させる手段にもなりうるのである。一方，民主党連立政権時の 2011 年に野党の要求によって設置された「東京電力福島原子力発電所事故調査委員会」は，政府から完全に独立した，民間人の委員のみで構成される初めての国会調査委員会であった。同委員会は，6 か月余りに及ぶ調査を踏まえ，福島原発事故が歴代及び当時の政府，規制当局，そして事業者である東京電力による「人災」とする報告書をまとめ公表している。

3　立法過程に市民のアクセスは可能か

決定過程へのアクセスの困難性

小選挙区制による多数与党を基盤とする内閣は，首相のリーダーシップを強め，政策の実行が可能となるといえる。しかし，小選挙区制は人為的に多数派を作り出す仕組みであり，政権交代の可能性が伴わなければ少数派の利害は国政に反映されなくなる。もともと官僚の権限が強い日本では，国民の多様な利害を吸収する役割は，政府の審議会や自民党の部会が担ってきた。民主党連立政権では，政府の審議会のメンバーが経済界や医師会，農業団体といった自民党の支持団体から，労組や環境保護，消費者運動といった幅広い利益集団の代表に拡大されたものの，そうした政策決定過程にアクセスする機会と資源は，どの社会集団にも平等に付与されたものではない。最近では，各省庁や審議会は，法案立案時に，インターネット等を通じて国民の意見公募（パブリック・コメント）を行うことが増加している（最近では，法務省が民法を改正し共同親権を導入することの是非についてパブリック・コメントを実施している）。しかし，こうした参加手続においても，国民からの意見が内容決定に十分に反映されてきたともいえない。

少数派の利害と議員立法

こうした立法過程において，政府や与党において反映されにくい少数派の利害は，これまで，野党が国会の場において議員立法や質問の形で問題提起することが多かった。育児休業法や肝炎対策基本法のように，少数党の議員立法提案がきっかけとなり，後に政府立法や委員会提出法案として成立した例も少なくない。NPO法（特定非営利活動促進法）や被災者生活再建支援法のように，政党と市民側が連携して法案を共同で作成したり，市民を発案者とする法案に与野党の議員が賛同したりして法制化を図る**市民立法**も登場するようになった。

2019年に与野党全会一致の議員立法で成立した旧優生保護法被害者救済法（旧優生保護法に基づく優生手術等を受けた者に対する一時金の支給等に関する法律）は，旧優生保護法（1948～96年）のもとで精神障害や遺伝性の疾患を理由に不妊手術を受けた被害者を救済するための一時金を支給することを内容とする法律である。旧優生保護法は，戦後の混乱期において，「優性上の見地から不良な子孫の出生を防止する」ことを目的に，都道府県の優性保護審査会の審査を経ることを条件としつつ，実質的に本人の同意を得ないまま，不妊手術が実施されるという人権侵害につながる法律であった。にもかかわらず，同法は，優性思想に反対する障害者運動や国際世論からの批判を受けて，1996 年に母体保護法に改正されるまで，維持され続けてきた。しかし，この法改正後も，所管省庁の厚生労働省や国会による強制不妊手術の被害者への対応はなされなかった（参考文献⑬）。こうした状況が一変し，救済法が実現したきっかけは，全国優生保護法被害弁護団の支援を受け，各地の被害者が原告となって，2018 年に国を相手に起こした国賠訴訟である。優生保護法のもとで強制的に不妊手術を受けた者は約 2 万 5 千人にのぼり，当時，未成年だった者も多数含まれることなどが報道され，世論に大きな衝撃を与えた。

こうした世論に後押しされる形で，被害者の救済策をめぐり与党のワーキングチームや超党派の議員連盟によって検討が行われ，2019 年の通常国会で，議員立法として救済法が成立した。同救済法では，旧優生保護法を制定した国会や執行した政府を念頭に「我々は，真摯に反省し，心から深くおわびする」ことを明記し，本人の同意の有無を問わず，旧優生保護法に基づく不妊手術を受けた者を対象に，一時金として，一律 320 万円を支給するとした。

国会での救済法成立後も，原告らは裁判を継続し，各地の地方裁判所では，優生保護法の立法行為を憲法に違反して違法であるとの判断が相次ぐ一方，不法行為の時から 20 年が経過し，損害賠償請求権が消滅しているとして，請求棄却の判決が続いていた。しかし，2022 年に大阪高等裁判所は，優生保護法に基づく人権侵害が強度である上，国の違法な立法行為によって，障害者等に対する差別・偏見を正当化・固定化，助長されてきたもので，これに起因して，原告らは，訴訟提起の前提となる情報や相談機会にアクセスが著しく困難な環境にあったことに照らすと，除斥期間の適用を認めることは著しく正義・公平の理念に反するとして，全国で初めて国家賠償請求を認容した（大阪高判令和 4 年 2 月 22 日 LEX/DB 25591730）。また，国会自身も，衆参両院の厚生労働委員会が，旧優生保護法の立法過程や被害実態を調べることを委員会調査室に命じ，その解明に自ら取り組むこととなった。

この事例は，旧優生保護法の改廃後も，被害者個人に対する救済に消極的な政府側の姿勢と，少数者の利害に関心を持とうとしなかった政権与党の政治家の責任を表しているともいえる。原告からの国への提訴を受け，世論が惹起されたことが，政治家の行動を転換させ，超党派の与野党の議員が主体となって，救済法の成立を実現した。そうした点で，国賠訴訟の提起と世論の喚起が，与党が絶対多数を持つという不利な政治的機会構造のもとでも，政府に直接のアクセスを持たない少数者の権利侵害を公式のアジェンダとして認識させ，政策を転換させる重要なカギを担ったといえよう。

司法裁判所の役割

このように，市民の側からの運動を主体とする政策形成訴訟は，原告側が公共的に解決すべき問題として，争点を政府内部の公式の議題に設定するうえで，一定の効果を及ぼす役割を果たしてきた。そうした点で，裁判所による積極的な司法判断の行使が，政策形成過程にアクセスする資源を十分に持たない市民にとって，その利害を立法形成に反映させる有効な機会として機能させるものとなろう。

〈参考文献〉

① 野中俊彦・中村睦男・高橋和之・高見勝利『憲法Ⅱ（第5版）』（有斐閣，2012年）〔76頁〕
② M・ラムザイヤー／F・ローゼンブルス（加藤寛監訳，川野辺裕幸・細野助博訳）『日本政治の経済学 ── 政権政党の合理的選択』（弘文堂，1995年）〔103〜119頁〕
③ T・ポグントケ／P・ウェブ編（岩崎正洋監訳）『民主政治はなぜ

「大統領制化」するのか ── 現代民主主義国家の比較研究』（ミネルヴァ書房, 2014 年）〔6 ～ 7 頁〕
④　岩井奉信『立法過程』（東京大学出版会, 1988 年）〔24～25 頁〕
⑤　福元健太郎「第 6 章立法」平野浩=河野勝編『新版アクセス日本政治論』（日本経済評論社, 2011 年）〔153～154 頁〕
⑥　曽根泰教・岩井奉信「政策過程における議会の役割」年報政治学 1987 号（1988 年）〔157～159 頁〕
⑦　福元健太郎『立法の制度と過程』（木鐸社, 2007 年）〔79～81 頁〕
⑧　川人貞史『日本の国会制度と政党政治』（東京大学出版会, 2005 年）〔157～171 頁〕
⑨　増山幹高『議会制度と日本政治 ── 議事運営の計量政治学』（木鐸社, 2003 年）〔206～211 頁〕
⑩　小堀眞裕『国会改造論── 憲法・選挙制度・ねじれ』（文藝春秋, 2013 年）〔124～128 頁〕
⑪　武蔵勝宏『議会制度とその運用に関する比較研究』(晃洋書房, 2021 年)
⑫　大石眞=大山礼子編『国会を考える』（三省堂, 2017 年）〔296 ～ 298 頁〕
⑬　藤野豊『強制不妊と優生保護法── 公益に奪われたいのち』（岩波書店, 2020 年）〔48 ～ 52 頁〕

ステップアップ

オリジナルで考えよう

武蔵勝宏『議会制度とその運用に関する比較研究』（晃洋書房, 2021 年）の 142 ～ 152 頁を読んで, 日本の国政調査権の現状とその問題点の要因を考えてみよう。

UNIT 2
法律は行政によってどのように運用されるのか

Point 国会が制定した法律は行政機関によって実施される。実際の行政活動では，法律はどのように運用されているのだろうか。そこでは，法律による行政の原理や国民に対するアカウンタビリティはどのように確保されているのだろうか。

憲法は，行政権が内閣に属することを規定し（65条），内閣は国会で制定された法律を執行することを本来の役割としている。**法律による行政の原理**を採用する現代の国家においては，いかなる行政活動も法律に基づいて行われ，法律に違反することは許されない。しかし，現代の国家における行政の規模は著しく拡大し，その内容も非常に複雑なものになっている。そのため，法律の具体的な詳細は，政令や省令などの命令に委任され（委任立法という），さらには，行政活動のすべてを法律やその委任を受けた命令などの法規命令によって規定することも事実上不可能となっている。したがって，行政活動の多くは **行政規則**（行政内部の基準である審査基準や処分基準，法律の解釈や運用について上級行政機関が下級行政機関に出す命令である通達など）や行政機関の裁量に委ねざるをえないことになる。また，法令が行政活動に必要な規定をカバーしていたとしても，行政機関がそれを実施するためには，人員や予算，時間などの活動のための資源を要する。実際には，行政機関の保有する資源の不足から，その利用可能な範囲内でしか行政活動が行われないということがしばしば起こりうる。

このように，法令が行政活動の実施を決めるのではなく，行政機関の内部ルールや裁量によって実施がなされたり，行政機関の持つ資源の多寡が現実に実施される法令の内容を規定するという逆転現象が生じたりしている。もちろん，こうした行政活動が違法になされた場合，国民は，裁判所に対して救済を求めることができる。しかし，日本の司法は一般的に行政を批判することに対して消極的である。

この **UNIT** では，法律を実施する過程における行政活動の構造と特質を規制行政と給付・サービス行政について検討し，法律が実施される過程においてどのような問題が生じるのかについて説明する。そのうえで，行政の決定過程への国民の参加と透明性の確保の観点から，行政手続，パブリック・コメント，情報公開，行政訴訟などの実態を概観し，法実施過程のアカウンタビリティについて考えることとしよう。

1 規制行政はどのように行われているのか

許認可行政をめぐる規制官庁と被規制団体の行動

規制行政とは，国民や企業の自由な活動に任せていたのでは，国民生活の安全が損われたり，産業経済の健全な発展が望めないなどの問題が生ずるおそれがある場合に，公共の福祉を実現するため，国民や企業にある種の行為をすることを命令したり，これを禁止したり，許可したりする行政活動である（参考文献①）。

(i) 規制行政の実態　ここではその事例として日本の官庁と業界団体の関係から規制行政の実態を見ることとしよう。今日の日本の規制行政の原型となったのは，1950年代からの高度経済成長期である。産業の基盤が未整備で，競争力が脆弱な業界が多かった当時，規制官庁は，所管の業界に対する監督の役割をもつとともに，対象とする業界自体の育成をも担うという別々の機能を同時に併せもっていた。そこでは，監督の名のもとで，行政による実質的な業界の保護が図られてきたともいえる。

(ii) 運送事業をめぐる許認可行政　許認可行政の典型とされる運送事業は，こうした官庁と業界の持ちつ持たれつの関係をよく表すものの一つであった（参考文献②）。たとえば，1980年代までのタクシー事業は，役所の規制が張り巡らされ，割高な運賃にもかかわらずサービスが悪く，利用者の不満が大きい業界とされていた。業者間の競争を阻害していたのは，需給調整の規制を目的とする事業免許制である。タクシー事業を営むためには，運輸大臣の免許が必要であり，同業他社の事実上の同意がその要件であった。さらに，同一の運賃適用地域には単一の運賃しか認めないとする**同一地域・同一運賃の原則**というものがあった。旧道路運送法では，運賃認可を判断する要件として「適正原価かつ適正利潤」，「不当な競争をひき起こすおそれがないもの」の各条項が規定されていたが，その文言が抽象的であることから，1955年の運輸省自動車局長通達以来，認可の解釈基準として同一地域・同一運賃の原則が採用されてきたのである。

1980年代まで，当時の運輸省や業界団体は，「タクシーの運賃値下げが競争を激化し，質の低下によって安全性が低下する」という論理を盾に，こうした規制を正当化してきた。しかし，そうした理由は真に消費者の利益や安全性を優先したものではなく，むしろ，業界の横並びによって既存の業者を保護する色合いの強いものであった。

(iii) 捕虜理論とは　　では，なぜ，こうした規制を旧運輸省は続けていたのだろうか。その理由を説明するために，ここでは捕虜理論を考えてみたい。**捕虜理論**とは，行政が規制政策の実施過程において，業界団体に業界内の利害調整を代行させるなど，関係業界団体への依存を強めることによって，行政が業界の捕虜にされてしまうという理論である。

たとえば，設立当初において，公共利益の実現のために積極的な規制を行っていた規制官庁が，組織体制が充実し，規制の対象である業界との関係が安定化することによって，いつのまにか規制対象である関係業界団体の捕虜となってしまい，業界への新規参入や業界内の競争促進を拒み，現状維持的な姿勢が目立つようになることなどが事例として指摘されている（参考文献③）。

規制行政の転換

(i) 同一運賃原則の撤廃　　こうした規制行政に異を唱えたのが，京都のタクシー会社であるMKタクシーであった。同社は，利用者のタクシー離れに歯止めをかけるため，単独で運賃の値下げを申請したが，当時の近畿陸運局長は，同一地域・同一運賃原則に反しているとして認可しなかった。そこで，同社は，却下処分の取消しを求めて行政訴訟を起こした。1985年の大阪地裁の判決は，法の定める要件である適正原価・適正利潤条項と不当競争条項に違反しないにもかかわらず，同一地域・同一運賃でないために，運賃申請が認可されないことを違法とするものであった（大阪地判昭和60年1月

31日判時1143号46頁)。その後，両者の間に和解が成立し，同一運賃原則による運用を定めた通達は1993年に至って廃止され，1997年以降は上限額からマイナス10%までの幅ならば運賃が自動認可される規制緩和が進められることとなった。

(ii) 規制行政と利益団体　この事件は，既得権益を維持しようとする業界とその代弁者としての規制官庁の関係を示唆していよう。規制官庁は，自ら制定した行政規則とその運用の正当性を主張するが，規制の真の目的は誰のためにあるのかが，問われなければならない。もちろん，規制によって**レント**(政治的活動を行うことによって得られる超過利得)を得る団体がある以上，自己利益の追求のために，政治的に働きかける団体が出てくるのは避けられない。

規制によってレントを得る業界団体は，常時，政治や行政と接触を持ち，業界への参入規制の緩和に反対したり，業界保護のための新たな規制発動を求めたりする。規制行政を担当する官僚機構は政治や業界団体の影響を被りやすく，自らの利害からも自由でないというバイアスが働く。業界と規制官庁との間には，官僚の天下りなどを通じての癒着も生じやすい。

(iii) 規制緩和の進展　規制緩和によって企業間の自由な市場競争に委ねることが消費者の利益を実現すると考えられるようになったのも，こうした業界の既得権保護に陥りやすい規制行政に原因があった。政府は1980年代以降，規制緩和を政府レベルで積極的に推進し，情報・通信，航空，金融，流通等の経済的規制分野の緩和・撤廃が大幅に進むこととなった。タクシー事業の新規参入に対する規制も，2002年より免許制から許可制となり，増・減車も認可制から届出制に緩和された。こうしたタクシー事業を巡る数量調整や運賃の規制緩和により，タクシー運賃が値下げされ，利用者の利便性は格段に高まることとなった。その反面で，車両数の急増と過度な運賃競争により，タクシー会社の経営や運転手の労働条件が悪化するなど，行き過ぎた規制緩和の負の側面も顕在化している。そのため，現在では，2014年に施行された**改正タクシー事業適正化・活性化特別措置法**（特定地域及び準特定地域における一般乗用旅客自動車運送事業の適正化及び活性化に関する特別措置法）によって，国土交通大臣が指定した特定地域と準特定地域について，下限割れに変更命令が出せる公定幅運賃制度が導入されている。しかし，実際に地方運輸局長から出された運賃変更命令に対しては，行政庁の裁量権の逸脱または濫用があったとして違法とする大阪高裁の判決が確定している（大阪高判平成28年6月17日 LEXIS/DB 25543489）。そのため，国土交通省は，下限割れ事業者の運賃原価も考慮しながら，下限運賃の引き下げなどの見直しを余儀なくされることとなった。

他方で，規制緩和の焦点は，2000年代以降，社会的規制分野に拡大され，医療や農業，教育などの分野への株式会社の参入が，認定を受けた自治体に限って規制の特例措置を認める構造改革特区を活用して進められた。また，経済界を代表するメンバーが主導する審議会で派遣労働者の拡大などの規制緩和が進められた。マンションなどの耐震強度の偽装が問題になった民間指定確認検査機関による建築確認や民間監視員による駐車違反の放置違反金制度が導入されるなど，規制行政そのものを民間委託することも行われるようになっている。こうした規制行政における新しい管理手法（NPM）は，財源や人的資源が不足する行政組織を政策立案部門に集中させ，実施・現業部門を民間に委ねるという組織形整でもあったのである。しかし，行政機関や委託先の民間機関が対象者である顧客の満足度を高めることを優先しすぎた場合，本来，法に従って適正なチェックや運用をしなければならないはずの規制行政が「**顧客志向の罠**」に陥ることに注意しなければならないだろう（参考文献④）。

行政指導による行政

（i）ソフトな手法の必要性　ところで，規制行政の実施手段は，法律に基づいて行政機関が行う許可，命令，禁止などの行政処分だけでなく，行政機関が一定の行政目的のために行う指導，勧告，助言などの**行政指導**（定義は行手２条６号）によって行われることが多い。こうした行政指導は，行政処分のようなハードな手段で強制的に執行するよりも，相手方に対する柔軟な対応を可能にするソフトな手法であり，行政側からもその必要性が主張されてきた。

水質汚濁防止法の執行過程について実態調査を行った平田彩子は，行政機関が違反に対して行政指導を初期の対処として行うのは，改善命令は短期的な違反是正には効果的であるが，行政指導を通じた協力的法執行スタイルを選択し，被規制者の自主的な遵守を引き出す方が繰り返しゲームのもとでは長期的には好ましくなるからであるとしている（参考文献⑤）。

（ii）行政指導の問題点　しかし，行政指導の実態はそのほとんどが法律に基づいて権限が付与されたものではなく，あくまでも，相手方の自発的協力を前提にして，行政側がその意図を実現しようとするものである。にもかかわらず，行政指導は，実際には，許認可権などをもつ監督官庁に対して弱い立場にある業界や企業にとって，別の件での報復を避けるための予測的行動を余儀なくさせる，事実上の強制力をもつものとなってきた。行政指導の相手側にとっては，こうした指導に従うことが任意である以上，仮に利益の侵害が生じても法的救済を求めることは難しい。官庁にとって融通無碍に使いやすい行政指導は，行政側が責任を負わずに政策の効果を挙げることが可能なことから，どうしても過剰になりやすく，そこでの不透明さも増す。

(iii) 石油ヤミカルテル事件　1973年に始まった第一次石油ショックに便乗した石油元売り会社によるヤミカルテル事件では，当時の通産省の行政指導を背景とした石油業界の行為に対して，公正取引委員会が告発するという事態に発展することとなった。最高裁は，石油業界が行った価格カルテルを，価格の上限の希望案を決めただけでなく，後日の通産省による了承を前提として，各社一斉に上限額まで値上げを行うことを事前に合意した違法な共同行為であると認定する一方，通産省が行った石油製品の値上げには事前に同省の了承が必要とする行政指導については，価格に関する積極的・直接的な介入をできる限り回避しようとする態度が窺われ，異常事態に対処するため社会通念上相当とされる限度を逸脱したとは認められないとして適法とする判断を下した（最判昭和59年2月24日刑集38巻4号1287頁）。

しかし，監督官庁である通産省の承認がなければ値上げが事実上難しいものである以上，業界側も官庁の行政指導を積極的介入と受け止め，自らも行政指導の内容に影響力を及ぼそうと官庁との関わりをもってきたと考えるべきであろう（参考文献⑥）。結局，通産省と業界との間のこうした行政指導による不透明な関係が，本来守られるべきはずの消費者に，便乗値上げによる不利益を一方的に押し付けることとなったのがこの事件であったといえるだろう。

(iv) 行政手続法の制定　その後も，1980年代末から90年代にかけて，就職情報誌に関する法規制の強化を免れるための働きかけから政官界の疑獄事件に発展したリクルート事件や証券会社による損失補てんを巡る証券スキャンダルなど，行政指導が官業癒着の原因として，その問題点が指摘されることが相次いだ。自治体レベルにおいても，一定規模以上のマンションを建設しようとする事業者に対し，条例の根拠もなく負担金を課す行政指導について，最高裁は事業者の任意性を損なわなければ違法ではないとしたものの，給水拒否といった制裁措置を背景として納付を強制した市の行為が違法な公権力の行使になるとして賠償責任を認める判決を下した（最判平成5年2月18日民集47巻2号574頁）。

こうした国内外からの批判を踏まえ，透明で公正な行政の実現を目指して**行政手続法**が1995年に施行され，行政指導があくまで相手方の任意の協力に基づくものであり，相手方が行政指導に従わなかったことを理由として，不利益な取扱いをしてはならないことが規定された（行手32条）。同法では，さらに，行政指導に従わない意思を示しているのに，行政指導を続け権利行使を妨げる行為を禁止している（同33条）。にもかかわらず，生活保護の窓口指導では，申請書を求めた人が申請書さえもらえず，餓死してしまったという事件すら生じている。なお，行政指導の相手側が求めた場合には，行政側が書面を交付することが義務付けられた（同35条）。また，法令に違反する行為の是正を求める行政指導の相手方は，当該行政機関に対し，行政指導の中止を求めることもできることとなった（同36条の2）。

新型コロナウイルス感染症の患者が急増する緊急事態宣言下において，全国の自治体では，飲食店などに対して，営業時間の短縮を求める要請が出されたが，それに応じない飲食店に対して，東京都は，新型インフルエンザ等対策特別措置法に基づく時短命令を全国で初めて出した。この命令に対して，相手方の企業が東京都に賠償を求めた裁判で，東京地裁は，命令を出す特に必要があったと認められず違法とする判断を示している（東京地判令和4年5月16日 LEX/DB 25592297）。この事例は，法的強制力を伴う方法で外出等の禁止を命令した欧米諸国と異なり，あくまで行政指導を前提にして，相手方の自粛を求める日本の行政機関のコロナ対応の困難さを示していよう。

2 給付・サービス行政はどのように行われているのか

裁量的政策と政官業の癒着

政府が社会や経済に関与する際の政策手段の特徴から，政府の行政活動を二つの政策類型に分類することができる（参考文献⑦）。

(i) 普遍的政策と裁量的政策　　第一は，政府の行動についてのルールや基準が明確である普遍的政策である。義務教育や公的年金のように，一定の客観的な要件を満たした受給資格者に等しく公平にサービスや給付が提供される。

これに対して，第二は，客観的なルールや基準が存在せず，権限や財源を持つ官僚組織の裁量によって執行の中身が大きく左右される**裁量的政策**である。公共事業のようにどの地域に補助金を配分するか，多数の申請者の中から優先順位をつけて，一定額の範囲内で配分が決定される。こうした裁量的政策では，供給される財・サービスの総量に限界があるため，それを超える需要が生じた場合には，何らかの基準で希望者を選別せざるをえない。その結果，同等の要件を満たしていても，政策の恩恵に浴する者と，そうでない者が選別される場合が必然的に生じる。

(ii) 行政外部からの介入　　問題は，こうした裁量的政策において，選択の基準があいまいであればあるほど，行政官僚による裁量の余地を拡大し，執行の決定に対して特定利益団体からの圧力や政治家の介入を生むことになることである。このことは，行政機関の中立性や公平性が損なわれる原因となっている。

(iii) 求められる改革　　こうした裁量的政策に関する構造的な問題に対しては，行政機関の裁量を縮小し，政策立案のみならず，予算や政策の執行結果についての政策評価に国民や議会が関与する仕組みが不可欠である。許認可等の審査基準では，行政手続法の施行によって公表を原則とするようになった。しかし，補助金の配分や許認可の決定プロセスについての透明性が確保されるようになったとは必ずしもいえない。民主党連立政権時に実施された**事業仕分け**は，事業の廃止・見直しなどを通じて省庁側の不透明な裁量権限を縮減していく改革でもあったが，その試みは現在でも，府省内部の行政事業レビューとして継続されている。

ストリートレベル官僚制の機能とジレンマ

政策の企画立案を行う上級公務員に対して，実施段階で法律の適用を行うのは現場レベルの公務員である。リプスキーは，第一線の末端の現場で政策実施活動に携わっている行政職員を**ストリートレベル官僚制**（Street-level bureaucracy）と名づけた（参考文献⑧，この **UNIT** では，第一線公務員と呼ぶこととする）。第一線公務員の例としては，外勤の警察官，福祉事務所のケースワーカー，公立学校の教員，労働基準監督署の監督官などが挙げられる。こうした職種に共通しているのは，上司による濃密な指揮監督を受けずに，相当程度の裁量をもちながら対象者と直接接して職務を遂行していることである。

(i) エネルギーの振り分け　　こうした第一線公務員に広範な裁量の余地を与えているのは，彼・彼女らがもつ時間や人員などの資源の有限性である。その結果，第一線公務員は，どの活動に力を注ぐかというエネルギーの振り分けを裁量的に行う。その際に，何をもって当該公務員の仕事を評価するかという基準の設定によって，活動量が規定される場合がある。

たとえば，福祉サービスは，原則として申請主義を採用しているため，熱心なケースワーカーは，サービスが必要な人に家庭訪問したりして需要を掘り起こすが，多忙で手一杯のケースワーカーはサービスの存在をなるべく知らせないようにするため，サービスの存在を知っている人しか申請できない状況が生まれる。ケースワーカーの評価基準は，処理件数ではないからである。このように，第一線公務員がどのようにエネルギーを振り分けるかによって，無意識ながらもサービスの需要量を実質的に決める役割を果たしている。こうした第一線公務員の機能を**隠された機能**という。2000 年代以降，認可園に入れない 3 歳未満児の数は 2 万人を超え，待機児童の解消は歴代政権の優先課題とされてきた。そのため，保育の受け皿の拡大が急ピッチで進められたが，2020 年代になるまでその数は 1 万人を下回ることはなかった。それは，国も自治体も正確に把握できていない潜在的な待機児童が受け入れ枠拡大とともに待機児童のリストに移行するからでもある。2020 年代に入って，待機児童数は 3, 000 人程度までに減少したが，その要因には子どもの数の減少や新型コロナの影響による利用控えなども関係していると考えられ，待機児童の問題が一気に解決したとはいえないだろう。中央省庁の上級公務員が政策を決定し，予算をつけても，現場の実施段階で政策目的が変容したり，失敗したりするといった実施のギャップが生じるのも，こうした隠された機能によって，第一線公務員が実質的な政策の決定まで行っている面があるからである。

(ii) 第一線公務員のジレンマ　　こうした第一線公務員は，市民に対するサービスの提供者であると同時に，監督者としての立場でもあることによって，対象者との関係において，ジレンマに直面することが少なくない。たとえば，**生活保護法**は，生活困窮者に対する生活の保障と自立の助長という両立しにくい二つの目的をもっている（参考文献⑨）。厚生労働省は，財政支出の抑制の観点から生活保護率の引き下げを各自治体に求めているが，保護率が低い自治体では，自立支援の名目で，ケースワーカーによる「申請件数を少なくし」，「保護を打ち切る」といった適用が行われているともいわれる。生活困窮者の生存権を保障するはずの生活保護が，いつのまにか被保護者を切り捨てることに目的が転移してしまうという誤謬が生じるのは，生活保護法の目的の曖昧さ（生活保障なのか，自立助長なのか）を原因とするケースワーカーのジレンマの結果でもある。

第一線公務員のジレンマは，規制過程における法適用においても現れる。2000年に制定された**児童虐待防止法**（児童虐待の防止等に関する法律）を受け，全国の児童相談所への児童虐待の通報件数が急増するようになった。しかし，虐待による悲惨な事件が法制定後もあとを絶たないのは，専門性を持った児童福祉司や虐待児童を収容するための児童養護施設の絶対量の不足という問題が背景にある。2004年の同法改正では，虐待を行った親への指導について，児童相談所らに親子の再統合に向けた配慮が求められることとなった。2008年の再改正では，児童相談所による強制立ち入り調査も可能となった。しかし，実際には，虐待を行った親に対する児童相談所による指導は，裁判所が強制的に命じる欧米諸国に比べて日本では十分に機能していない。児童相談所による強制的な調査や職権での一時保護などの強権的な対応をすることが，親との信頼関係を損ない，その後の援助関係が成立しなくなるという矛盾も抱えている。こうした児童相談所の課題に対して，保護者の同意の有無にかかわらず，迅速な子どもの保護や虐待防止のために，児童相談所に常勤の弁護士を配置する自治体も見られるようになっている（参考文献⑩）。

実効性ある行政裁量の統制とは

このように第一線公務員は，法律の実施段階において，その裁量の余地の大きさによって，政策パフォーマンスの実質的な内容を決定すると同時に，目標の曖昧さや資源の不足，法適用の困難性などによって，その裁量の行使如何が，時として市民を支配することも起こりうる。したがって，こうした第一線公務員の行政裁量をいかに統制するかは，資源の有限性や対象者との間のルールの在り方をも考慮しなければ実効性はあがらないといえよう。

3　行政の決定過程への参加と透明性の確保

実施過程への国民の参加は可能か

これまで見てきたように，国民の代表による議会が法律を制定しても，行政機関による実施段階において裁量的な法の運用が行われることで，法律の目的の変容や，政策効果の未達成といった問題が生じているのは，高度に専門化した行政活動に対する議会や裁判所による行政統制が十分に機能しなくなっていることを示している。

（i）国民の参加手続の法制化　　行政機関の実施過程を法的に統制し，その公正の確保と透明性の向上を図るために行政手続法では，許認可等の行政処分の審査基準の策定と公表を行政機関に義務づけ，不利益処分の相手方国民に聴聞や弁明の機会を保障するなど，国民の決定への参加を認めることとなった。しかし，同法によって保護される対象は行政処分の相手方国民に限定され，国民の権利義務に多大な影響を与える行政立法への国民の参加手続は抜け落ちていた。

(ii) パブリック・コメントの義務づけ　　そこで，2005年に行政手続法が改正され，政省令や審査基準，処分基準，行政指導指針などこれまで行政府の中だけで決めることができた行政立法について，その制定に際して，国民から意見公募（パブリック・コメント）を行うことを命令等制定機関に対し義務づけることとなった（行手39条）。その手続は命令等の制定機関が作成した案を公示，意見公募をし，30日以上の募集期間を経て，国民から提出された意見を十分に考慮して，命令などを制定するという仕組みである。

(iii) 国民からの意見は反映されているのか　　こうしたパブリック・コメントの法制化によって，意思形成過程で情報が公開されるなどの評価できる点がある一方，問題は，国民からの意見を聞いたというアリバイ作りに利用されることである。ゆえに，国民から提出された意見が省庁の命令等の最終的な決定に何らかの影響を有しているか否かが制度の評価を左右するといえるだろう。これまで，パブリック・コメントにおいて提出された意見を考慮した結果，命令等の案の修正を行うなど，提出意見が反映された割合は，20％程度にとどまっている（参考文献⑪）。

一方で，2014年4月に実施された生活保護法施行規則一部改正省令案のパブリック・コメントは，生活保護の厳格化を行った生活保護法改正を受けて，生活保護申請書の提出を申請時に義務付け，扶養義務者の調査権限を原則強化する内容の省令案に関するものであった。この省令案に対しては，国会審議で与野党が合意した「これまで通り口頭申請が認められ，申請書は保護の決定までに提出すればよい」とする議員修正や，扶養調査の強化は「極めて限定的な場合に限って行う」とした政府答弁に反する内容であり，生活保護問題対策全国会議をはじめ，日弁連や日本精神保健福祉士協会，日本医療社会福祉協会などから多数の反対声明が出され，パブリック・コメントでは1166件もの意見が厚生労働省に提出された（参考文献⑫）。その結果，厚生労働省は，「無用な心配，混乱を生じさせることのないよう，国会での政府答弁等での説明ぶりにより沿った形で修正する」として，省令案を大幅に見直し，申請書の提出時期の規定を削除し，扶養義務の調査も極めて例外的な場合に限定する内容に修正した。このように，国民からの強い反対意見が専門家団体も含めて多数寄せられる中で，国会での与野党合意や政府答弁に反する厚生労働省の当初案は，パブリック・コメントの手続きを経る過程で，軌道修正を余儀なくされたのである。

(iv) 情報公開法の制定　　こうした行政の決定過程における官僚の恣意性を排除するためには，意思形成過程の透明性を高めることが重要である。2001年から施行された**情報公開法**（行政機関の保有する情報の公開に関する法律）は，行政府が持っている情報を，種類を問わず，だれでも，簡単な手続で収集できるようにしていることに特徴がある。行政機関にとっていつ情報の開示を求められるかわからない状態で業務を行うことは，国民に対して説明のつかないことをしないような公正な運営を促すことになろう。もっとも，情報公開により，私的な利益を侵害したり，公共の利益を損なうおそれを生じたりする場合には，不開示とすることが可能である。この場合，情報公開・個人情報保護審査会によるインカメラ審理などの救済制度が設けられているが，最終的な不開示の決定に対しては，裁判所に取消訴訟または義務付け訴訟を提起することが可能となっている。

問われるアカウンタビリティ

行政機関が自己の遂行する政策について，その背景や目的，方法，成果などを広く国民に明らかにし，その理解を求める責任をアカウンタビリティ（説明責任）という。今日の肥大化し，透明度の下がった行政活動の可視性を高め，行政の決定過程への参加の機会を拡大することによって，開かれた行政を目指そうとする考え方がそこから導き出される。1990年代以降に整備された行政手続法や情報公開法，2002年に施行された政策評価法（行政機関が行う政策の評価に関する法律）などの一連の法制化は，政策，施策，業績，過程，手続のそれぞれのレベルにおいて行政が国民に対してアカウンタビリティを確保することを狙いとするものであった。

(i) 行政訴訟を通じての裁判所による統制　執行機関である官僚制には法律による行政の原理が求められるが，今日の複雑多岐化した行政国家では，行政機関の裁量の拡大によって，逸脱現象も少なくない。こうした行政機関の違法・不当な行政活動に対しては，国民はその違法性や自らの権利・利益の侵害を行政訴訟によって問うことができる。

2009年に厚生労働省が制定した薬事法施行規則は2006年に政府が規制緩和の一環として制定した新薬事法の施行を受けて，郵便やインターネットでの第一類・第二類の医薬品の郵便等販売を規制するものだった。そもそも郵便等販売を規制することは憲法22条1項で保障された職業活動の自由を制限するものである。郵便等販売を規制するためには，こうした職業活動の自由を制限する立法事実が不可欠であり，本来は法律事項として薬事法の改正によって対応すべきであった。しかし，政府内では，規制改革会議から，郵便等販売が店頭での販売よりも安全性に劣ることも実証されておらず，消費者の利便性を阻害することなどから，郵便等販売の規制を撤回すべきとの見解が提起されており，法律による郵便等販売の一律規制は困難な状況であった。

最高裁は，2013年1月11日，省令の規定が根拠となる新薬事法の趣旨に適合するものであり，その委任の範囲を逸脱したものではないというためには，立法過程における議論をも斟酌し，新薬事法中の規定から郵便等販売を規制する内容の省令の制定を委任する授権の趣旨が，規制の範囲や程度等に応じて明確に読み取れることを要するとした。そのうえで，新薬事法の郵便等販売に対する立場は不分明であり，その理由が立法過程においてもまったく伺われないことからも，国会が郵便等販売を禁止すべきであるとの意思を有していたとはいいがたい。したがって，省令の規定が郵便等販売を一律に禁止することとなる限度において，新薬事法の趣旨に適合するものではなく，新薬事法の委任の範囲を逸脱した違法なものとして原告の主張を認める判決を下した（最判平成25年1月11日民集67巻1号1頁）。

憲法41条は国会が国の唯一の立法機関であると規定し，法律から命令への白紙委任は違憲と解される。また，受任命令が授権法律の委任の範囲から逸脱することは違法と判断される。これまで，最高裁が委任の範囲を超えるとして委任命令を違法と判断した事例は11件に過ぎず，司法による行政立法の統制はかならずしも十分とはいえないのが現実であろう（参考文献⑬）。

この最高裁判決を受け，政府は全体の99.8％に相当する一般用医薬品の郵便等販売を解禁する薬事法等改正案を提出し，同法案の成立（医薬品，医療機器等の品質，有効性及び安全性の確保等に関する法律に題名変更）を経て，新ルールが2014年から施行されることとなったのである。

(ii) 今後の展望　　このように，行政事件に関する国民の裁判利用を促進するためには，行政活動に対する司法審査を積極的に実施することで，行政に対する司法のチェック機能を強化することが必要である。こうした行政訴訟の活性化は，法的責任のみならず，法律の実施過程における安易な裁量行政や行政指導の是正にもつながることで，行政のアカウンタビリティの確保に寄与することになろう。

〈参考文献〉

① 西尾勝『行政の活動』（有斐閣，2000 年）〔23 頁〕
② 森田朗『許認可行政と官僚制』（岩波書店，1988 年）〔174～184 頁〕
③ 田丸大「第 4 章官僚機構と政策形成」早川純貴・内海麻利・田丸大・大山礼子『政策過程論 ――「政策科学」への招待』（学陽書房，2004 年）〔152～153 頁〕
④ 真渕勝『現代行政分析』（放送大学教育振興会，2004 年）〔175～176 頁〕
⑤ 平田彩子『行政法の実施過程 ―― 環境規制の動態と理論』（木鐸社，2009 年）〔199 ～ 200 頁〕
⑥ 新藤宗幸『行政指導 ―― 官庁と業界のあいだ』（岩波書店，1992 年）〔143～149 頁〕
⑦ 山口二郎『戦後政治の崩壊』（岩波書店，2004 年）〔94～95 頁〕
⑧ マイケル・リプスキー（田尾雅夫・北大路信郷訳）『行政サービスのディレンマ ―― ストリート・レベルの官僚制』（木鐸社，1986 年）〔17～18 頁〕
⑨ 真渕勝『行政学』（有斐閣，2009 年）〔507 ～ 508 頁〕
⑩ 大久保真紀『ルポ児童相談所』（朝日新聞出版，2018 年）〔204 ～ 211 頁〕
⑪ 総務省「行政手続法（意見公募手続）の施行状況に関する調査結果」（総務省，2019 年）〔6，15 頁〕

⑫　東京新聞 2014 年 4 月 19 日朝刊「省令案 生活保護厳格化を修正 反対の声，行政動かす」
⑬　宇賀克也『行政法概説 I 行政法総論（第 7 版）』（有斐閣，2020 年）〔306 ～ 309 頁〕

ステップアップ

オリジナルで考えよう

大久保真紀『ルポ児童相談所』（朝日新聞出版，2018 年）204 ～ 226 頁を読んで，子どもの虐待防止のために，弁護士が児童相談所で働く意義と役割について考えてみよう。

UNIT *3*

市民は地方自治にどのように関われるのか

Point 市民は，選挙で投票する以外に，自治体のあり方にどのように関わっていくことができるのだろうか。近年の民営化・民間委託の流れは，地方自治にどのような影響を及ぼしているのだろうか。

「地方自治は民主主義の学校」とよく言われる。この言葉は地方自治に市民が関わることの大切さを示している。市民は選挙だけでなく，条例制定や住民訴訟などさまざまな方法で地方自治に関わりを持つことがある。この **UNIT** では，そうした市民と地方自治との関わりについて見ていく。

1　地方自治体は何をしているところか

地方自治には，地方自治体が自治権を持って当該地方を運営すること（団体自治）と，その地方に住む人々が地方自治体の意思形成に参加すること（住民自治）の二つの意味がある。日本国憲法は「地方公共団体の組織及び運営に関する事項は，地方自治の本旨に基いて，法律でこれを定める」(92条) と規定しているが，この「地方自治の本旨」が指しているのも，これら二つの意味である。地方自治制度の必要性についてはさまざまな議論がなされているが，中央権力の抑制と自由の保障，また，政治参加の機会の拡大などが挙げられるのも，「地方自治」のこうした捉え方に対応するものといえる (参考文献①)。

地方自治の一方の担い手である自治体の行う事務には**自治事務**と**法定受託事務**とがある。法定受託事務とは，地方自治法によって定められているもので，国が本来果たす役割を担っている事務を都道府県や市町村が行うもの (第1号法定受託事務) と都道府県が本来果たす役割を担っている事務を市町村が行うもの (第2号法定受託事務) とがある。前者の例としては戸籍事務やパスポート発行，国道管理，生活保護などが，後者の例としては都道府県議会議員・知事の選挙に関する事務などがある (自治2条9項)。自治事務とは，地方自治体が行うべき事務で，法定受託事務以外の事務にあたる (同2条8項)。住民基本台帳の整備 (同13条の2) や飲食店や風俗店の営業許可 (食品衛生法，風営法) などがこれにあたる。このほか地方自治体は法律の範囲内で条例や規則を制定することができる (憲94条，自治14条)。

2　条例はどのようにして作られるか

一般的な条例の制定過程

条例の制定・改廃は議会が行う。条例案を議会に提出できるのは首長と議会の議員・委員会であり，議員が発議するときは，議員定数の12分の1以上の賛成が必要となる (自治112条1項，2項，149条1

号)。実際には首長が条例案を提出するケースの方が多い。

条例の制定過程は，都道府県レベルか市町村レベルか，いかなる内容の条例か，同様の条例制定に対する他の自治体の動きはどうか，国の政策はどうなっているか，などによって異なる。1978年頃の兵庫県の一般的な条例制定過程は図の通りであった(参考文献②)。かなり古い資料であるが，自治体内においてボトムアップ方式で条例制定が進む過程が示されている。まず，条例制定は，原課が庁内の関連部局や関係省庁，県議会の各党派に打診したり審議会に諮問して，条例制定を発議するかどうかを決めることから始まる。条例制定を発議することになれば，原議を作成し，部内の関係課の合議を経て，部の総務課に提出する。総務課では企画係が法規審査を行って部長がこれを決定する。部外の部局との合議が必要な場合は，その後，各部総務課企画係を通して合議する。この合議を経て所管部

図　条例の制定過程

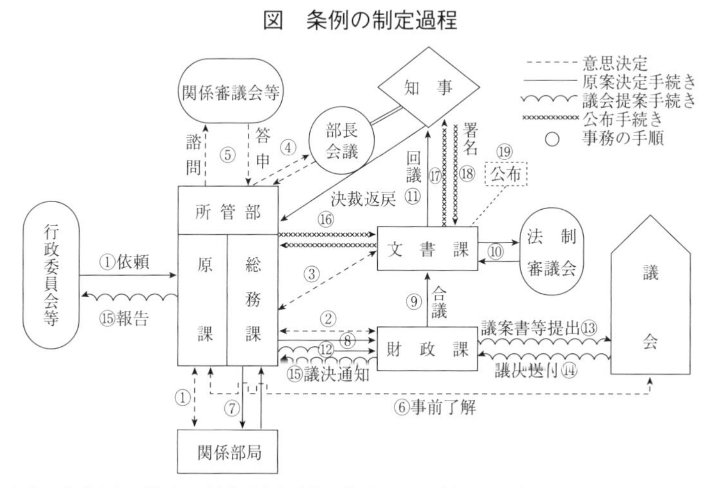

出典：佐藤竺編『条例の制定過程』(学陽書房，1978年) 109頁

で決定された原議は総務部財政課と文書課にまわされ合議に付される。文書課に提出された条例案は，必要に応じて法制審議会に付され，条例案として確定することの可否が審議される。審議会で決裁された案は財政課に送られ，財政課が議会の委員会審議に必要な書面を作成し，議会事務局を通して議長に提出する。議会では，委員会や本会議の審議を経て議決が行われる。そして可決されると，条例として公布される。

条例の制定過程も，国家レベルの立法過程と同様，利益団体の活動や議会内の政党勢力などの影響を受ける。立法過程と較べたときに特徴的なのは，条例制定過程は国の介入の有無（条例制定に向けて国の介入があると制定を急ぐ），他の自治体の動向（自分たちだけ乗り遅れないようにしたり，条例の制定／制定阻止のための共同戦線を張ることがある），首長のリーダーシップなどの要因が，強く影響していることである（参考文献③）。また，自治体間で条例の内容や文言が酷似しているケースが少なくない。これは政府から示されたモデル条例案や，他の自治体の条例を参考にして条例案を作成していることによる（参考文献④）。

専決処分による条例制定

条例の制定は，首長の**専決処分**によってなされることもある。専決処分は，議会を開催する時間的余裕がなかったり議会が成立しないなどの緊急の場合や（自治 179 条），議会の委任を受けて（同 180 条），首長が下すものである。専決処分を行ったときには，その後，議会の承認を得ることが必要とされている。専決処分自体は，以前から多くの自治体で用いられていたが，近年，議会と対立した首長が専決処分を乱用したことから，地方自治法が改正され，副知事や副市町村長の選任は専決処分の対象から外された。また，専決処分で制定した条例や予算が，議会で不承認になった際は，必要な措置を講じ，その旨を議会に報告することが求められるようになった。

住民参加と条例

地方分権推進法の施行にともなって地方分権が推進されるようになった。これによって自治体の条例制定権が広がり，自治体は市民参加や市民との協働の枠組みを整備する必要が生じてきた。そこで市民と自治体との関係を再構築するために，**自治基本条例**や**市民参加条例**，**市民協働支援条例**など，地方自治への市民の参加のあり方を決める条例が作られるようになった。

自治基本条例は，自治に関する基本的な事柄を定めた「地方自治体の憲法」とも言うべきものである。市民参加条例は自治体の政策決定過程に市民が参加しうることを規定するものであり，説明会の実施やパブリック・コメント，審議会への市民委員の参加，住民投票などについて規定している。また市民協働支援条例は，市民やNPOを公共の担い手として位置づけ，市民やNPOが非営利の自主的な公益活動を行うことに対して，自治体が情報を提供したり，財政支援を行ったり，市政運営への参加を促す内容になっている（参考文献⑤）。これらの条例については，そのさきがけとなったニセコ町のまちづくり基本条例の制定過程に見られるように，条例案の制定に市民が参加するケースが多い。

3　市民は地方自治にどのように参加できるか

（i）イニシャティブ，リコールの権利　　市民が自治体に関わるのは，選挙権・被選挙権の行使を通してだけではない。市民には，条例の制定・改廃の請求（自治12条1項），事務監査請求（同12条2項）

などのイニシャティブ，議会の解散請求，首長・議員などの解職請求のようなリコールが権利として認められている。

条例の制定・改廃請求を行うには，当該自治体の有権者の50分の1以上の署名を集めて首長に請求する（同74条1項）。事務監査請求は，地方自治体の業務執行について，有権者の50分の1以上の賛成で監査請求することができるものの（同75条1項），監査委員に監査を求めるにとどまる。このほか，当該自治体の住民は，自治体による違法もしくは不当な財政行為があると認められるときには，当該財政行為が終わってから1年以内に，住民監査請求を請求することができる（同242条1項，2項）。

リコールは，有権者総数の3分の1（その総数が40万を超え80万以下のときは，40万を超える数の6分の1と40万の3分の1を合算した数，80万を超えるときは，80万を超える数の8分の1と40万の6分の1と40万の3分の1を合算した数）以上の署名によって，選挙管理委員会に対し，議会の解散を請求したり（同76条1項），首長（同81条1項）や議員（同80条1項）などの解職を請求するものである。議会の解散請求の場合は，住民投票で有効投票の過半数の同意が得られたら解散が成立する。首長や議員の解職請求の場合には，解職を決する住民投票を実施して過半数の同意があると失職する。副知事や副市長，会計管理者などの場合には，議員の3分の2以上が出席する議会で4分の3以上の同意で失職する。

イニシャティブやリコールは市民の権利の一つとして認められてはいるが，大人数の連署が必要なため，大規模な自治体では必要な署名を集めるのが困難であるという問題がある。他方，住民監査請求については，請求手続きをとるのは容易であるが，当該財政行為が終了してから1年以内に請求しなければならないという制限がある。

(ii) 住民投票とその限界　　さらに，市民が自治体に対して，その意見を表明する手段の一つとしては，条例による**住民投票**がある。こうした住民投票が最初に脚光を浴びたのは，新潟県西蒲原（かんばら）郡巻町（現新潟市西蒲区）に東北電力が予定していた原子力発電所建設の是非をめぐって町民の発案により巻町が設けた**住民投票条例**とそれをもとに行われた住民投票である（1995年7月施行，同9月改正，96年8月投票）。このケースでは，投票時期や投票結果の拘束力をめぐって，条例制定後ももめたものの，最終的には住民投票が実施され，その結果をもとに町長は原発建設に町として反対することを表明した。それにより，東北電力は巻町への原発建設を断念することになった（参考文献⑥）。

その後，多くの自治体で住民投票条例が制定され，投票が実施されている。たとえば平成の市町村合併の時期には，市町村合併の賛否やどの隣接市町村と合併するかなどをめぐって，各地で住民投票が用いられた。このような点をとらえ，住民投票が自治としての性格を持ってきているという指摘がある（参考文献⑦）。また，2015年2月に与那国島で行われた自衛隊配備をめぐる住民投票のように，住民投票には政府の意思決定に対する抵抗の手段の一つという側面も強くある（参考文献⑧）。

住民投票は直接民主主義の一つの姿ではあるが，住民投票によって民意を政治に反映させるには高いハードルがある。市民が住民投票によって民意を明らかにしたいと考えても，住民投票条例の制定を直接請求することから始めなければならないことが多い。だが「間接民主主義を原則としているので，選挙によって住民意思を代表する議会の意思が優先されるべき」だという理由から「議会の側が住民投票条例を否決することも少なくない」（参考文献⑨）。仮に住民投票が実施されても，その結果には原則として法的拘束力がないため，投票結果が政策に反映するとは限らない。

(iii) 情報公開と住民訴訟　　住民は，情報公開請求をしたり，住民訴訟を起こすことを通して地方自治に参画することもできる。情報公開条例は，1982年，山形県金山町が全国に先駆けて制定（金山町公文書公開条例）し，2017年現在，すべての都道府県とほぼすべての市区町村で制定されている。不正な公金支出をはじめとする自治体の違法行為をチェックするために，市民が情報公開請求をし，違法行為が明らかになったときには，住民監査請求（自治242条）を行う。それでも納得のいく回答がえられなかったときには，住民訴訟（自治242条の2）をおこすケースがある。住民監査請求と住民訴訟は，住民であれば一人でも行うことができる。そのため，コストが低く，大規模自治体でも活用されている。なお，住民監査請求は，違法だけでなく，不当な財務会計上の行為についても対象とすることができるが，住民訴訟で訴えることができるのは違法な財務会計上の行為である。

このような情報公開請求や住民訴訟は徐々にではあるが増加してきている。これらの多くは市民オンブズマン（最近は「オンブズパーソン」ということもある）の活動に支えられており，とくに1990年代半ば以降，市民オンブズマンが自治体の行財政運営を監視し，不正がある場合はその是正を求めるために情報公開請求や住民監査請求，住民訴訟など，争訟型の法制度を用いる現象が見られる。そのため，こうした争訟化に対し，自治体職員の間では通達や法令の重要性に対する認識が高まっているという指摘がある（参考文献⑩）。

(iv) その他の市民参加の方法　　議会への市民参加としては，請願と陳情がある。請願は紹介議員を必要とするが，陳情には法的根拠がなく，紹介議員も必要としない。また，自治体が何らかの政策決定を行う際に，審議会や私的諮問機関の委員を市民から公募したり，パブリック・コメントを募集することがある。だが，一部の問題を除いては，パグリック・コメントに寄せられる意見は必ずしも多くない。またパブリック・コメントに寄せられた結果が必ずしも政策決定に反映されるとはいえず，審議会や私的諮問機関には行政側の原案を承認する「隠れ蓑」になっているという批判もある。

4　自治体サービスの提供方法の変化

民間的手法の導入

これまで公共施設の建設・運営などの公共サービスの市民への提供は，国や自治体によって担われてきた。これは公共施設の建設・運営は採算ベースに乗らないものが多く，民間が提供することが難しいためであった。

だが，近年の行財政改革の流れの中で，公共施設の建設・運営などについても，民間企業の経営理念や手法などをできるだけ行政現場に導入して，効率化や活性化が図られるようになってきた。これはNPM（New Public Management）やPPP（Public Private Partnership）と呼ばれ，1980年代以降，英国を始めとする欧米諸国で導入されている。その主なものを以下に紹介しよう。

（i）PFI（Private Finance Initiative）　従来，地方自治体の公立駐車場や市民病院などの公共施設は，自治体が自らの費用で建設して運営していた。だが，1999年にPFI法が制定されたのを受けて，民間の持つ資金や経営能力，技術能力（民間経営資源）を用いて公共施設や公用施設などの建設・維持・運営などを効率的・効果的に行おうとする動きがある。

PFI では，自治体は市民に提供する「公共サービスの内容や水準を民間に示して，そのサービスを提供するための具体的な仕様や維持管理・運営の方法ならびに価格を提案させ」る。そして「安くて質の良い提案を行った事業者を選定し，事業者が自ら提案した事業計画に従ってサービスを提供させ」る。自治体は事業者が提供するサービスに対する対価を支払うことになる（参考文献⑪）。

（ii）指定管理者制度　　市民会館や公立の音楽ホールを実際に運営しているのは誰だろうか。従来，これらは地方自治体自らが運営するか，自治体の出資する法人に管理運営を委託することが多かった。だが，2003 年に地方自治法が改正され，民間業者や NPO などにも運営を委ねることができるようになった（自治 244 条の 2・3 項から 11 項）。これを**指定管理者制度**という。この制度では，応募してきた企業や NPO，公社が審査会や選定委員会で審査され，議会の議決によって最終的に指定管理者に指定される。

指定管理者制度が適切に機能するためには，公平に適切な指定管理者を選定することが重要となる。だが，指定管理者の指定手続は条例で定めることになっており，選定の基準や方法について何らの制限もない。このため，指定管理者を外郭団体に実質的に制限する条例を制定したり，指定管理者を公募するものの，応募条件を厳格にすることで実際には従来からの外郭団体からのみ申請を出させるといったケースがあるという（参考文献⑫）。

（iii）**地方独立行政法人**　　国立大学が独立行政法人化されて国立大学法人になったのに合わせて，公立大学には公立大学法人になったところがある。公立大学法人は地方独立行政法人の一つである。地方独立行政法人は地方独立行政法人法によって設けられる。地方独立行政法人の業務の範囲は，大学，病院事業，ガス事業，水道事業などに限られている（地独行法21条)。地方独立行政法人は，達成すべき業務目標（中期目標）とそれを達成するための計画（中期計画）を立てて事業を行い，事業年度の終わりに評価委員会によって事業実績の評価を受ける。設立団体の長は，中期目標終了後に当該地方独立行政法人の存続の必要性について評価委員会の意見を聞いて検討を行い，必要な措置を講じることになる。

(iv) 民間手法導入の課題　自治体がこれまで行ってきたサービスの提供に，こうした民間手法を導入するのはなぜだろうか。しばしばそれは民間手法を公営施設の建設・管理・維持に導入することで，費用を抑えつつ効率的に質の高いサービスの提供が可能になるからと説明される。だが，かつて民間と自治体とが資金を出資して公営施設を建設・運営した第三セクターでは，その多くが経営破綻を引き起こしている（例として，宮崎シーガイア，第三セクター鉄道)。

近年の民間手法の導入に関しても，たとえば次のような弊害が生じている。公共ホールの運営に指定管理者制度を導入したケースでは，指定期間が終わると改めて公募になるため，長期的な事業計画が立てにくいという問題がある。さらには指定管理者が公演の内容よりも採算を優先したり，入場料を従来程度にとどめるよう自治体から注文され，思ったほど収益が上がらないという理由からいったん決まった指定管理者を辞退するといったケースも生じている（参考文献⑬)。また指定管理者になった業者が解散したり，不正行為を行って指定管理者を取り消されたケースや，PFI事業者が破綻したケースもある。このように民間手法を導入すればただちに安価に良質なサービスが提供できるとは限らない点にも注意が必要である。

事業仕分けの導入

民主党政権のときに国の会計に関連して実施された事業仕分けの様子はテレビでも中継されたことから注目を浴びた。これは，民間の政策シンクタンク「構想日本」によって発案され，2002年に岐阜県で行われて以来，他の自治体でも実施されるようになったものである（参考文献⑭）。その効果としては，経費削減だけでなく，市民（納税者）の住民参加や自治体職員の意識改革，情報公開，議会の活性化などが指摘されている（参考文献⑮）。ただし，これらは事業仕分けが元々意図していたものではないし，事業仕分けとは無関係に達成されるべきものともいえる。自治体による支出は住民の生活に密着したものも少なくない。第三者も交えて自治体の事業を見直すことは良いが，予算や決算をチェックするのは議会の役割という観点に立ち返るならば，地域の実情も知っている議員がきちんと予算や決算を審議し，さまざまな事業の必要性について検討すべきであることが，もっと注目されてよい。

求められる冷静な検討

行政のサービス提供には，採算ベースに乗りにくい場合や，採算ベースに乗せると受益者に過大な負担が発生する場合にも，安価で良質なサービスを一般市民に提供できるというメリットがある。行政と市民の役割を見直して，行政の無駄を削減すること自体は望ましいが，自治体のサービスのどれが無駄か無駄でないかは，自治体財政の論理のみから導き出すべきではない。行政が提供すべきサービスは何か，安価で良質なサービスを市民が広く享受するには，どういう方法が効果的かについて，市民の声に耳を傾けつつ冷静に検討することが必要である。

5 「地方自治は民主主義の学校」となりえているか

最後に冒頭の「地方自治は民主主義の学校」というフレーズに戻ろう。今日でもしばしば地方自治を語る際に用いられるこのフレーズは，住民が自分たちの住んでいる地域の政治に関心を持ち，それに積極的に参加することの重要性を表している。この**UNIT**でみてきたように，市民参加条例や自治基本条例を制定する動きは，住民の積極的な地方自治への参加を促す新しい試みであった。事業仕分けも，住民の関心を地方自治に向けさせ，参加を促すという副次的効果をもたらしもした。しかし，そうした市民参加の動きを一時的なブームで終わらせてはならない。

では，どうすればよいのか。そのためには毎日の生活が政治と密接につながっていることを実感することが必要であろう（参考文献⑯）。たとえば，指定管理者制度の例で取り上げた，公民館や音楽ホールは今のままでよいのか。あるいは，公立の図書館やスポーツ施設はもっと使いやすくならないだろうか。そうした身近なところから課題を発見し，その解決に向け，地域住民が協働する。その試みは失敗することもあるかもしれない。しかし，そうした試みを永続することが地方自治を民主主義の学校にするのではないだろうか。このように考えるならば，いま改めて「『地方自治は民主主義の学校』となりえているか」という点が問われているのではないだろうか。

〈参考文献〉
① 久米郁男・河野勝『改訂新版　現代日本の政治』（放送大学教育振興会，2011年）〔110～111頁〕

② 竹本満佐之「都道府県の状況 ── Ⅲ　兵庫県の場合」佐藤竺編『条例の制定過程』（学陽書房，1978 年）〔95～127 頁〕
③ 伊藤修一郎『自治体政策過程の動態 ── 政策イノベーションと波及』（慶應義塾大学出版会，2002 年）〔245～247 頁〕
④ 佐藤竺「現代行政と条例」佐藤竺編『条例の制定過程』（学陽書房，1978 年）〔11 頁〕
⑤ 松下啓一『協働社会をつくる条例 ── 自治基本条例・市民参加条例・市民協働支援条例の考え方』（ぎょうせい，2004 年）〔2～5 頁〕
⑥ 伊藤守・渡辺登・松井克浩・杉原名穂子『デモクラシー・リフレクション ── 巻町住民投票の社会学』（リベルタ出版，2005 年）
⑦ 上田道明『自治を問う住民投票 ── 抵抗型から自治型の運動へ』（自治体研究社，2003 年）
⑧「与那国に自衛隊，賛成 6 割　推進の町長『安堵』　住民投票」朝日新聞（西部版）2015 年 2 月 23 日
⑨ 天川晃・小田中聰樹『地方自治・司法改革（日本国憲法・検証 1945-2000 資料と論点　第 6 巻）』（小学館，2001 年）〔126 頁〕
⑩ 阿部昌樹『争訟化する地方自治』（勁草書房，2003 年）〔125～126 頁〕
⑪ 野田由美子『PFI の知識』（日本経済新聞社，2003 年）〔30～31 頁〕
⑫ 三野靖『指定管理者制度 ── 自治体施設を条例で変える』（公人社，2005 年）〔32 頁〕
⑬「『指定管理者制度』本格始動したが…」朝日新聞 2006 年 10 月 18 日
⑭ 枝野幸男『「事業仕分け」の力』（集英社，2010 年）〔45 頁〕
⑮ 東京財団『これからの自治体改革 ── 事業仕分けの検証から』（東京財団，2012 年）〈www.tkfd.or.jp/files/doc/2012-02.pdf〉
⑯ 五十嵐立青『あなたのまちの政治は案外，あなたの力でも変えられる』（ディスカヴァー・トゥエンティワン，2015 年）〔5 頁〕

＊本文中で参照した朝日新聞の記事は「聞蔵Ⅱ　ビジュアル」で検索したものを利用した。

ステップアップ

オリジナルで考えよう

参考文献⑯を読んだ上で，あなたが暮らす地域がもっとよい方向に向かうためにあなたに何ができるのか具体的に考えてみよう。

PART II

法律のプロフェッショナル

UNIT 4

法曹とはどういう職業なのか

Point 裁判官，検察官，弁護士はどういう人たちなのだろうか。この **UNIT** では，これらの職業がどういう経緯を経て現在のような姿になったかを扱う。

法律家はどんな仕事をしているのだろうか。日本には種々さまざまな法律家がおり，それぞれの成立の歴史も業務の内容も異なっているため，彼らの活動をひとくくりにして論じることはできない。そこで，この **UNIT** では，「法曹」と呼ばれる法律家に焦点を絞り，その全体像を紹介する。

1 「法曹」の範囲

さまざまな法律家のうち弁護士，裁判官と検察官を**法曹**という。この三者だけを「法曹」とひとくくりにすることは，世界的には一般的ではない。ドイツの Jurist は公証人や上級行政官も含んでいる。英米圏の jurist は日本語で言う「法律家」に近く，lawyer は法律業務を行う資格を与えられた者を指す。フランスには，これらに相当する法律家の統一的な名称はない。「法曹」という語を用いる国でも，台湾では日本の「法曹」概念と似ているが，韓国では「法を執行する人あるいは集団」を指し，法曹三者に限られない（参考文献①）。このように「法曹」概念が国によって異なるのは，各国の法律家の歴史やその養成制度の違いを反映しているためである。それでは，日本の法曹は，どのような成立の経緯をたどって，今日のような姿になったのであろうか。

2 法曹の誕生と発展

裁判官・検察官の成立

(i) 裁判官・検察官の成立　　裁判官，検察官は明治5年（1872年）の職務定制で初めて設けられた。当初は行政官僚が裁判官になることも多く，独立した裁判官が設けられたのは明治22年（1889年）の裁判所構成法によってであった。裁判官が独立したと言っても，司法大臣が裁判官組織に対して行政監督権を持っていたため，司法行政は政府の影響を受けることがあった。

検察官も裁判所構成法によって成立した。検察官は法律上，上司の命に従って職務を行うという点で，各人が独立している裁判官と異なる。だが，司法大臣が検察官に対して指揮権を発動して特定の事件の処理について検察官に指示するといったことはなかった。

(ii) 戦後の裁判官制度　　日本国憲法の施行に伴う司法改革で，裁判官の制度は大きく変化した。裁判官は司法大臣の監督権から離れ，司法の独立が確保された。裁判官は「裁判により，心身の故障のために職務を執ることができないと決定された場合」か「公の弾劾」によらずに罷免されることはなく，行政機関が裁判官の懲戒処分を行うことはできない（憲78条）。すべての裁判官の報酬は在任中は減額されない（同80条2項）。さらに各裁判所の司法行政は，当該裁判所の裁判官会議に委ねられる。このように裁判官の身分保障，裁判官の独立がこれまで以上に図られる制度に改められた。その一方で，裁判官の身分は終身制から任期制に改められ，下級裁判所の裁判官は10年の任期とされ，再任されうることになった（同80条1項）。最高裁判所裁判官については，任命後に最初に行われる衆議院議員総選挙の際に，**国民審査**に付される（同79条2項）。だが，2度目の国民審査を受けるケースは1963年の入江敏郎判事以降はない。また，国民審査で罷免を可とする票が過半数を超え，罷免されたケースもない。

下級審の裁判官は，司法試験に合格して司法修習を終えた後，判事補として採用される。そして10年間判事補としての経験を経た後，判事に任命される。最高裁判所判事は15名からなるが，そのうち少なくとも10名は，裁判官，検察官，弁護士，法学教授・准教授を通算20年以上務めた者または高等裁判所長官および判事の職に10年以上あった者でなければならない。残りの者は法曹である必要がない（裁41条1項）。簡易裁判所の裁判官には，法曹三者や法学教授以外にも，裁判所の調査官や事務官もなることができる。また，長年司法事務に携わってきて職務に必要な学識があると簡易裁判所選考委員会の選考で認められた者もなることができる（同44条，45条）。

(iii) 戦後の検察官制度　　戦前は検察官は被告人・弁護人より優越的地位にあった。だが戦後の司法改革により検察官は被告人・弁護人と対等になった。また検察による不起訴処分について市民が審査するために**検察審査会**が設けられた（⇒ **UNIT 7**）。

このほか検察官の能力や適格性を審査するために**検察官適格審査会**が法務省におかれた。これは検察官の能力を3年ごとに審査するほか，心身の故障や能力不足の者について審査し罷免の勧告を行うものである。

地方検察庁以上の検察庁に勤務する検察官は，司法試験に合格して司法研修所で修習を終えた後，検事として採用される。検察事務官や警部以上の警察官などを3年以上経験した者は，選考によって，副検事となることができる。副検事とは区検察庁で職務を行う検察官である。副検事を3年以上経験した者は考試によって特任検事になることができる（検察18条2項，3項）。

弁護士の誕生

ヨーロッパには日本で言う弁護士に相当する職業が古くからあった。しかし日本では，弁護士は明治期の近代化政策の中で設けられたものである。

（i）代言人の誕生　　明治5年（1872年）に施行された司法職務定制によって代言人，代書人，証書人が設けられた。この代言人が弁護士に，代書人が司法書士や行政書士に，証書人が公証人にそれぞれ発展していった。

（ii）戦前の弁護士　　明治26年（1893年）に弁護士法（旧々弁護士法と呼ばれる）が施行され，代言人制度に替えて弁護士制度が誕生した。戦前期を通じて弁護士は他の法曹よりも地位が低かった。弁護士は地方裁判所の検事正の監督を受けたほか，弁護士会も司法省の監督下にあった。このため戦前の弁護士にとって，他の法曹と対等の地位を確保することが悲願であった（参考文献② 116〜122頁）。

(iii) 戦後の弁護士　第二次大戦後，GHQ の占領下で日本の民主化の一環として日本国憲法の制定・施行，最高裁判所を頂点とする裁判所制度の構築などの司法制度改革が実施された。弁護士制度の改革もその一つであった。1949 年に制定・施行された新弁護士法では，弁護士・弁護士会を裁判所の監督下から独立させ，弁護士への懲戒権を弁護士会に付与した。また，弁護士自治を行うため**日本弁護士連合会**（略称：**日弁連**）が設置された（参考文献② 110～114 頁）。

3　日本の法曹養成制度

法曹養成制度の歴史

(i) 戦前の法曹養成制度　旧々弁護士法の下では，弁護士登録をするには弁護士試験に合格するか帝国大学法学科を卒業すればよく，実務修習はなかった。一方，検察官や裁判官は，登用試験に合格して司法官試補になった後，裁判所や検事局で 1 年半以上の研修を経て二回試験に合格することで判事や検事に任命された。明治 27 年（1894 年）から実施された高等文官試験司法科試験では，弁護士になることを希望する者も司法官になることを希望する者も，ともにこの試験に合格することが求められるようになった。だが，弁護士になるための修習はなかった。弁護士も弁護士補として 1 年半の修習を経ることが求められるようになったのは，昭和 8 年（1933 年）の旧弁護士法においてであったが，弁護士事務所で修習が行われたに過ぎなかった（参考文献② 81～82 頁）。

(ii) 戦後の法曹養成制度　戦後に制定された司法試験法では，裁判官や検察官になる者も弁護士になる者も司法試験に合格し，司法修習生として2年間（その後，1年4ヶ月に短縮された）の司法修習を経た後，修了試験に合格することが求められるようになった。この修習では，すべての修習生が，修習終了後の就任希望職種にかかわらず，ともに裁判官，検察官，弁護士の各業務の研修を受ける。これを**統一修習**という。

司法試験の合格者は当初，年間約250人を少し上回る程度だったが，1964年頃には約500人に増加した。しかしその後，司法試験受験者数の増加にもかかわらず合格者数は変わらなかったため，合格率が1975年頃には1.5％強にまで低下し，合格者の平均年齢が28歳を上回るようになった（参考文献③）。これに対しては，何度か改革が行われたが，司法試験が狭き門であることは変わらなかった。その上，受験生は司法試験予備校に通って受験テクニックを中心に学んで合格を目指すため，日常に生起する複雑な問題に対処できないという批判が行われるようになった。そこで，司法制度改革の一環として，法曹養成のための理論的・実践的な教育を行う法科大学院を経て新司法試験を受け，実務修習を行うというプロセスを重視した制度が導入されることになった。

司法制度改革と法曹養成のあり方

2001年6月にまとめられた**『司法制度改革審議会意見書』**では，従来の「点による選抜」に代えて，法科大学院教育と新司法試験，司法修習という「プロセスによる養成」が唱えられていた（参考文献④）。これに基づいて，法曹養成のあり方の改革がなされた。法曹になろうとする者は法科大学院を修了するか，司法試験予備試験に合格して司法試験受験資格を得る必要がある。法科大学院の修学年限は原則として3年間（ただし法学既修者コースは2年間）である。2020年度からは，一定の要件のもとに法学部と法科大学院とが連携し，学部に法曹コースを設けて，大学を3年間，法科大学院を2年間で修了させることができる。2022年からは，法科大学院で所定の単位を修得し，1年以内に修了見込みの者にも受験資格が与えられるようになった。この新司法試験受験資格を得て5年以内に司法試験に合格し1年間の修習を経て最終試験に合格すると法曹の資格が得られる。

新司法試験の合格者数は，一時は2,000人以上だったが，年々その数は減少し，近年では1,500人を下回っている。一時は2割程度だった合格率はやや改善しているが，当初期待されていたような，法学部以外の学生や社会人といったさまざまな背景を持つ人材が法科大学院を目指さなくなっている。その一方で，**司法試験予備試験**がますます法科大学院のバイパスとして利用されるようになっている。予備試験合格者の弁護士は，「人々の日常生活に近い分野よりも企業活動に関係する分野」の業務に時間を割く傾向があるという指摘もある（参考文献⑤）。法学部の法曹コースと法科大学院との連携も，当初の理念から逸脱した一種のバイパスである。このように法曹養成制度改革が当初目指した姿からますます遠ざかっていっているのが，法曹養成の現状である。

4 法曹の団体

日本には職業集団として法曹三者のいずれもが加入している団体はない。このため法曹が加入している団体は弁護士を中心としたものにならざるを得ない。

弁護士会と日弁連

弁護士は弁護士会と日弁連の双方に加入することが義務づけられている（強制加入制度）。弁護士会は地裁管轄区域に１会ずつ（東京だけは歴史的経緯から３会）ある。

日弁連は，各弁護士会と弁護士（および弁護士法人）の双方を構成員としており，「弁護士及び弁護士会の指導，連絡及び監督に関する事務を行うことを目的」（弁護45条２項）としている。弁護士会と日弁連は，弁護士資格を持つ者の登録を認めたり，会員弁護士に対して懲戒を行うことができる自治団体である。

法律家の任意加入団体

法律家の団体には任意加入のものもある。以下に，そのうちの主なものをいくつか紹介しよう。**日本法律家協会**は法曹三者と法律学者を構成員とする。当初は，法曹一元を実現することを目指していたが，現在，法律学に関する調査発表以外に目立った活動は見られない。

自由法曹団は，大正10年（1921年）に労働運動弾圧に抵抗して設けられた弁護士の団体であり，憲法擁護，労働事件や公害事件の裁判支援その他人権擁護のための活動を行っている。**青年法律家協会**（略称：**青法協**）は，憲法のもとでの再軍備に反対して平和を守り，憲法を擁護することを目的として，法律研究者や弁護士，裁判官らによって1957年に設けられた。多くの裁判官が加入していた時期もあったが，1960年代に青法協に加入している裁判官に対する偏向批判や人事差別があり，裁判官の多くが脱退した。1984年には裁判官部会が青法協から分離し，如月会に再編された（参考文献⑥）。

労働者の権利擁護のための活動をしている弁護士が中心となった団体としては，**日本労働弁護団**がある。これは，労働者の権利擁護活動のため，日本労働組合総評議会（略称：総評）の呼びかけで結成された弁護団（かつて総評弁護団と称した）である。これとは逆に，企業経営者側に立って労働事件に関する弁護活動を行う弁護士による団体として**経営法曹会議**がある。これは，労働事件の経営側にたって活動する際の情報交換のために，企業の顧問弁護士などが日本経済団体連合会の外郭団体として，横の繋がりを作ったことに端を発する。このほかにも特定の目的のために結成された団体は数多い。

〈参考文献〉

① 広渡清吾編『法曹の比較法社会学』（東京大学出版会，2003 年）
② 大野正男「職業史としての弁護士および弁護士会の歴史」大野正男編『講座現代の弁護士２ 弁護士の団体』（日本評論社，1970 年）〔頁数は各所参照〕
③ 法務大臣官房司法法制調査部編『法曹養成制度改革（基本資料集）── 司法試験制度はこう変わる』（有斐閣，1991 年）〔59 ～ 61 頁〕
④ 司法制度改革審議会『司法制度改革審議会意見書 ── 21 世紀の日本を支える司法制度』（2001 年）
⑤ 飯田高「法科大学院出身者・予備試験合格者の特徴」自由と正義第 72 巻 8 号（2021 年）〔194 頁〕
⑥ 守屋克彦「青年法律家協会裁判官部会の消滅」現代法学第 9 号（2005 年）〔148～152 頁〕

ステップアップ

オリジナルで考えよう

参考文献④を読み，現在の法曹養成と司法制度改革の目指していたものとの異同について考えてみよう。

UNIT 5
弁護士はどういう活動をしているのか

Point 弁護士といっても，その業務内容や就労状況はさまざまだ。このUNITでは，こうした弁護士の活動実態やその基盤となる事務所の多様な姿についてみていく。また，市民による司法アクセスを容易にするための弁護士の取り組みについても紹介する。

1　国際比較で見た日本の法律家の数

日本は法律家の数が少ないとしばしば言われるが，国際的に見て本当に少ないのだろうか。**UNIT 6**で触れるように，日本には弁護士以外の様々な法律専門家（隣接法律専門職）がいる。**表**は，諸外国と日本それぞれの民間法律家の数と人口100万人あたりの数を示している。これによれば，様々な法律専門家の数を単純に足し合わせれば，日本の民間法律家の数は，人口あたりで見て，決して少なくないことになる。だが，弁護士の数だけを見れば，日本は先進国の中でも極めて法律家の数が少ないことがわかる。

それゆえ日本の法律家の数が多いか少ないかを論じるには，法律家のどのような機能に着目するかが重要となる。何らかの法的サービスを提供する専門家という点に着目すれば，日本にもかなりの数の法律家がいると言えるだろう。だが，あらゆる法分野で法的サービスを提供する資格があるということや，訴訟で代理権を行使できる専門家という点に着目するならば，日本の民間法律家の数は諸外国に比べてずいぶん見劣りすることになる。

表　民間法律家の人口の国際比較（2021 年現在）

	法律家の人口	人口（百万）	人口 100 万人あたりの法律家の人口
日本（弁護士のみ）	43, 206	126. 1	342. 6
日本（弁護士，司法書士，行政書士，弁理士，税理士，公認会計士，社会保険労務士，土地家屋調査士）	298, 457	126. 1	2, 366. 8
アメリカ	1, 327, 910	331. 0	4, 011. 8
イギリス	164, 704	67. 9	2, 425. 7
ドイツ	165, 680	83. 8	1, 977. 1
フランス	70, 073	65. 3	1, 073. 1

出典：『弁護士白書 2021 年版』および『世界の統計 2022』をもとに作成

2　弁護士の偏在と弁護士業務

弁護士が少ないことによって生じる問題は，市民が弁護士にアクセスするのが困難なことである。しかも弁護士は全国に一様に分布しているわけではなく，大都市に偏在している。『弁護士白書 2022 年版』によれば，日本全体の弁護士数は 2022 年 5 月 31 日現在で

44,101人であり，人口1万人あたりの弁護士の数は3.51人である。しかし人口1万人あたりの弁護士人口が，これを上回っているのは東京と大阪だけで，その他の道府県はそれ以下である。たとえば東京では，人口1万人あたりの弁護士数は15.36人なのに対して，秋田では人口1万人あたりの弁護士数は0.80人と，約19倍の開きがある（参考文献① 36頁）。弁護士会単位では人口当たりでそれなりの数の弁護士がいても，地方裁判所支部管轄域内に弁護士がわずかしかいない地域もある。そのような地域でも弁護士に対する潜在的需要はあり，弁護士が開業すれば，ほどなく事務所の経営が成り立つという（参考文献②）。つまり地方に弁護士がいないのは，弁護士に対する需要がないからではない。では，なぜ大都市に弁護士が集中するのだろうか。

弁護士が大都市に集中するのは，大都市の方が法的紛争が多く，弁護士としての業務が多いというだけでは説明できない。弁護士1人あたりの民事・家事事件数の合計は，全国平均が6.1件（地方裁判所の民事事件（通常訴訟）が3.0件，家庭裁判所の家事事件（家事調停）が3.1件）なのに対して，東京と大阪がそれぞれ2.5件，4.9件しかなく，逆に人口あたりの弁護士数が最も少ない秋田では，弁護士1人あたり13.2件の事件があることからも明らかである（民事・家事の事件数は2021年のデータによる）（参考文献① 37頁）。

かつて棚瀬孝雄は弁護士数の人口比，県民総生産額（厳密には県内総生産額）をもとに，全国の弁護士の分布状況を検討した。棚瀬によると，人口あたりの弁護士数は，あるところまでは県民所得に比例して増加してゆくが，それを越えると県民所得だけで弁護士数を説明することはできなくなる。しかも新任弁護士の半数以上を東京が吸収し続けている。こうしたことから，棚瀬は，弁護士需要は県民所得に比例して訴訟需要とともに増加するが，一定水準を超えると訴訟関連需要は飽和し，新たに裁判外の弁護士需要の段階に入るのではないかと主張した。この新たな弁護士需要として棚瀬が考えたのが，大企業を主たる対象とする予防法学的法務や裁判による政策形成過程への参加であった（参考文献③第1章）。

3　弁護士はどういう依頼者のどういう事件を取り扱っているか

弁護士の抱える事件 —— その数と種類

(i) 弁護士の取扱事件数　　弁護士はどういう事件をどの程度扱っているのであろうか。データが少し古いが，2010年に実施された「弁護士業務の経済的基盤に関する実態調査」（以下，「2010年経済基盤調査」と略す）によれば，弁護士が平成21年の1年間に新たに依頼を受けたケースの数（取扱ケース数）は，刑事ケースと民事ケース，行政ケースを合わせて，弁護士1人あたり平均50.0件であった。

地域別に見ると，東京の弁護士では，1人あたり平均36.5件しか取扱事件数がなかったのに対し，高裁不所在地の弁護士の取扱事件数は平均72.7件と，地方ほど弁護士1人が抱える事件は多くなっていた（参考文献④86頁）。今日でも，この状況は変わっていないと思われる。

(ii) 弁護士が扱う事件の種類　　先に挙げた2010年経済基盤調査によると，弁護士が新たに抱えた事件のうち，民事事件が約9割弱を，刑事事件が1割強を，行政事件が1％強を占めていた。

もちろん弁護士が扱う民事事件のすべてが裁判になるわけではない。弁護士が関わっている民事事件には，実際に裁判所や裁判外の紛争処理機関に係っているような紛争ケースもあるが，契約書の作成や法人の定款の作成・変更などのように，現時点で紛争が発生していない非紛争ケースもある。しかし弁護士が扱っている事件の約4分の3は紛争ケースであり，裁判所ケースは紛争ケースのうちの約65％を占める。このように弁護士の扱う民事事件には紛争ケース，とりわけ裁判所ケースの割合が高い。（参考文献④第3章）。今日でもこの状況は変わってはおらず，2020年に実施された経済基盤調査でも，弁護士が最も時間を費やしているのは民事の紛争案件のうちの裁判所案件である。弁護士業務にとっても，裁判所外の紛争処理（⇒**UNIT 10**）が重要な地位を占めていると言えよう。

弁護士に依頼する人はどういう人か

弁護士が通常の業務を行うなかで，どのような依頼者の業務をどの程度扱っているのだろう。2020年の経済基盤調査の結果をもとに，依頼者の種類を個人，中小企業，大企業，官公庁，その他に分けて，それぞれに費やした時間割合を見ると，平均すると個人が48.6％，中小企業が22.7％，大企業が19.9％，官公庁が3.4％，その他が5.1％となっている。ただ東京では，個人に費やす時間割合は30.5％に過ぎず，大企業に費やす時間割合が25.2％を占めるのに対し，高裁不所在地では業務時間の65.1％が個人に費やされ，大企業には6.7％しか時間が費やされていない（参考文献⑤70頁）。つまり弁護士は，全体で見ると個人の依頼者を中心とした業務をしているものの，東京では大企業の依頼者に費やす時間割合の方が個人の依頼者に費やす時間割合よりも長くなっている。

案件の受任経路は，「依頼者または依頼者だった者からの紹介」や「顧問先からの依頼または顧問先からの紹介」が多いという回答が多く，いずれも過半数を超えている。隣接士業や知人，法テラスなどで法律相談などからの紹介が多いという回答も4分の1程度ある。逆に，紹介者のまったくいないいわゆる「とびこみ」や広告によるものが多いという回答は，わずかにとどまった（参考文献⑤86頁）。このように弁護士が案件を受任する経路は，まだまだ紹介によるものが多いようである。

かつて弁護士の広告は，同窓会誌や電話帳に名刺大程度のものしか認められていなかった。だが，2000年に規制が緩和され，今や電車・バス内の広告だけでなく，テレビ・コマーシャルも見かける。ホーム・ページを設けている弁護士や事務所も多い。そのような新たなメディアを使って宣伝をしている事務所の中には，もっぱらインターネットによって集客し，従来の業務スタイルでは考えられないほど大量の案件を処理するところもある（参考文献⑥）。

4 弁護士の事務所はどうなっているか

多様な法律事務所

弁護士の活動の基盤となる事務所を法律事務所と呼ぶ。そこで次に法律事務所について，法律上の規定と実態について見てみよう。

弁護士法20条では，弁護士は所属弁護士会の地域内に事務所を設けることとなっており，複数の事務所を設けることは認められていない。ただし，弁護士法人については，主たる事務所のほかに，分室や支所にあたる「従たる事務所」を設けることができる（弁護30条の17）。

2022年5月31日現在，法律事務所の約6割は弁護士1人だけからなる事務所である。その一方で101人以上の弁護士を抱える事務所が11ある。だが，主たる事務所と従たる事務所を別々にして事務所の規模をみると，101人以上の弁護士がいる事務所は9つに減り，そのいずれもが東京に事務所がある。大阪や名古屋にも大規模な事務所はあるが，それ以外の地域では弁護士が5人以下の事務所がほとんどであり，11人以上の弁護士が所属している事務所は数少ない。（参考文献①55頁）。このように，全国的には弁護士が1人もしくは数人しかいない小規模な法律事務所が圧倒的多数を占めている。

（i）弁護士法人　たいていの法律事務所には法人格がない。これは，日本の法律事務所のほとんどが，少数の弁護士が運営する小規模な事務所であったことによる。しかし，近年は大規模法律事務所が誕生して，事務所運営の合理化が求められるようになってきた。たとえば，同一事務所に所属する弁護士間の法律関係を明確化したり，依頼者との関係でより柔軟なサービスを提供するといったことが，それにあたる。

そこで2002年4月1日から弁護士法人制度が施行され，法律事務所の法人化が認められるようになった。これを**弁護士法人**という。弁護士法人では，事件の受任は所属する弁護士個人ではなく弁護士法人が行う。

弁護士法人を設立するには，弁護士法人を設立する弁護士が定款を定め，設立登記をしなければならない。弁護士法人は事務所の所在地の弁護士会に所属する。2022年5月31日現在，弁護士法人は1,485法人あるが，その約4分の3は所属弁護士数が5人以下の小規模事務所になっている（参考文献①58頁）。

弁護士法人は，主たる事務所のほかに，支所や分室にあたる従たる事務所を設けることもできる。この場合，従たる事務所の所在地の弁護士会にも所属しなければならない。2022年3月31日現在，従たる事務所を持つ事務所は472法人あり，1,002ヶ所の従たる事務所が設けられている。そのほとんどは1，2ヶ所の従たる事務所を設ける程度である。従たる事務所も，原則として弁護士が常駐することが求められるが，その地域の弁護士会から非常駐の許可を受ければ非常駐型の事務所とすることもできる。2022年現在，39ヶ所について非常駐許可が出されている（参考文献① 57頁）。

(ii) 単独法律事務所　弁護士が1人しかいない法律事務所を**単独法律事務所**という。従来，弁護士の典型的なキャリア・パスとされていたのは，弁護士登録をして，経営を担当する弁護士の下で**勤務弁護士**（居候弁護士，略してイソ弁という）として何年か勤務した後，独立して自ら開業するというものであった。最近では，司法修習を終えた後に勤務弁護士を経ることなく直ちに独立するケースもある。そのような弁護士を**即独**と呼ぶこともある。

弁護士の数が少ない日本において，単独事務所は1人の弁護士があらゆる案件を引き受けてくれるという点で，どんな問題であれ法的問題を抱えた市民が相談するのに便利な面もある。だが，弁護士の専門性がさほど高くないと見ることもできる。

(iii) 共同法律事務所　法律事務所のうち，複数の弁護士が所属する事務所を共同事務所という。共同事務所は経営者弁護士と勤務弁護士とからなる。**パートナー**（partner）と**アソシエイト**（associate）という言い方も大規模法律事務所では見られる。近年では，事務所に所属してはいるものの，事務所から給与を受け取らず，自分が受任したケースからの収入のみを受け取る**事務所内独立採算弁護士**（いわゆる軒先弁護士，略して**軒弁**）と呼ばれるスタイルもある。かつては勤務弁護士と経営者弁護士のいずれかがほとんどであったが，今では，当初は給与制の勤務弁護士だが一定期間を経ると独立採算方式になるなど，様々なタイプの勤務形態が生まれている。さらに事務所によっては，法学部や法科大学院の元教授，元高裁長官などを客員弁護士として迎え入れているところもある。

共同法律事務所の業務形態には，大きく分けて**経費共同**と**収入共同**の２つのタイプがある。法律事務所を維持するには，事務所員の給与のような人件費や事務所の賃料などがかかる。経費共同とは，このような事務所の維持にかかる経費を，経営に参画している弁護士が一定額あるいは収入の一定の割合で負担するというものである。これに対して，収入共同とは，事務所に所属する弁護士の収入をすべて事務所に拠出し，その中から一定の給与を受け取るというスタイルを指す。収入共同事務所の場合には，収益に繋がらないような公益活動を行う弁護士がいても，その弁護士の収入を事務所所属の他の弁護士の収入でカバーできる。このため事務所として公益活動を支える態勢をとりやすいと言える。

(iv) 大規模法律事務所　共同事務所の中には，100 人以上の弁護士を抱えているような**大規模法律事務所**もある。こうした事務所では，各弁護士の専門分化が進んでいて，M＆Aや渉外業務を中心としていたりしており，ビジネス関係の業務が中心のことが多く，たいていは東京に事務所をおいている。しかし中には，法人化して各地に従たる事務所を持ち，テレビ・コマーシャルやインターネットで集客し，債務整理や交通事故，比較的軽微な刑事事件など弁護士の伝統的な業務分野のうち収益に繋がりやすい分野を中心に扱う事務所もある。

(v) 多国籍法律事務所　日本で弁護士業務を行っているのは，日本の弁護士だけではない。業務内容に大幅な制限はあるが，**外国**

弁護士や**外国法事務弁護士**も一定の業務を行っている。外国弁護士とは，「外国において法律事務を行うことを職務とする者で，弁護士に相当するものをいう」（外事弁護2条2号）。外国弁護士は，法務大臣の承認を得て，弁護士会に登録することで外国法事務弁護士となる（同2条4号，7条）。

日本では，外国の弁護士が開業するには，外国法事務弁護士事務所と称しなければならない（同45条1項）。外国法事務弁護士事務所の中には，日本の弁護士を雇用したり，日本の法律事務所と**外国法共同事業**を営んでいるところもある。外国法共同事業とは，外国法事務弁護士が弁護士等と継続的な契約によって法律事務を行うことを目的とする共同事業である（同49条の2）。最近は，外国の巨大法律事務所が日本に進出して日本の弁護士と外国法共同事業をするケースが増えており，そのような外国系の法律事務所に所属する日本の弁護士も増えてきている。

公設法律事務所

公設事務所には大きく分けて，**弁護士常駐型公設事務所**と**センター拡充型公設事務所**とがある。弁護士常駐型公設事務所とは，弁護士過疎地域やその他の公益活動のために，弁護士会や日弁連の支援により設置される通常の事務所である。これに対して，センター拡充型公設事務所とは，小人数の弁護士が交替で事務所に詰めて，法律相談だけでなく，刑事事件なども担当できるようにしたものである。

(i) 日弁連ひまわり基金による公設事務所　　日弁連と各弁護士会は司法過疎問題を解消するために，司法過疎地に**ひまわり基金法律事務所**と呼ばれる公設事務所を設置してきた。ひまわり基金法律事務所は，2022年10月1日現在までに122事務所が設置された。そのうち84事務所は任期満了後に担当者が個人事務所として開業し，4ヶ所については，当初の目的が達成されたために廃止された結果，現在，34事務所が稼働している（参考文献① 193～195頁）。このひまわり基金法律事務所や法テラス地域事務所が過疎地に設置されたことで，地裁支部管轄区域内に登録弁護士がほとんどいない地域は，わずかになっている。

日弁連は，弁護士過疎地域に開業する弁護士を随時募集している。これに対する応募があり，候補者が選定されると，候補者は，2年ないしは3年の任期で当該地域においてひまわり基金法律事務所を開業または前任者から引き継ぐことになる。任期の間，所得が720万円に満たない場合は不足額が援助されるほか，研修等への参加費も援助される（参考文献⑥）。

（ⅱ）弁護士会等の支援による公設事務所　　公設事務所には，日弁連が設けたひまわり基金法律事務所のほかに，各弁護士会や弁護士会連合会が支援して設置した**都市型公設事務所**もある。これらは，社会・経済的弱者で弁護士へのアクセスの困難な者に対する法的支援だけでなく，司法過疎地域に設置される過疎地型公設事務所や法テラスの常勤弁護士の育成，法科大学院の臨床教育の支援などを目的としている。しかし人材の確保や財政基盤の確立が課題となっており，閉鎖も相次いでいる。

5　拡がる弁護士の活動領域

これまで述べてきたのはいずれも，弁護士本人が弁護士事務所を経営しているか，あるいは他の弁護士と雇用関係にあるというものであった。しかし，今日，すべての弁護士すべてがこのような業務形態をとっているわけではない。従来の弁護士とは異なる形態をとり，新たな領域で活動する弁護士について，次に見ていくことにしよう。

組織内弁護士

弁護士の中には，「官公署又は公私の団体において職員若しくは使用人となり，又は取締役，理事その他の役員となっている弁護士」（弁護士職務基本規程50条）もいる。そのような弁護士を**組織内弁護士**という。2022年6月現在，企業内弁護士が2,965名，行政庁や地方自治体に任期付公務員として所属する者が246名いる（参考文献①126頁）。

（i）企業に所属する組織内弁護士　　日弁連が2012年度に5,900社余りの企業（外資系，未上場を含む）を対象として調査したところ，企業内に弁護士のいる企業は78社（回答のあった1,260社の6.2％）にとどまった。弁護士を採用していない企業でも，従業員1,000人以上の企業では弁護士の採用を検討している企業の割合が高くなるが，1,000人未満の企業では，弁護士を採用することにはまだまだ消極的なところも多い。企業が弁護士の採用に消極的になる理由としては，「社内規定と合わない・報酬が高い」や「他の社員との関係や組織との調和」が多く挙げられている（参考文献⑦164〜165頁）。

企業に属する組織内弁護士の数は，年を追って増加している。その多くは修習60期以降の若手であり，女性弁護士の割合も高い（参考文献①128頁）。

2012年度の調査では，企業内弁護士が担当している業務分野としては，契約審査・管理や本社法務部門，訴訟管理やコンプライアンス全般が多く挙げられている。これらは以前と大きな違いはない。だが，2009年度に実施された調査と比べると，内部通報や知的財産戦略・管理，監督官庁対応，M&Aを担当する割合が大きく伸びている（参考文献⑦163頁）。知的財産権の保護やM&A，契約内容の適正化など法的な理論武装の必要性が高まったこと，コンプライアンス（法令遵守）の重要性が高まったことなどが，その背景にある（参考文献⑧）。

（ii）行政庁に関与する弁護士　かつて弁護士は報酬のある公職を兼ねることが原則としてできなかった（弁護旧30条1項）。このため弁護士が行政庁に所属するには弁護士登録を抹消する必要があった。だが，弁護士法30条の改正により，弁護士登録を維持したまま行政庁に所属することが可能になった。

弁護士の報酬が一般の公務員の俸給体系に馴染まず，通常の職員として就任すると収入が激減してしまうことも行政庁で弁護士が勤務する妨げとなっていた。だが，2001年に公務員の任期付任用制度（任期付公務員）が始まり，特殊技能を持つ者が公務員となる場合に，3～5年の任期がある代わりに，通常の俸給体系に縛られないようになった。これにより俸給の面で優遇することが可能となり，行政庁で弁護士が勤務することが実質的に可能になった。

中央官庁に任期付公務員として所属する弁護士の多くは，国税庁や経済産業省，金融庁，消費者庁などに勤務しており，2022年6月時点で145人に上っている。多くの中央官庁では，複数の弁護士を雇用している。一方，地方公共団体については，同じく2022年6月時点で合計101人に上っているものの，それぞれの自治体が雇用している弁護士の数はたいてい1人程度に過ぎず，総務課や法務課などに所属しているケースが多い（参考文献①129～133頁）。このほかに弁護士登録をせずに通常の常勤職員として勤務しているケースもある。

弁護士が自治体の包括外部監査人に就任しているケースもある。これは，都道府県や政令指定都市，中核市では，自治体に対する監査機能を高めるために，包括外部監査が義務付けられたことによるものである。もっとも包括外部監査人に就任している弁護士は，2021年度で22人にとどまっている（参考文献① 134頁）。

多くの自治体では，弁護士を任用することを検討したり関心を持ったりしてはいないようである。弁護士資格を持つ職員の採用に消極的になる理由としては，「必要に応じて外部の顧問弁護士等を活用すれば足りる」や「任用コスト・正職員の定数管理の面から，消極的にならざるを得ない」などが挙げられている。しかし任期付公務員として弁護士を採用していなくても，顧問弁護士を委嘱している自治体は多く，約9割の自治体には顧問弁護士がいる（参考文献⑨ 166～169頁）。

(iii) 営利業務に従事する弁護士　　弁護士法30条の改正により，弁護士は所属弁護士会への届け出によって，営利業務に従事できるようになった。2022年5月現在，営利業務に従事している弁護士は延べ10,159人おり，そのうち，取締役等に就任している弁護士が延べ6,334人，使用人として勤務している者が延べ1,098人いる（参考文献① 135頁）。この数は，年々増加している。

営利業務に従事している弁護士が所属する組織の業種はサービス業や不動産業が多いが，情報・通信や医薬品，製造業など広い分野に及んでいる。

企業におけるその他の弁護士

弁護士が社外取締役や社外監査役に就任しているケースもある。2020年の経済基盤調査によれば，2019年時点で，回答者のうちの13.4％が社外取締役または監査役業務をおこなったと回答している。社会取締役または監査役の業務を行った割合は東京が最も高く，高裁不所在地が最も低くなっていた（参考文献⑤ 80 ～ 81 頁）。

弁護士が企業に関わる最も一般的な形態は顧問弁護士としてである。2020 年の経済基盤調査によれば，57.5 %の弁護士が顧問先を持っていた。もっとも，顧問先を持っている弁護士の割合はここ 20 年間にわたって低下しているが，景気が良くないことに加え，若手弁護士の大幅増加が要因となっている可能性がある（参考文献⑤ 72 ～ 74 頁）。顧問弁護士も，社内弁護士と同様に，企業のコンプライアンス重視や権利保護の重要性に対処する機能を果たす存在である。

法科大学院の実務家教員

法科大学院では，専任教員の約 2 割以上が 5 年以上の経験のある実務家教員であることが求められるため，法科大学院教育に携わる弁護士もいる。2022 年 4 月現在，150 人が専任教員に，689 人が兼任教員（非常勤）になっている（参考文献① 136 ～ 137 頁）。残念ながら，法科大学院の数が減少してきているため，法科大学院の実務家教員も減少気味である。

日本司法支援センター ── 法律扶助制度から日本司法支援センターへ

紛争の解決手段としての司法の重要性が高まっている今日，市民が司法に容易にアクセスできることが重要である。そこで，一般市民が弁護士や司法書士などによる「サービスをより身近に受けられるようにするための総合的な支援の実施及び体制の整備」のため 2004 年に総合法律支援法が制定・施行された。2006 年 4 月には**日本司法支援センター**（通称：法テラス，以下，法テラス）が設立され，同年 10 月より業務を開始した。法テラスは，東京に本部が，各地の地裁の所在地に地方事務所があり，その下に支部，出張所，地域事務所がある。

法テラスの業務

法テラスは，情報提供，民事法律扶助，国選弁護の態勢整備，司法過疎対策，犯罪被害者支援，関係機関等との連携の確保強化を主な業務としている（総合法律支援法30条）。

(i) 情報提供業務　　法テラスでは，コールセンターを設けて，平日と土曜日に市民からの電話による問い合わせや相談を受け，その内容に応じて弁護士会や司法書士会などを紹介する。これによって相談者が必要とする情報やアドバイスにアクセスできるようにするというものであり，支援センターが直接法律相談を行うわけではない。コールセンターのほかに，全国50ヶ所に設置された地方事務所やその支部・出張所でも情報提供職員が市民に同様の情報を提供する。

(ii) 民事法律扶助　　かつては（財）法律扶助協会が，民事裁判のために必要な費用を支払う資力のない人やその支払いにより生活に著しい支障を生じる国民などを対象に費用を援助していた。これを**法律扶助**という。具体的には資力の乏しい者に対して無料で法律相談を行ったり，民事裁判の際の書類作成や弁護人費用の立て替えを行っていた。法テラスは法律扶助協会が行ってきたこの民事扶助を引き継いだ。法テラスに所属する**スタッフ弁護士**等がこの事務を取り扱っている。

(iii) 国選弁護の態勢整備　　かつて国選弁護は起訴後のみに認められていたが，総合法律支援法によって捜査段階の被疑者に対しても国選弁護がつくことになった。国選弁護人の選任と解任は裁判所が行うものの，国選弁護に関するそれ以外の事務は法テラスが行うことになっている（同30条1項6号）。

(iv) 司法過疎対策　司法過疎対策の一つとして，法テラスは司法過疎地域において，有償による法律事務サービスの提供を契約弁護士により実施している。契約弁護士は法テラスから報酬を受けることになっており，依頼者から得た対価を直接受け取るわけではない（同30条1項7号）。法テラスによるこの業務は，一般の法律事務所によっては市民に司法サービスが提供されない司法過疎の状況を解消することを目的としている。このため一般の弁護士や弁護士法人が独自に法律事務の提供を行っている地域にまでサービスを提供するものではない。

(v) 犯罪被害者支援　法テラスは，犯罪被害者の損害や苦痛の回復や軽減など被害者の援助に関する制度や被害者の援助を行う団体などの情報を収集し，求めに応じてこれを提供する。また被害者援助に明るい弁護士を紹介することも行う（同30条1項8号）。

法テラスのスタッフ ― スタッフ弁護士

スタッフ弁護士とは，法テラスが地方裁判所の本庁所在地に設置する地方事務所やその支部，扶助・国選対応地域事務所，司法過疎地域事務所において，民事法律扶助や国選弁護，有償法律相談（司法過疎地域事務所の場合）を担う弁護士のことである。スタッフ弁護士は任地の事務所に派遣されて，独立して業務を行い，修習の期が同一の裁判官や検察官と同等の報酬を法テラスから受ける。

スタッフ弁護士は司法修習生あるいは法曹経験者から採用する。スタッフ弁護士の養成方法には，スタッフ弁護士養成事務所が勤務弁護士として採用してスタッフ弁護士候補者として養成する従来の方式と，法テラスがスタッフ弁護士として直接採用し，養成事務所で養成する新方式の2つがある。司法修習生あるいは法曹になってから日の浅い者の場合，まず1年間は養成事務所で研修を受けた後，任期付きで採用される。任期は法曹経験が10年以下の者は3年，10年以上でシニア格の弁護士となる者は2年であり，2回の任期更新が可能である。そして契約期間が通算5年を超えた場合，労働契約法第18条により，無期雇用への転換権を行使することで，65歳の定年までスタッフ弁護士でいることが可能である。

6　弁護士の倫理と階層分化

弁護士の非行と懲戒

『弁護士白書2022年版』によれば，全国の弁護士会の市民窓口で申し立てられた弁護士に対する苦情の件数は年を追って増加しており，2021年には17,874件に及んでいる。苦情内容の多くは処理の仕方や弁護士の対応・態度等である（参考文献① 148～149頁）。登録2～3年目の弁護士に関する苦情が増加しているという指摘もある（参考文献⑩ 40頁）。

弁護士に対する懲戒請求も毎年のように増えている。弁護士に懲戒事由があると考える者は誰であれ，その弁護士が所属する弁護士会に懲戒請求をすることができる。請求を受けた弁護士会では，綱紀委員会が事案の調査を行う。綱紀委員会が懲戒相当と議決すると，懲戒委員会が事案の審査を行い，懲戒が相当と認められたときには，弁護士会によって処分がなされる。一連の過程で異議が出された場合は，日弁連において同様の手続がとられることになる。

懲戒請求の増加に伴い，懲戒処分に付される弁護士の数も，年々増加している。「イソ弁を1人か2人しか抱えていないような小さな事務所の，『昔ながらの弁護士』の懲戒が多い」という指摘や（参考文献⑩ 39 頁)，弁護士が弁護士以外の者による非弁活動に手を貸す非弁提携が後を絶たないという指摘もある(参考文献⑪)。

弁護士界内の社会階層分化とその影響

これまで日本で弁護士の逸脱が少なかったのは，弁護士数が少なく競争が激しくなかったことが大きい。アメリカでは，弁護士の出身ロースクールや人種，宗教といった属性が所属する事務所の規模や顧客の種類，業務分野に影響を及ぼしており，それが収入や威信も規定するなど，弁護士界内で階層分化が進んでいる。そして低層の弁護士に逸脱が多いという(参考文献⑫)。

アメリカと較べて遙かに弁護士数の少ない日本では，これまでアメリカほどに明確な階層分化はないとされてきた。しかし今日では，出身大学・法科大学院によって，就職先の事務所の規模が異なったり，主たる顧客の種類(個人顧客中心か，企業顧客中心か)や業務内容を異にするといった傾向が表れている。そして収入格差も顕著になってきている。このような階層分化の傾向は，今後ますます明確になってゆくであろう。

弁護士の大量増員により競争が激しくなるであろう今後，日本でも下層の弁護士による逸脱が増加する可能性がある。小規模事務所の経営者弁護士に懲戒処分を受ける弁護士が多いというのは，弁護士界の階層分化の現れなのかもしれない。

7　弁護士の職務理念について

以上で見てきたように，今や弁護士は，さまざまな分野に進出してさまざまな業務を行うようになってきている。しかしそうは言っても，弁護士が社会の中で果たすべき役割は何であるべきか，という議論はこれまで重要であったし，今でもその重要性は変わらない。弁護士が日本社会において果たすべき役割，職務理念については，これまで多くの議論がなされてきた。大多数の弁護士にとって，弁護士の職務理念と自分たちが現実に行っている活動内容とは，必ずしも一致してはいない。しかし弁護士が社会でいかなる役割を果たすべきかをめぐる議論は，弁護士や弁護士会の実際の活動に大きな影響を及ぼしてきた。そこで次に，弁護士業務をめぐる職務理念について検討しておこう。

在野精神論

(i) 戦前の弁護士　　明治期に各地で起こった自由民権運動には，多くの代言人・弁護士が積極的に深く関わっていた。議会が開設された後も警察の違法捜査や公害事件などによる人権侵害は続いており，弁護士はこうした事件の被害者の救済活動も行った。足尾銅山鉱毒事件の被害者となった村民が救済を政府に求めたところ，治安維持法違反などの罪に問われたのに対して，有志の弁護士が弁護に尽力したというのは有名な例である（参考文献⑬）。

弁護士によるこうした自由や人権の擁護のための活動の背景には，野にあって権力に対抗して国民の自由と人権を擁護することが弁護士の役割だという考えがある。これが**在野精神論**である。

(ii) 戦後の弁護士　　戦後も公害問題や環境問題，消費者問題，冤罪事件など，政府や大企業による人権の侵害は数多く発生した。弁護士はこれらの被害者を弁護したり政府に救済立法を働きかけるなどして人権擁護活動を行ってきた。その際には，弁護士の職務理念として在野精神論が用いられてきた。

だが高度経済成長によって市民の生活水準が上がってくると，在野精神論が前提とする社会的弱者としての一般市民像は市民の実際の姿とはかけ離れてしまった。このため弁護士の実際の活動理念を表すものとして在野精神は適合的ではなくなってきた。

今では，在野精神論が，司法改革に反対し，現状維持を唱える根拠として用いられることがある。弁護士人口を大幅に増加させたり，弁護士を企業が従業員として雇うようになると，弁護士業務がビジネス化し，在野性が希薄になってしまい，人権擁護活動も困難になるというようにである（参考文献⑭）。

しかしながら在野精神は職務理念としての意義を失ってしまったわけではない。冤罪事件や公害事件，その他弱者の権利擁護の支援には，今日でも弁護士会や弁護士が熱心に関わっている。その際にも在野精神は論拠としても用いられており，実際の弁護士の活動に影響をもつ理念であることには変わりない。

プロフェッション・モデル

弁護士の業務が依頼者に有償で法的サービスを提供することであるならば，それは営利活動にすぎないのだろうか。もしそうだとしたら，なにゆえに弁護士は，国選弁護のように営利追求としては割に合わない活動をするのだろうか。こうした問いに答える弁護士の職務理念がプロフェッション・モデルである。

プロフェッションとは「学識に裏づけられ，それ自身一定の基礎理論をもった特殊な技能を，特殊な教育または訓練によって習得し，それに基づいて不特定多数の市民の中から任意に呈示された個々の依頼者の具体的要求に応じて具体的奉仕活動を行い，よって社会全体の利益のために尽くす職業」である（参考文献⑮）。

（i）弁護士の業務とプロフェッション　　弁護士の業務をこの議論にあてはめるならば，①体系的な法知識を特別の教育で習得し，

②市民の依頼者の要求に対して，獲得した知識をもとに法サービスを提供するが，それは営業活動ではなく奉仕活動として位置付けられるものであり，③この法サービスの提供を通して社会全体の利益を図る職業として弁護士業務は位置付けられることになる。現在，法サービス全般の提供は弁護士に限られ，弁護士以外の者によるサービス提供は禁止されている（弁護72条）。もし弁護士が提供する法サービスが弁護士の私益を追求するものであるならば，法サービス市場による自由競争に委ねるべきだという議論が出てきかねない。

これに対して，弁護士の提供する法サービスが公益を追求するものであると位置付けることは，法サービス提供のあり方として市場原理を否定し，サービスの供給者を弁護士のみに限定するよう働く。だが他方では，業務活動を通しての公益追求を弁護士に求めることになる（参考文献③第7章）。弁護士会はこれまで公害裁判や冤罪事件の裁判などを支援したり国選弁護活動や当番弁護士活動などを充実させるといった公益的な運動を行ってきたし，実際，多くの弁護士がこうした活動に参加している。こうしたことから弁護士プロフェッション論は実際の弁護士のあり方に適合するモデルであった。

(ii) 今日の弁護士プロフェッション論　1980年代になると，東京の一部の大規模事務所が急速に規模を拡大させたり，弁護士が企業法務に積極的に進出するようになった。そのため弁護士業務の公益奉仕性を強調して私益追求性を否定するプロフェッション・モデルは，弁護士業務の実情にそぐわなくなってきた（参考文献⑯）。

だが，今日でも弁護士プロフェッション論は弁護士の職務理念として大きな影響力を持っている。2001年6月に発表された『司法制度改革審議会意見書』では，弁護士を「プロフェッションたる法曹」，「社会生活上の医師」と表現した。これは弁護士プロフェッション論を念頭に置いたものと考えられる。弁護士プロフェッション論が，現実の政策に影響した一例と言えるだろう。

法サービス・モデル

大規模法律事務所に所属する弁護士が東京や大阪では増えている。こうした弁護士の業務は，上に紹介したような権力対抗的な性格を持つものではないし，依頼者に法サービスを提供することに公共奉仕的な意味があるわけでもない。むしろ，依頼者の利益を第一義的に考え，その依頼者のために対価に見合うサービスを提供することを弁護士の職務として捉えるものとなっている。このように弁護士の職務を，依頼者が支払う対価に見合う法サービスを提供するものとして捉えるのが**法サービス・モデル**である。

プロフェッション・モデルでは，弁護士が市民に提供する法サービスの営利性を否定し競争原理を排除する。これに対して，法サービス・モデルでは，弁護士の提供する法サービスについても市場原理を貫徹させるべきであると考えるのである（参考文献⑰）。

だが，弁護士の提供する法サービスを市場原理に委ねることを強調すれば，弁護士会による弁護士の統制は無用な規制と捉えられることになる。それは弁護士自治の理論的基盤を崩しかねない。

関係志向モデル

市民が抱える問題には法的要素とそれ以外の要素とが混在している。弁護士はこのうちの法的な要素を取り上げて依頼者の弁護活動を行い，問題解決を目指すことになる。だが市民にとっては，相手との関係や情緒的な側面も紛争解決にとって重要な要素であり，法的な側面のみに着目した解決では，満足のゆく結果を得ることができない。そこで依頼者自身の自律性や主体性を尊重し，弁護士が「依頼者が法的観点と情緒的，関係的側面を相手との交渉において自ら『織り合わせる』作業を援助する」べきことを主張するのが**関係志向モデル**である（参考文献⑱）。

このモデルでは，弁護士が依頼者に実定法の枠組みを押しつけることを否定する。依頼者が事件の内容として語る物語を「依頼者が自ら住まう世界のその理解を更新していく過程として捉え，弁護士の役割をこの過程を促すものとして位置づけ」るのである（参考文献⑲）。弁護士が依頼者の主張に十分に耳を傾ける必要性があることは確かである。だが，弁護士の役割が依頼者の住まう世界理解の更新を促すことだとしたら，それは心理カウンセラーと何が違うのか，という問題も生じ得よう。

実際の弁護士の活動やその理念は，これらの弁護士役割モデルのいずれかで説明し尽くせるものではない。どのモデルも弁護士の実際の活動理念の一部を表しており，弁護士の活動のあり方を考える上では無視できないものなのである。

8　市民の弁護士アクセス

弁護士の職務理念がどのようなものであったとしても，実際に法律問題を抱えた者が弁護士に相談できなければ，意味がない。では，市民にとって，弁護士へのアクセスはどの程度容易なのだろうか。

表紙うらの一覧表で弁護士の分布を都道府県別にみると，弁護士全体の約半数が東京におり，残りの弁護士の多くも大阪や名古屋といった大都市に集中している。その裏返しとして，地方では弁護士の数が極端に少ないところがある。地裁の支部管轄内に弁護士が1人もいない地域こそなくなったものの，法律事務所が3つ以下の第一種弁護士過疎地域はまだ残っている（法律事務所の数が4～10の地域を第二種弁護士過疎地域という）。こうした地域では，住民が法的問題を抱えても，弁護士へのアクセスは地理的な理由から困難である。

弁護士へのアクセスが困難な市民がいるのは弁護士数の少ない地方の過疎地に限らない。大都市部近郊であっても弁護士の少ない地域がある。また大都市部には低所得者や不法残留外国人も多いが，彼らも弁護士にアクセスするのは困難である。法テラスの地域事務所が設置されたり弁護士会の努力によって公設事務所ができたりして，司法アクセスの改善が図られてきたものの，弁護士へのアクセスが実質的に困難な市民がまだ少なくない。低所得者でなくても，知り合いに弁護士のいない多くの市民にとっては，弁護士へのアクセスは容易とは言えない。多くの弁護士が批判しているにも関わらず，インターネット集客型の事務所が隆盛を誇っているのはそのためであろう。このような状況が改善されることが期待される。

〈参考文献〉

① 日本弁護士連合会『弁護士白書2022年版』（日本弁護士連合会，2022年）〔頁数は各所参照〕

② 海川道郎『先生，馬で裁判所に通うんですか？』（北海道新聞社，2003年）〔141～143頁〕

③ 棚瀬孝雄『現代社会と弁護士』（日本評論社，1987年）〔頁数は各所参照〕

④ 日本弁護士連合会『弁護士業務の経済的基盤に関する実態調査報告書2010』自由と正義62巻5号（2011年）〔頁数は各所参照〕

⑤ 日本弁護士連合会『弁護士業務の経済的基盤に関する実態調査報告書2020』自由と正義72巻8号（2021年）〔頁数は各所参照〕

⑥ 日本弁護士連合会『津々浦々にひまわりの花を ── ひまわり基金法律事務所のご案内』（2019年）〔4頁〕〈https://www.nichibenren.

or.jp/library/pdf/jfba_info/publication/pamphlet/himawarikikin.pdf〉

⑦　日本弁護士連合会『弁護士白書 2013 年版』（日本弁護士連合会，2013 年）〔頁数は各所参照〕

⑧　梅田康宏「『インハウスローヤーの時代』の幕開け」インハウスローヤーズネットワーク編『インハウスローヤーの時代』（日本評論社，2004 年）〔17 頁〕

⑨　日本弁護士連合会『弁護士白書 2006 年版』（日本弁護士連合会，2006 年）〔頁数は各所参照〕

⑩　岡崎寛三「弁護士大量生産時代突入で，弁護士の“非行”も増殖中」エコノミスト 88 巻 71 号（2010 年）〔頁数は各所参照〕

⑪　岡崎寛三「弁護士法 72 条の特権を揺るがす「非弁活動」の実態」エコノミスト 88 巻 71 号（2010 年）〔36 ～ 37 頁〕

⑫　ジェローム・E・カーリン（棚瀬孝雄訳）『弁護士倫理 ── ニューヨーク市弁護士界の実態調査』（ぎょうせい，1986 年）〔26 ～ 47 頁〕

⑬　松井康浩『日本弁護士論』（日本評論社，1990 年）〔104 頁〕

⑭　正木みどり「弁護士・弁護士会の果たしてきた役割と弁護士自治」戒能通厚監修『みんなで考えよう司法改革』（日本評論社，2001 年）〔230 ～ 256 頁〕

⑮　石村善助『現代のプロフェッション』（至誠堂，1969 年）〔25 ～ 26 頁〕

⑯　濱野亮「法化社会における弁護士役割論」日本弁護士連合会編集委員会編『あたらしい世紀への弁護士像』（有斐閣，1997 年）〔3 ～ 5 頁〕

⑰　武士俣敦「弁護士の役割と展望」和田仁孝編『法社会学』（法律文化社，2006 年）〔192 ～ 193 頁〕

⑱　和田仁孝『民事紛争処理論』（信山社，1994 年）〔227 ～ 229 頁〕

⑲　棚瀬孝雄「語りとしての法援用 ── 法の物語と弁護士倫理（2・完）」民商法雑誌 111 巻 6 号（1995 年）〔874 頁〕

ステップアップ

オリジナルで考えよう

参考文献⑬もしくは⑮を読んでみよう。いずれも大規模事務所で企業を相手に業務を行うビジネス・ローヤーとは全く異なる弁護士モデルだ。今日の社会において，参考文献⑬や⑮が描く弁護士モデルが持つ意義について考えてみよう。

Bridgebook

UNIT *6*

弁護士以外で法務サービスを提供しているのは誰か

Point 日本には，法曹三者以外にも法務サービスを提供している法律家がいるのだろうか。そこでは，どのような法律家が，何人くらいいて，どのような業務をしているのだろうか。そのことは，私たちの生活にどのような影響を及ぼしているだろうか。

日本では，弁護士以外にも多様な法律専門家がいる。弁護士の数が西欧諸国と比べて極めて少ない日本社会において，これらの法律専門家は市民が日常生活で抱える多くの法的問題の発見と解決とを支援してくれる重要な役割を担っている。この **UNIT** では，法曹三者以外の法律専門家の種類，業務内容を見ていこう。

1 隣接法律専門職の種類とその業務内容

日本では，弁護士の他にも一定の国家資格を得て業務を営んでいる法律専門家がたくさんいる。彼らは**隣接法律専門職**と呼ばれる。この隣接領域には公証人や司法書士，行政書士，弁理士など多彩な専門家が含まれる。以下では，主な隣接法律専門職を紹介しよう。

公証人

(i) 公証人の業務　**公証人の業務は**，公正証書を作成すること，私署証書や法人の定款，電磁記録を認証することである（公証1条）。公正証書とは，公証人が依頼者（嘱託人という）の嘱託を受けて作成する公文書のことであり，遺言，定期建物賃貸借や任意後見などの契約に関するもの，公証人が直接見聞きした事実の証明に関するものなどがある。私署文書の認証とは，私文書の内容や記載が成立したことを公的機関として証明することである。公証人がこれらの文書を証明することで，当事者間で将来起こりうる紛争を未然に防ぐ効果がある。

(ii) 公証人になるには　簡易裁判所判事以外の裁判官や副検事以外の検事などを長年経験した者か（公証13条），検察官・公証人特別任用等審査会の選考を経た者が（同13条の2），法務大臣により任命される。この審査会が選考する対象となるのは，従来は裁判所書記官や検察事務官などであったが，司法制度改革により2002年度から公募制となり，司法書士や法人の法務に関する実務経験が15年以上ある者にまで拡大された。公証人の定員は公証人定員規則によって決められており，2018年9月現在，681人であるが，実員は500名程度に制限しており，実際，電子公証の取扱いができる指定公証人の名簿に登載されていた人数は2022年11月現在で506名であった（参考文献①）。

公証人は公証役場に勤める公務員の一種であるが，業務に対して払われる手数料（この額は公証人手数料令で決まっている）から必要経費を除いた部分が個人収入になる。だが，これでは公証役場の所在地によって業務量と収入に差が生じてしまうため，収入の全部か一定割合を拠出して再配分する「経済合同」というシステムがあるという（参考文献②（中））。このように大幅な定員管理と収益操作により判事・検事退官者層の既得権になっているため，民間からの公募もあまり実施できておらず，司法書士や弁護士からの採用は少ない（参考文献③）。

司法書士と行政書士

（i）司法書士の業務　　**司法書士**の業務としては，従来，登記や供託に関する手続や審査請求の代理，裁判所や検察庁に提出する書類の作成，これらの事務に関する相談が認められてきた（司法書士3条1項一～五号）。裁判所への提出書類の作成と登記申請手続が司法書士特有の職務領域なのは，かつて裁判所が登記所の機能を持っていたためであるが，前者の裁判書類作成業務の文脈を巡っては，これまでにも問題となってきた。

簡易裁判所でも地方裁判所でも，訴訟当事者が代理人を付けない**本人訴訟**の割合が高い。ただし本人訴訟の場合には，当事者が裁判所に提出する書類の作成を司法書士が行うことも多く，しかもその司法書士が当事者自身の法廷活動を傍聴席から支援したり，出廷の前後に指南したりするケースもよくあった。だが司法書士法には，司法書士が一般の法律事件について相談や専門的な評価を行うことは，業務として記載されていなかったため，司法書士の裁判支援業務が，弁護士法72条違反（同77条三号の罰則あり）にあたるのではないかという疑いが生じることがあった。

そこで司法制度改革によって，2004年4月から一定の要件の下に司法書士が簡易裁判所で訴訟代理を行えるようになった。これは，法務大臣が指定した研修課程を修了し，簡裁訴訟代理等能力認定考査に合格して大臣の認定を受けなければならない（2021年度の受験者

591名，認定者417名，認定率70.6％）（参考文献④）。この**簡裁代理**の認定を受けた司法書士は，簡裁が扱う訴額140万円以下の民事事件の訴訟，調停，和解，保全の手続を代理したり，これらの事件に関する法律相談を行ったりすることができる（司書3条1項六～八号）。ただし，すでに裁判所法の制定当初から行政事件は簡裁の管轄から除かれており，かつ1982年の同法改正により同年9月から不動産に関する訴訟の第一審は訴額が低くとも地裁の管轄に指定されており，現在も司法書士の訴訟代理は制約された範囲での業務になっている（同33条）。

（ⅱ）司法書士になるには　　司法書士になるには，原則として司法書士試験に合格した後，事務所を設置する地域を管轄とする**司法書士会**に所属して**日本司法書士会連合会**（略称：日司連）の名簿に登録することが必要である（司書4条一号，8～10条）。また，この他にも裁判所事務官，裁判所書記官，法務事務官や検察事務官を10年以上経験した者やこれらと同等以上の法知識と実務経験を持つ者で，法務大臣が業務に必要な能力と知識を有すると認めた者も，同様に登録することで司法書士になることができる（同4条二号）。2020年12月1日現在，司法書士は22,739人おり，そのうち簡裁代理権を付与された者は17,853人（78.5％）に上る（参考文献⑤161頁）。

（ⅲ）行政書士の業務　　**行政書士**の業務は，「官公署に提出する書類」や「権利義務又は事実証明に関する書類（実地調査に基づく図面等を含む）を作成すること」である（行書1条の2）。このほかにも，「官公署に提出する書類を官公署に提出する手続について代理」することや「官公署に提出する書類に係る許認可等に関して行われる聴聞又は弁明」の手続を代理すること，行政書士が作成できる「契約その他に関する書類を代理人として作成すること」，行政書士が作成できる「書類の作成について相談」に乗ることも業務として認められている（同1条の3，1項一，三，四号）。行政書士業務は，建設業許可，農地法，会社の設立，自動車登録・抹消手続，産廃処理業関係，遺言・相続，在留資格・帰化関係，契約書作成など，市民の日常生活に関わる法分野全般に広く及んでいる。また，日本行政書士会連合会の実施する研修課程を経た「特定行政書士」は，行政不服申立ての代理やそのために官公署に提出する書類の作成も行うことができる（同条2項，7条の3）。

(iv) 行政書士になるには　　行政書士になるには，行政書士試験に合格した後，**日本行政書士会連合会**（略称：日行連）に備えられた行政書士名簿に登録しなければならない。この登録は各都道府県の**行政書士会**を経由して行わなければならず，登録と同時に事務所の所在地にある行政書士会の会員となる（同16条の5）。このほか弁護士や弁理士，公認会計士，税理士になる資格のある者や，公務員・独立行政法人職員などとして行政事務を20年（高卒以上の場合は17年）以上経験した者も，同様な手順で行政書士名簿に登録することができる（同2条）。2022年10月1日現在，行政書士は51,147人いる（参考文献⑥）。

その他の隣接法律専門職

(i) 弁理士　　弁理士の業務は，特許や実用新案，意匠，商標などの出願登録や異議申立ての手続を代理や鑑定したり（弁理4条1項），これらに関する仲裁事件の手続を代理する（同2項二号）ほか，これらに関する権利の売買などの契約締結を代理・媒介したり，相談に応じること（同3項）である。さらに弁理士は，特許や技術上の秘密などに関する特定侵害訴訟では，当事者か訴訟代理人弁護士とともに出廷して補佐人として陳述や尋問ができる（同5条1項）ほか，特定侵害訴訟代理業務試験に合格した者（付記弁理士）については，弁護士と共同で代理人になることもできる（同6条の2，3項）。2022年9月21日現在，弁理士は11,767人いる（参考文献⑦，推移は⑧）。そのうち付記弁理士は3,447人（29.3％）である（参考文献⑨）。

日本弁理士会は，知的財産紛争の処理や相談事業などを行うために，日弁連と合同で**日本知的財産仲裁センター**を運営している。このセンターは，知的所有権紛争に関する相談や調停，仲裁を行うほか，特定の発明や意匠，商標が権利の範囲に属するかどうかの判定を行ったり，JPドメイン名紛争の裁定などを行ったりしている（参考文献⑩）。

(ii) 税理士　　**税理士**は税務に関する相談に応じたり，書類を作成したり，税務署・国税不服審判所に対する申請・不服申立てなどの代理をしたりするほか（税理士2条），租税に関する訴訟では「補佐人として弁護士である訴訟代理人とともに出頭し，陳述」したりすること（同2条の2）を業務としている。とくに税務の相談，書類作成，代理については，有償・無償を問わず業として行うことは禁止されており（同52条，罰則59条1項四号），税理士の独占業務になっている（一部例外もある。同50～51条の2）。2022年10月末現在，税理士の登録者数は80,441人にのぼる（参考文献⑪）。

このほかにも，法務省管轄の土地家屋調査士や厚生労働省管轄の社会保険労務士など，多様な隣接法律専門職があり，それぞれが一定の職域を確保している。

その他の法律専門家

(i) 企業の法務担当者　　以上に紹介したのは，開業するには一定の資格試験に合格して，当該の専門職団体に登録することが求められる法律専門職であるが，法律分野の専門家には，公式の要件がないものもある。**企業の法務担当者**はその一例である。企業は，その営業活動を行う過程において，顧客とはもちろんのこと，他の企業との契約や特許，訴訟管理などの法律業務を当事者として行う必要がある。これらの法律問題に対処するため，企業の中には，法務部や法規課などの専門部署を設けているところもある（参考文献⑫）。

(ii) パラリーガル　　法律事務所で弁護士の監督の下に事務処理の補佐をするパラリーガルも，広い意味では法律専門家と呼べるかもしれない。彼らは弁護士の指示に従い，登記手続や契約書の作成，内容証明郵便の作成，判例の調査，訴訟や調停に関する調査照会など定型的な要素の多い法律補助業務を行っている。

隣接法律専門職の果たす大きな役割

UNIT 5 で触れたように，日本には弁護士が国際的にみて僅かしかいないが，様々な隣接法律専門職と弁護士とを合計すれば，欧米諸国と肩を並べる程度に法律家が存在することになる（参考文献⑬ 64 頁）。このことは，弁護士以外の法律専門家たちが日本社会において果たしている役割の全体がいかに大きいかを示唆している。隣接と呼ぶと周辺的な印象を持たれるかもしれないが，弁護士人口が極端に少なく，中核に居るはずの法曹三者のみでは市民の抱える雑多な法的ニーズに充分には応えられなかったのが従来の日本社会の法的な実像であると視点を変えれば，人数的には圧倒的に多い隣接法律専門職群こそが市民の身近な法的ニーズに応えてきたとも言えるのである。

2　法律家間の職域争い

法律専門職の職域には，互いに接しあって協力できたり，または重なり合って競合したりする部分が多々ある。ところが，各専門職は，たとえば弁護士法72条の非弁活動の禁止規定のように，それぞれ固有の業務領域の独占が法律で認められている。このため，互いの職域をめぐってなわばり争いが起こることがある。

(i) 司法書士と弁護士の職域争い　　司法書士の活動の一部が弁護士以外には認められていない非弁活動にあたるとして問題になったケースに，松山司法書士弁護士法違反事件（松山地西条支判1977年1月18日判時865号110頁，高松高判1979年6月11日判時946号129頁）がある。新居浜市の熱心な司法書士が依頼者の求めに応じて，示談交渉を行ったり訴訟書類を作成して本人訴訟を指導したりなどの法律事務を行った7件が，弁護士法72条違反の犯罪にあたるとして起訴された。一審は，弁護士の数が比較的少い僻地では司法書士が市井の法律家としての役割を担っているとして，4件を無罪にして4万円の罰金刑としたが，控訴審は，司法書士の業務を定型的な書類作成を通じて嘱託人の意向を整序するにとどまると狭く解釈して，1件以外は有罪とし懲役3月執行猶予1年という本格的な刑とした。

他方，弁護士が登記申請の代理業務を行ったことが司法書士の独占職域を侵害しているとして争われたものに，埼玉司法書士会職域訴訟（浦和地判1994年5月13日判時1501号52頁，東京高判1995年11月29日判時1557号52頁）がある。両審ともに，弁護士が司法書士会に入会することなく「一般の法律事務」として登記申請業務を行えることを認めた。

(ii) 司法書士と行政書士の職域争い　　職域争いは隣接法律専門職間にもある。たとえば，ある行政書士が，司法書士会からの実態調査に基づく警告にもかかわらず，商業登記や不動産登記の代理申請を延べ17件にわたり業として行ったことが，司法書士法19条1項（現73条1項）違反にあたるとされて罰金刑が科されたケースがある。この事件では，法務局に対する登記申請の代理行為が，弁護士には上記の裁判例で正当な業務と認められ，公認会計士や税理士には通達により一部付随的に認められていた事情から容認される範囲の拡張が争われたが，行政書士には例外的な承認の通達もなく，実態調査でも通例ではなかったため裁判所は認めなかった（福島地郡山支判1986年4月25日刑裁54巻2号23頁，控訴審と上告審も同旨）。

(iii) 職域争いの背景　　弁護士と隣接法律専門職との職域争いの背景には，法務サービスを市民へ充分に提供できるだけの弁護士数がいないという現状がある。たとえば，行政書士が自動車事故の示談交渉や保険請求手続を代理した39件が弁護士法72条違反に問われたケース（札幌地判1971年2月23日刑月3巻2号264頁）で第一審は，「簡易で少額な法律事件は弁護士の通常の業務範囲から殆んど全面的に疎外されている」と現状を分析したうえで，同法72条前段が禁止する非弁活動の範囲を狭く解釈して，簡単な示談ですんだ11件を「一般人が…弁護士に依頼して処理することを考えないような簡易で少額な事件」だったとして一部無罪にしたが，控訴審では全部有罪とされた（懲役8月執行猶予2年）。この判決の後でも，とりわけ司法過疎地域では，隣接法律専門職が司法書士や弁護士の職域に進出する例があるようで（参考文献⑭），厳しく犯罪に問われることもある（参考文献⑮）。

(iv) 職域争いの今後　　弁護士がかつてよりも数多く養成される

ようになり，新人弁護士の就職難も初期ほどには指摘されなくなり，かえって中堅層での受任件数の減少や所得水準の低下が生じつつある昨今，弁護士の中には新たな職域へと進出したり，隣接法律専門職の分野にも提携や競争という形式で進出したりしていくだろう。というのも司法制度改革では，各隣接専門職種の職域も拡大されており，とりわけ司法書士による簡裁代理のように，従来，弁護士固有の職域にも参入されつつあるからだ。今後は，顧客へ適正な費用で良質なサービスを提供していく観点を中核にすえて，専門職間の分業や協調を促す仕組の開発が図られることが望ましい。

3 司法制度改革と隣接法律専門職の今後

司法制度改革が隣接法律専門職に与えた影響は，司法書士に簡裁代理権が与えられたり，税理士や弁理士に一部の訴訟代理権が与えられたりしただけではない。

(i) 司法支援センター　　2006年10月から**日本司法支援センター（通称：法テラス）**の業務がスタートした。法テラスは，総合法律支援法に基づいて設置された法人で，市民に対して，その問題内容に応じた法律専門職や民間団体に関する情報や少額訴訟，後見制度などの情報や資料を提供するだけでなく，民事法律扶助，国選弁護などを運営しつつ，司法過疎地での法務サービスも提供している（⇒ **UNIT 5**）。

(ii) ADRの促進　　このほか，ADR法の制定を受けて，隣接法律専門職団体も単独あるいは弁護士と共同で**裁判外紛争処理（ADR）**を主宰しようとする動きがある。たとえば，土地家屋調査士会は境界紛争解決センターを設け，境界紛争について，会員が弁護士とともに相談や調停を行う枠組みを作っているし（土地家屋調査士3条1項七号，2～5項），司法書士会は調停センターを開設している。行政書士会もADRセンターを設置して，外国人の職場環境や自転車事故，愛護動物，敷金返還など一定の問題に限って関与しようとしているが，ADR手続での代理人資格付与は将来の課題とされた。弁理士は固有領域のADR手続での代理資格と，特定侵害訴訟代理業務試験の合格と「付記」表示により弁護士との共同代理権を確立した（弁理4条2項二号，6条の2．15条の2）。社会保険労務士は紛争解決手続代理業務試験の合格を経てADR手続での代理資格が得られるが，民間の手続で目的価額が120万円を超える場合は弁護士と共同代理しなければならない（社労士2条1項一号の六，2項）。

今後の展望

法テラスやADR機関の設置で隣接法律専門職の活躍の場が拡がり，市民が法律問題を抱えたときに，その性質に応じた専門家にアクセスできる環境が整備されてきている。ただし，司法書士さえもいない司法過疎地域がまだ全国簡裁管内で数か所，市町村では397自治体（2021年4月現在、全1747自治体中の23％）に残っているという（参考文献⑯ 88頁）。また，隣接法律専門職の一定部分を，特定の公的職務経験によって資格を付与された者が占めているが（例：司法書士の資格取得区分①国家試験83.2％，②大臣認定7.5％，③局長認可9.2%，④所長認可0.2）（参考文献⑯ 37頁），彼らが専門職としての豊富な法知識を具備しているのか，という質的な課題も考えられる。

このような動態的な視点から法実務の全体状況を見つめると，隣接法律専門職の果たす代替機能にも限界があるのかもしれないが，他方，隣接職が，弁護士の取り扱わないさまざまな分野に専門特化した法務サービスを比較的安価に提供している現状を踏まえると，新旧双方の専門職にはヨリいっそうの能力向上と協働連携が期待されている。

〈参考文献〉

① 法務省サイト「公証制度に基礎を置く電子公証制度」>「指定公証人一覧（2022年11月）」〈https://www.moj.go.jp/MINJI/DENSHIKOSHO/denshikosho2.html〉
② 読売新聞2019年6月25日東京朝刊31頁・26日35頁・28日32頁「検証 公証人問題（上）～（下）」
③ 読売新聞2020年9月13日東京朝刊33頁「公証人 初の弁護士出身 都内2人 元検事ら独占に風穴 司法書士も7年ぶり」
④ 法務省サイト「司法書士法第3条第2項第2号の法務大臣の認定（令和3年12月8日付け）について（資料）」〈https://www.moj.go.jp/content/001359980.pdf〉
⑤ 日本司法書士会連合会編『司法書士白書2021年版』（日本加除出版，2021年6月）〈https://www.shiho-shoshi.or.jp/cms/wp-content/uploads/2022/01/c940462fb837955cf929770b8dab6db9.pdf〉
⑥ 日本行政書士会連合会サイト「組織概要・沿革」〈https://www.gyosei.or.jp/about/organization/outline.html〉
⑦ 日本弁理士会サイト「弁理士登録公告（令和4年9月21日現在）」〈https://www.jpaa.or.jp/cms/wp-content/uploads/2022/10/touroku20220921_kanpo.pdf〉
⑧ 弁理士制度120周年記念事業実行委員会記念誌部会編『弁理士制度120周年記念誌』（日本弁理士会，2020年3月）〔実勢の推移は資料編244～255，275～277頁が詳しい〕〈https://www.jpaa.or.jp/cms/wp-content/uploads/2020/03/120th-anniversary-magazine.pdf〉
⑨ 「特定侵害訴訟代理業務の付記公告」（令和4年9月21日現在）〈https://www.jpaa.or.jp/cms/wp-content/uploads/2022/10/fuki20220921_kanpo.pdf〉
⑩ 日本知的財産仲裁センター「JPドメイン名紛争処理の概要」

〈https://www.ip-adr.gr.jp/business/domain/about/〉

⑪　日本税理士会連合会ホーム「税理士登録者数」〈https://www.nichizeiren.or.jp/cpta/about/enrollment/〉

⑫　経営法友会法務部門実態調査検討委員会／米田憲市・編著『会社法務部〔第12次〕実態調査の分析報告』（商事法務, 2022年）1965年以降5年ごとの調査結果の最新版

⑬　「隣接士業等の人口の推移」日本弁護士連合会『弁護士白書2021年版』（同会, 2022年）〈https://www.nichibenren.or.jp/library/pdf/document/statistics/2021/1-3-7.pdf〉

⑭　瀬下満義『弁護士のいない島から ── 戦う士業, 新しい法律資格者をめざして』（鳥影社, 2002年）

⑮　朝日新聞2008年1月20日朝刊鹿児島全県版35頁「西之表市議, 有罪確定へ 無資格で登記, 上告棄却／鹿児島県」

⑯　日本司法書士会連合会編『司法書士白書2022年版』（日本加除出版, 2022年）〈https://www.shiho-shoshi.or.jp/cms/wp-content/uploads/2022/12/616cbb8f8c454746ca2c4812d9f5d239.pdf〉

ステップアップ

オリジナルで考えよう

札幌訴訟や松山訴訟の判決の公訴事実の部分や, たとえば参考文献⑭の実務家報告のように, 隣接法律専門職の業務活動を具体的に描いた文献を読み, どのような環境で専門業務が行われているのかを調べよう。それから, 一般の法律事務を弁護士に限定するギルド的な状態と各隣接法律専門職にも部分的に開放していく現状との間で, それぞれのメリット, デメリットを比較検討してみたうえで, 将来の法務サービス市場の全体像や専門職間の円満な分業態勢を頭に描いてみよう。

UNIT 7 検察官はどのように職務を行っているのか

Point 検察官とはどのような職業だろうか。検察官は刑事裁判でどのような役割を果たしているのだろうか。

1 検察官という職業

検察官の種類

検察官は，日常的には警察の犯罪捜査を引き継いで，被疑者を訴追するかどうかを見極めるために，とりまとめの丁寧な取調べや精密な補充捜査を行っている（参考文献①）。また，検察官は独自に捜査もでき（検察6条，刑訴191条），とくに東京・大阪・名古屋の地方検察庁には特別捜査部（特捜部）があって，政界や大企業に関する汚職や選挙違反などの重要案件を独自に厳しく取り扱うことで有名であり，その他の大規模な10地検にも大小の独自捜査のために特別刑事部を設けて組織的に対応している（参考文献②）。

しかし，検察官はこの十数年間，厳しい批判にさらされてきた。直接的な引き金になったのは，広告会社などが障害者向けの郵便割引制度を悪用したとされる事件で，大阪地方検察庁（地検）の特捜部が，自称障害者団体に偽の証明書を発行したとして厚生労働省の局長（発生当時の担当課長）らを逮捕・起訴した，いわゆる郵便不正事件である。この局長は2010年9月に無罪となったが，その捜査過程で，事件の主任検事による押収フロッピーディスクの履歴データ改ざんが明らかになり，最高検察庁（最高検）がこの主任検事を証拠隠滅容疑で逮捕したばかりではなく，その改ざんを隠したとして，上司の特捜部長と元副部長も犯人隠避容疑で逮捕した。この事件の前後にも，4歳の女児を殺したとして無期懲役に服していた受刑者が，新たなDNA鑑定の結果，犯人ではないことが明らかとなって2010年3月に再審無罪となった足利事件の審理では，取調べの録音テープが再生され，検事が精神的圧迫を加えながら偽りの自白を引き出していく過程が明らかとなり（参考文献③），さらには1967年に起きた強盗殺人事件で無期懲役刑が確定し，服役後仮釈放となった2人の元被告人が2011年5月に再審無罪となった布川事件でも，自白の誘導・強制や証拠隠しが問題となっていた（参考文献④）。

大阪の郵便不正事件でのデータ改ざんについては，2010年12月に最高検の内部検証結果が発表されるとともに検事総長が辞任したが，その間に「検察の再生」と国民の信頼回復のため，幅広い観点から抜本的な検討を加え，有効な改善策，改革策を有識者に提言させる法務大臣の諮問機関として，民主党政権の2010年11月に「検察の在り方検討会議」が設置され，翌年3月末に提言「検察の再生に向けて」として公表された。それを踏まえて2011年4月に法務大臣から「検察の再生に向けての取組」の指示がなされ，7月に「検察の理念」10か条が確認され，多方面からの改革の取組が実践されている。また，6月には法制審議会に「新時代の刑事司法制度特別部会」が設けられ，取調べの可視化が主要テーマになったので，その結論は **UNIT 14** で取り上げることにしよう。

それでは，検察官とはどのような職業なのか。

くわしく書くと，検察官の官名としては，**検事総長**，**次長検事**，**検事長**，**検事**，**副検事**の5種類がある（検察3条）。このうち，検事総長，次長検事，検事長は，内閣が任免し，天皇が認証する（同15条）。また，一級（同19条）の検事の中から地検の長を充て，検事正と呼ぶ（同9条1項）が，これは職名のひとつである。この検事正を追加して，6種類の検察官の権限を列挙すると，下記のとおりとなる。

1. 検事総長（総長）── 最高検の長として庁務を掌理し，かつ，すべての検察庁の職員を指揮監督する（同7条1項）。
2. 次長検事 ── 最高検に属し，総長を補佐し，総長に事故のあるとき，または総長が欠けたときは，その職務を行う（同7条2項）。
3. 検事長 ── 高等検察庁（高検）の長として庁務を掌理し，かつ，その庁と対応する高等裁判所（高裁）の管轄区内にある地検および区検察庁（区検）の職員を指揮監督する（同8条）。
4. 検事正 ── 地検の長として庁務を掌理し，かつ，その庁と対応する地方裁判所（地裁）の管轄区域内にある区検の職員を指揮監督する（同9条2項）。
5. 検事 ── 最高検，高検，地検などに配置され，捜査，公判，裁判の執行の指揮監督などの仕事を行っている（同4～6条）。
6. 副検事 ── 区検に配置され，捜査，公判，裁判の執行の指揮監督などの仕事を行っている（同4～6条，16条2項）。

検察官の資格

多くの人々は，検察官はすべて法曹資格を持っていると考えていることであろう。ところが，法曹資格が必要なのは検事以上で，副検事は検察官特別考試を経て任命されることが多い。

検事の方は，司法試験に合格して司法修習を終えると，まず検事二級として任命される（検察18条1項）。検事二級を8年以上勤めると，検事一級に任命される資格ができる（同19条）。検事正以上の地位に就くことができるのは，検事一級である（同9条・15条）。

これに対して，副検事は，ほとんど，**検察事務官**が**検察官・公証人特別任用等審査会**の選考を経て任命された者である（同18条2項）。副検事は検察官としては二級のみである。検察事務官は，上官の命を受けて検察庁の事務を掌り，検察官を補佐し，またはその指揮を受けて捜査を行う者である（同27条3項）。副検事になることができるのは，検察事務官として検察官の事務取扱など（同施行令2条1項一号）を3年以上経験した者である（同18条2項二号）。

さらに，副検事の職務を3年以上経験した者は，やはり，検察官・公証人特別任用等審査会の選考を経て，検事二級（特任検事）となることができる（同18条3項）。そして，特任検事となって5年以上の経験を積むと，法務大臣指定の研修課程を修了すれば弁護士になることができる（弁護5条三号）。

また，検察官（検事と副検事）の不足を補うために，区検の検察事務官がその庁の検察官の事務を担当することがあり，**検察官事務取扱検察事務官**と呼ばれる（検察36条）。

このように見てくると，法曹資格を持たない者が内部選考によって検察官の職務を担当していることに，驚く人も多いであろう。2020年度末の定員では，検事1,869人，副検事879人，検察事務官等8,978人となっており（参考文献⑤334頁），検察官総数の約3分の1には法曹資格がないのである。この状況は，検察事務官の志気を維持するためには好ましいかもしれない。しかし，法科大学院を中核とする新たな法曹養成制度によって法曹増員が図られてきた現在，むしろ法曹資格を有する検事を大幅増員することで，検察官不足に対処すべきであろう。実際，2004 年 4 月の定員は検事 1,495 人，副検事 899 人だったので，法科大学院導入後に検事のみが 1.25 倍に増えたにすぎないからである。

ちなみに，2021 年 12 月の統計では，検察官（副検事を除く）に占める女性の割合は 26.0 %で，裁判官（簡易判事を除く）の 27.2 %に次いで高く，弁護士の 19.3 %よりも高い（参考文献⑥ 59 頁）。さらに，2021 年 12 月に採用された任官者 72 名の中では，女性は 28 名で 38.9 %に達している（参考文献⑦ 32 頁）。もっとも，女性の進出を促進する要因や，女性の進出が検察実務に与えている影響については，まだ分析が行われていない。

なお，一級，二級，三級という区分は，俸給の区分とは無関係で，旧憲法時代の官吏区分（勅任官・奏任官・判任官）をいまだに引き継いでいるものである。上記の実務経験年数の換算では，数の多い方が上位となる給与等級を細かく使用しているので混乱するだろう。

検察官の給与

検察官の給与は裁判官の給与に準じている（検察官の俸給等に関する法律（2019 年 11 月 29 日公布・施行，同年 4 月 1 日適用の改正），裁判官の報酬等に関する法律（同），特別職の職員の給与に関する法律（2019 年 11 月 22 日公布・施行の改正）。以下すべて月額）。トップクラスでは，最高裁判所（最高裁）長官は内閣総理大臣と同額（2,010,000 円），最高裁判事と検事総長は国務大臣と同額（1,466,000 円），東京高裁長官は内閣法制局長官や副大臣と同額（1,406,000 円），その他の高裁長官と東京高検検事長は同額（1,302,000 円）などとランク付けられている。検事は最低の 20 号（234,900 円）

から最高の1号（1,175,000円）まで，副検事は最低の17号（215,800円）から最高の1号（574,000円）までとなっている。これに対して，判事は最低の8号（516,000円）から最高の1号（1,175,000円）まで，判事補は最低の12号（234,900円）から最高の1号（421,500円）まで，簡易裁判所（簡裁）判事は最低の17号（234,900円）から最高の1号（818,000円）までの範囲や等級となっている。つまり，検事の下限と判事補・簡裁判事の下限とが，かつ，検事の上限と判事の上限とが，それぞれ対応しているわけである。

これらの月額に諸手当や賞与が加算される。このような給与水準の体系を維持し固定することが，検事の増員を小幅にとどめている実際的な理由になっているのかもしれない。

2　検察官の職務とは

検察官の職務について，**検察庁法**4条は「検察官は，刑事について，公訴を行い，裁判所に法の正当な適用を請求し，且つ，裁判の執行を監督し，又，裁判所の権限に属するその他の事項についても職務上必要と認めるときは，裁判所に，通知を求め，又は意見を述べ，又，公益の代表者として他の法令がその権限に属させた事務を行う」と定めている。

最後の「公益の代表者として」の事務というのは，たとえば，**人事訴訟法**12条3項が定めるもので，婚姻・親子・養子縁組など身分関係の形成や存否の確認をめぐる訴え（同2条。**人事訴訟**といって家庭裁判所（家裁）が担当する）において，訴えの被告とすべき者が死亡したり，存在しなかったりする場合は，民事なので法務局の検察官が被告となって法律関係の整理に協力する。

また，公害訴訟，情報公開訴訟，税務訴訟などのように，国に利害関係がある民事や行政に関する争い（訟務事件という）において，とくに重要な事件については検事が国や自治体の訴訟代理を担当することがある（国の利害に関係のある訴訟についての法務大臣の権限等に関する法律2，7条）。このような民事担当の検事を**訟務検事**と呼ぶ。しかし，訟務検事の大多数は，いわゆる**判検交流**で法務省に出向してきた裁判官なので，訟務は，生え抜きの検察官層にとって重要な役割とは思われていない（判検交流については⇒ **UNIT 12**）。

これらの例外はあるにしても，検察庁法4条が規定する検察官の職務の中心が刑事裁判であることは明らかである。これは，本書の裏表紙に掲載した図「一般的な刑事手続の流れ」（成人の被疑者を対象に，警察が捜査を行った場合）で言えば，**起訴**から**刑の執行**までの段階に相当する。

少しくわしく言えば，**起訴状**を裁判所に提出して**公訴**（これまでに習った「控訴」と音が同じで紛らわしいが，法文上の表現である）を提起し，法廷で**証拠の取調べ**を請求して，犯罪の成立要件がそろっている事実について「**合理的な疑いを容れる余地のない**」程度に厳格な証明を行い，証拠調べが終了すると事実の認定と法律の適用について意見を述べ（いわゆる論告・求刑）（刑訴256条1項，298条1項，293条1項），有罪判決が出て刑が確定すると，その執行を指揮する，という手順である。他方，無罪判決が出た場合や，裁判所が言い渡した刑の量定（**量刑**という）を軽すぎると考えた場合は，上級の裁判所に不服を申し立てることもある（**上訴**といい，簡裁や地裁の第一審判決に対してする**控訴**と，高裁の判決に対してする**上告**とがある。刑訴351条，372条，405条）。

検察官が「合理的な疑いを容れる余地のない」程度の証明を行う

責任を負う（挙証責任という）のに対して，**被告人**（犯人として起訴された者）が「**無罪の推定**」を受けるというのは，刑事裁判の基本原理であって，フランス人権宣言9条（1789年）以来歴史的に形成されてきたもので，市民的及び政治的権利に関する国際規約14条2項に結実している。日本における明文の根拠としては，憲法31条（法定手続の保障）や刑事訴訟法336条（犯罪の証明がないときは無罪）が挙げられるし，上記の国際自由権規約（1966年採択，1976年発効）を1979年に批准しているので，政府は誠実に遵守せねばならない（憲法98条2項）。

一般にあまり知られていないのは，**裁判の執行**，つまり刑の執行も検察官の権限だということであろう。さすがに死刑の執行は法務大臣の権限であるが（刑訴475条），その他の刑の執行は，確定した刑の裁判を行った裁判所に対応する検察庁の検察官が指揮するのである（同472条）。

以上の職務のうち，日本の検察官を国際的に見た場合に最大の特徴とされるのは，起訴・不起訴を決定する裁量権の大きさである。次節で，この点を少しくわしく説明しよう。

3 検察官が起訴・不起訴を決める

起訴権限の独占と起訴猶予

日本では，①国家を代表する検察官だけが公訴の権限を持ち（刑訴247条），しかも，②「犯人の性格，年齢及び境遇，犯罪の軽重及び情状並びに犯罪後の情況により訴追を必要としないときは，公訴の提起をしないことができる」とされている（同248条）。①を**国家訴追主義**と呼び，②を**起訴便宜主義**と呼ぶ。

起訴便宜主義というのは，成人の事件において**有罪の証拠**があって起訴が可能な場合でも起訴せずにすませる裁量権が検察官の手にあることを意味する。これは，被疑者にとっては犯罪者という烙印を押されずに社会復帰できることを，また，検察官と裁判官にとっては事件処理の負担軽減を，国家にとっては裁判・行刑費用の節約を意味する。このような処理を**起訴猶予**と呼ぶ。「猶予」という言葉が示すように，理論的には，再検討の結果起訴する可能性をまだ含む状態ではあるが，現実には後で起訴されることはほとんどない。

明治時代に近代的な刑事司法制度が導入された当時は，十分な証拠があれば必ず起訴する方針（起訴法定主義）がとられていたが，1899年には司法大臣が，「起訴法定主義は日本の人情習慣にもとる」という訓示を行った。その後，次第に，個々の犯罪者の社会復帰に適合した処罰を行うべきであるという教育的な発想（特別予防という。対比されるのは，犯罪者本人以外の者に対する威嚇効果を重視する発想で，一般予防という）による理論的正当化がなされるようになって，過度な苦痛を与えなくても悔悟反省ができる者にはなるべく処罰せずにすませるべきだという改善更生に期待する発想が有力になっていった。そして，1913年に，司法大臣が，「微罪以外でも刑罰を科さずに社会復帰させることが可能な者はすべて起訴猶予にせよ」という趣旨の訓示を行い，1922年制定の旧刑訴法で全犯罪を対象とする起訴猶予制度が導入された。旧刑訴法の規定は「犯罪の軽重」を問題にしない徹底したものであったが，1948年制定の現行刑訴法には「犯罪の軽重」という考慮事項が追記されており，対象範囲がやや制限されている（歴史的経緯について，参考文献⑧）。

なお，少年事件では，どのような事件であっても犯罪に関わった少年には国家による保護を必要とする発想（国親思想という）から，担当した警察官や検察官は事件をすべて家裁に送致することになっている（少年法41条・42条。**全件送致主義**という。⇒**UNIT 13**）。

増え続ける起訴猶予

検察官による事件処理の区分は，① **公判請求**，② **略式命令請求**，③ **即決裁判請求**，④ **不起訴**処分に分かれる。

①～③は起訴の種類で，①は，公開の法廷における通常の裁判を請求するものである。

②は，100万円以下の罰金または科料（1,000円以上1万円未満の財産刑）が相当と考えるとき，検察官は，被疑者の同意を得たうえで簡易裁判所（簡裁）に対して略式命令を請求するものである。この場合，簡裁は書面審理だけで略式命令を出し，刑などを告知する。被告人も出廷する必要がない。道交（道路交通法）違反で起訴された事件のほとんどはこの手続で処理されている。

③は，2004年の刑訴法改正で2006年10月に導入されたもので（刑訴350条の16～29），死刑，無期，または短期1年以上の懲役もしくは**禁錮**（懲役は所定の作業が課されるが，禁錮には作業義務がない。なお，2022年6月の刑法等の一部改正により2つは「拘禁刑」という名称に統一され，作業義務は受刑者の改善更生と円滑な社会復帰を図るために必要と認める場合に行わせる刑務所側の裁量事項となる予定である。（3年以内に施行される刑事収容施設法新93条））にあたる比較的重大ではない事件で，事案が明白かつ軽微であり，証拠調べが速やかに終わると見込まれるとき，検察官は，被疑者の同意を得て即決裁判手続の申立てができる。即決裁判が始まり，被告人（それまでの被疑者）が起訴状に記載された犯罪事実（**訴因**という）を認めると，裁判所は即決手続の開始を宣言し，書面中心の証拠調べの後，できる限り即日に判決が言い渡され，とくに懲役・禁錮（拘禁）刑については全部に執行猶予が付けられる。

これらに対して，④には，起訴猶予のほかに3つの場合がありうる。第1に，被疑者が死亡した場合や，親告罪（告訴を必要とする犯罪。刑135条，229条，232条，264条など）について告訴が取り消された場合で，講学上は「訴訟条件を欠く」という。第2に，被疑者が犯罪時に14歳未満や心神喪失であった場合で，主観的な構成要件を欠いているので刑事責任を問えない（同41条，39条1項）。第3に，被疑者が犯人であることや被疑者の行為が犯罪に当たることを認定する証拠がないか不十分な場合で，それぞれ「嫌疑なし」か「嫌疑不十分」という（事件事務規程75条2項⒄，⒅号）。第3の場合が，「不起訴」という言葉から常識的に連想されるものであろう。

そこで，2021年版の『犯罪白書』で2020年の統計を見ると（参考文献⑨35頁），検察庁が処理した人員のうち，公判請求（上記①③の合計）9.8%，略式命令請求21.5%，起訴猶予55.5%，その他の不起訴7.8%，家裁送致5.3%となっている。しかも，最大の処理区分である起訴猶予の割合は，最近10数年間，5割を超えているので，検察官は，大量の罰金相当の軽微な事件を起訴猶予にすることで，裁判所のゲートキーパーとして機能しているのである。

他方，いったん起訴されれば，無罪になることはほとんどない。2020年の例では，裁判が確定した220,157人のうち，無罪は76人のみであり，0.034％にすぎない（参考文献⑨38頁）。映画「それでもボクはやってない」で，起訴を決めた副検事が「裁判したって無罪はないぞ」と告げるが（参考文献⑩66頁），それは誇張ではない。しかも，宣告刑は求刑を少し割り引いたものになるのが通例である。したがって，検察官は，刑事裁判の分量を外から調整するだけではなく，訴訟手続の成果をも左右する主宰者の地位にあると言っても過言ではない。

検察官裁量のコントロール

このように広範な検察官の裁量に対して，外部からの統制がないわけではない。不当な不起訴（起訴猶予を含む）に対するコントロールとしては，まず**告訴人等に対する起訴・不起訴の通知**等の制度があるし，内容を再検討をさせる手続としては，**付審判請求**（**準起訴手続**とも言われる）と**検察審査会**がある。さらに，不当な起訴に対しては**公訴権濫用論**という法理論もある。それぞれ簡単に説明しよう。

(i) 告訴人等に対する起訴・不起訴の通知　　検察官は，起訴・不起訴を決定したときは，その旨をすみやかに**告訴人**（犯罪の被害者やそれに準ずる人々。刑訴 230 ～ 234 条）や**告発人**（誰でもなることができる。刑訴 239 条1項）に通知しなければならないし，とくに不起訴の場合に請求があれば理由も告げなければならない（刑訴 260，261 条）。**犯罪被害者運動**（⇒ **UNIT 14**）が高まりを見せている今日，この制度は，告訴人らに説明できないような，根拠のあやふやな不起訴処分を事前に抑制する効果を持つかもしれない。

(ii) 付審判請求　　付審判請求は，検察の訴追裁量への事後的なコントロールの中で，もっとも直接的なものである。すなわち，公務員が職権を濫用（強要・権利妨害）したり，裁判・検察・警察の職務を行う者など（**特別公務員**と呼ばれる）が職権濫用（逮捕・監禁）や暴行・凌辱・加虐を行い，さらにはその結果人を死傷させたりした（刑 193 ～ 196 条）疑いがある場合などに，告訴・告発をしたにもかかわらず，検察官が不起訴処分にすることがある。それに不服がある告訴人・告発人は，その検察庁を管轄する地方裁判所に，その事件の審判手続を求めることができる（刑訴 262 条 1 項）。請求に理由があると認められると，事件は管轄する地裁の審判に付される。この付審判決定によって公訴が提起されたものと擬制され，今度は弁護士の中から検察官役が指定されて，裁判確定まで指定弁護士と呼ばれながら検察官と同じ公訴維持の職務を行う（刑訴 266 ～ 268 条）。

ただし，この制度は，いわば検察官にとって身内のような捜査や裁判の関係者による犯罪で，しかも緩い審査基準で安易な不起訴処分となる危険性を含んだ犯罪に対象範囲が限定されている。しかも，この請求が認められる可能性はきわめて低い。1949 年の制度導入後から約 50 年で約 1 万 8 千件の請求があったものの，審判開始になったのは 20 件にすぎず，そのうち有罪が確定したのは 9 件で，無罪・免訴の確定が 9 件，1 審と 2 審の無罪で上訴中が 2 件と無罪率が高く（参考文献⑪），上告中であった 1 件は無罪が確定した（参考文献⑫）。検察官役を担当した指定弁護士らは，被疑者となった警察側はもちろん，本職の検察官らがいかに彼らの公判活動を妨害したか，また，審理にあたった裁判所が指定弁護士からの証拠調請求に対していかに厳しい判断を示したか，著書で克明に記している（参考文献⑬，⑭）。

したがって，この制度が不当な不起訴を事前に予防する機能をもつことは，ほとんど期待できないであろう。日本の検察官に関する観察研究をはじめて行ったアメリカの法社会学者デイビッド・T・ジョンソンは，1992 年ころの数字を踏まえて，抑止力になっていないというチャーマーズ・ジョンソンの見解（1972 年）を引用している（参考文献⑮ 298 頁）。

(iii) 検察審査会　　検察審査会は，検察の不起訴処分に意見を述べる役割なので付審判請求よりも間接的な影響しかないように見えるが，適用範囲は全犯罪なので，今後はるかに広範で強力なインパクトを訴追裁量に及ぼす可能性がある。審査会は，「公訴権の実行に関し民意を反映させてその適正を図るため」（検察審査会法 1 条）に，第二次大戦後の民主化政策の一環として1948年に設置されたもので，今般の司法制度改革の大きな柱である**国民の司法参加**にとって先駆的な存在である。審査会は全国148か所の地裁と地裁支部の所在地に165設置される枠組になっており（検察審査会の名称及び管轄区域等を定める政令別表），実際，職員も予算も裁判所から出すので各裁判所構内に設置されている（同法20条2項，46条）。各審査会は11名の**検察審査員**で構成される。審査員の任期は6か月で，3か月ごとに5名または6名が，管轄区域内の選挙人名簿からくじ引きで任命される。審査の申立てができるのは，告訴人，告発人，犯罪被害者（死亡した場合は配偶者・直系尊属・兄弟姉妹）などであるが，審査員の過半数の議決で，職権により審査を始めることもできる（同法2条2，3項）。審査の結果，「**起訴相当**」「**不起訴不当**」「**不起訴相当**」のいずれかの議決を行うが，起訴相当の議決には8名以上の賛成を必要とする（同39条の5②項）。起訴相当の議決があると，検察官は速やかに公訴提起の有無を決定しなければならないが，2009年5月までは議決に従う必要はなかった。裁判所サイトの広報記事によれば，2021年末までに63万人以上が審査員・補充員として参加しており，延べ約183,000万件を審査して，検察官が再検討した結果，起訴に至った事件は約1,600件あり，第2段階の起訴相当の議決が出て強制起訴になった事件は15件あった（参考文献⑯）。なお，検察審査会は，いつでも検事正に対して検察事務の改善を建議・勧告できるが（法42条），統計を視ると73年間の累積が545件のみで，最近はほとんど行われていない（参考文献⑰85頁）。

その後，司法制度改革の一環として，検察官の起訴独占に2つ目の風穴が空くようになった。というのも2009年5月から起訴相当の議決に対して再度の不起訴処分を通知された場合や，一定期間内に公訴提起をしなかった場合，審査会が再度の審査を行い，そこで8名以上の多数で起訴すべき旨の議決（起訴議決という）をした場合には，付審判手続の開始と同じく，裁判所が検察官の職務を行う弁護士を指定して公訴の提起と維持にあたらせる制度ができたからである（同41条の6，41条の9）。

その結果，2010年には，①兵庫県明石市の花火大会の帰途に駅前の歩道橋で観客11人が死亡した2001年の事件について明石警察署の元副署長，②同県尼崎市のJR宝塚線のカーブで通勤列車が速度超過で脱線し乗客107人が死亡した2005年の事件についてJR西日本の歴代社長3人，③2004～05年の政治資金収支報告書への不記載と架空記載について小沢一郎元民主党代表に対して，それぞれ起訴議決がなされ，大きな社会的関心を集めた。ただし，明石の事件では免訴，他のいずれの事件でも被告人らは無罪の結論となった。最近では，2011年3月11日に発生した東日本大地震による東京電力福島第一原発の事故をめぐり，東電の元会長ら3名が周辺病院の入院患者を避難中に死亡させるなどしたとして，被災者らから業務上過失致死傷罪で告訴・告発されていた事件について，東京地検が不起訴を繰り返したのに対して，検察審査会は2015年に2度目の「起訴相当」議決を行い，2017年6月に公判が開始された（参考文献⑱）。この件も第一審が2019年に，控訴審が2023年に全員無罪となって上告審が係属中であるが，2012年から提起されていた民事の株主代表訴訟では刑事の被告人3名を含む4名の被告元社長らに対し13兆円余もの損害賠償が命じられた（参考文献⑲）。

この制度については，裁判員制度と同じく，刑事手続への一般市民の関与を強化するものとして肯定的な評価が一般的である（参考文献⑳）。しかし，旧制度においてすら，検察審査会の議決に応じて訴追がなされたために，事件発生から無罪確定まで25年を費やした**甲山事件**（知的障害者施設の女性保育士が浄化槽で死亡していた園児２名のうち１名の殺人犯人とされた冤罪事件）のような例があることにも注意を要する（参考文献㉑）。よく比較されるアメリカの大陪審が起訴前段階で訴追権限をもって活動するのに対して，日本の検察審査会はすでに検察官が不起訴の判断を行った後で起訴という反対の方向で作動するものであるから，手続の対象者にとっては，起訴される危険に再度直面する負担を追うこととなる。それにもかかわらず，審査手続は非公開であり，審査対象者が自分を防御する機会もない。もし，審査員らが被害者等の処罰要求に応えようとするあまり，ずさんな証拠評価で感情的に起訴議決をするようなことがあれば，冤罪事件や不必要な起訴をより頻繁に引き起こすことになりかねず，本来は検察官への民主的なコントロールを行える貴重な制度への社会的信頼が一挙に失われる危険性があるだろう（参考文献⑳ 199～200頁，㉑）。

たしかに，たとえば警察との衝突を恐れて違法な盗聴を行った警察官を起訴しなかった神奈川県警事件のように（参考文献㉓ 194～201頁・文庫 202～209頁，㉔ 137～140頁），検察官が政治的配慮等から不当に不起訴・起訴猶予とする危険性は常に存在するから，公務員犯罪などについては検察官の不起訴・起訴猶予決定を覆すような強い市民参加制度の必要性は認められる。であるからこそ，手続面での弊害や構造的な問題点の発生については，常に注意と改善の努力が必要である（参考文献㉕）。

(iv) 公訴権濫用の主張　　他方，無実や無罪ではないが，犯行の背景事情を考慮すると起訴猶予でよく，被告人にとって訴追が過酷に思える場合には，弁護側が，検察官の公訴権行使を濫用とみなして公訴自体の棄却（刑訴338条四号）を裁判所に求めることがときおりあって，認容された裁判例も過去に3件ある。すなわち，①公害の加害者側企業社員らが同様な交渉過程で行った暴行傷害は一切起訴せずに，公害被害者側のみを犯罪に問うたチッソ川本自主交渉傷害事件（東京高判1977年6月14日，高刑30巻3号341頁），②贈賄側へは捜査の手を緩め，自首した収賄側業者のみを起訴した町長選挙違反事件（広島高松江支判1980年2月4日，判時963号3頁），③10分以上の路上駐車を取り締まる警察の運用基準があるにもかかわらず，数分間の離席で反則に問われた道路交通法違反事件（山口簡判1990年10月22日，判時1366号158頁）であるが，いずれも上級審で破棄されている（①～最高一小決1980年12月17日，刑集34巻7号672頁。②～最高二小判1981年6月26日，刑集35巻4号426頁。③～広島高判1991年10月31日，高刑速平3年2号128頁）。とくに①の上告審は，検察側の上告を棄却して控訴審の公訴棄却の効果を維持したにもかかわらず，公訴権濫用は「公訴の提起自体が職務犯罪を構成するような極限的な場合に限られる」と判示して認定せず，その結果，将来に向けた判例としては，検察官の訴追裁量に対する裁判所の制約や調整の機会をほとんどなくしてしまった。

4　検察官の職場

検察庁と法務省

検察官の主たる職場は，いうまでもなく検察庁である。検察庁には，最高裁判所に対応する最高検察庁（1庁），高等裁判所に対応する高等検察庁（8庁・6支部），地方裁判所・家庭裁判所に対応する地方検察庁（50庁・203支部），簡易裁判所に対応する区検察庁（438庁）という，4つのランクがある（参考文献㉖）。この全体が，法務省の

「特別の機関」という位置づけであり（法務省設置法 14 条），本省に直属する外局ではないので，独立して職権を行使できるとされている。一般官庁では官僚のトップである法務事務次官も，検事総長，東京高検検事長，最高検次長の下に位置づけられている。たしかに，一般職の職員の給与に関する法律 別表第十一 指定職俸給表によれば，事務次官の俸給月額は最高の 8 号俸で検事 1 号の 1,175,000 円と同額で，次長検事と東京高検以外の検事長が 1,199.000 円で若干高い。

他方，法務省にも検察官は勤務している。法務省設置法（1999 年）の附則 3 が，当分の間，特に必要があるときは，法務省の職員のうち 133 人は検事をもって充てることができると規定しているからである。すでに説明したように，検事の定員は 2021 年末で 1,869 人であるから，その 7 %が法務省に勤務しており，公判にも捜査にも直接携わっていないわけである。そして，検察官内部の序列では法務事務次官は最高検次長の下であるが，検察人事を左右するのは法務事務次官であるため実質的な影響力は大きく，検事総長への最短距離にあると言われている（参考文献㉓ 54 頁，文庫版 57 頁）。

法務大臣と検事総長

検察庁は行政権の一部であるから，検察庁の活動について責任を負うのは内閣である。国会に基盤を置く内閣が検察庁の活動に責任を負うのは，検察庁に対する民主的統制という観点から正当化することが可能であろう。しかし，政治家である法務大臣が個々の事件について検察官を指揮できることになれば，とりわけ政治家を巻き込んだ疑獄事件や選挙違反など政治的影響のある事件については，ときの政権の利害によって厳正中立であるべき事件処理がゆがめられる危険性がある。そこで，検察庁法 14 条は「法務大臣は……個々の事件の取調又は処分については，検事総長のみを指揮することができる」と規定して，法務大臣の**指揮権**を検事総長に限定した。つまり，現場で事件を担当している検察官と法務大臣との指揮命令や連絡関係を引き離したのである。

しかし，検事総長は現場の検察官を指揮することができるから（同7条1項，12条），検事総長が法務大臣の指揮に従えば，法務大臣が現場検察官を指揮したのと同じ結果になる。1954年の**造船疑獄事件**で，それが現実のものになった。吉田茂政権の時代で，造船・海運業界から政治家や官僚にカネがばらまかれた事件である。検察首脳が自由党（民主党と合併して自由民主党になる前）幹事長の佐藤栄作の逮捕を決定して，検事総長が法務大臣に「逮捕の請訓」を行ったところ，法務大臣は「暫時逮捕を延期して，任意捜査すべし」と命じたのである。世論の反発を受けて法務大臣は辞任し，吉田内閣自体も総辞職することになったが，捜査は頓挫し，佐藤の政治生命は救われた（参考文献㉓ 49～52頁，文庫 53～55頁）。

その後，法務大臣が指揮権を発動した例はないが，この指揮権は，つねに検察全体の頭上に影を落としていると言ってよい。検察側が，ときどきの政権の下で捜査の方針や対象に手心を加えて，政治・経済権力側が許容可能な範囲の処分を選択することで，政治的な衝突は回避できるからである。

独任官庁制と検察官一体の原則

検事総長は現場の検事を指揮できるという前記の説明は，検察官は全体としてひとつの方針の下に活動している印象を与えるかもしれない。ところが，法的には，個々の検察官は，**独任制の行政官庁**であると位置づけられている（同4条，6条）。通常，行政官庁というのは国の行政庁という意味であって，省庁内での会議や公正取引委員会のように合議体で国の意思を決定することが多い。他方，検察官は，個々の事件処理については，各省大臣と同じく一人で国の意思を決定できるから，独任制官庁であるとされる。

しかし，検察官の事件処理は，実際には，徹頭徹尾組織的に行われている（同5，4～10条）。たとえば，2007年公開の映画「それでもボクはやってない」の周防正行監督と対談した木谷明元裁判官は，ある検察官から，「我々は，重要な問題が起こった場合には，担当検事だけではなく，地検全体，場合によっては高検，さらには最高検まで入って検討するんだ。……地裁の裁判官が一人や三人で検察官の主張と違うことを言っても，最高裁までいけばそんなもの絶対破られます。変なことはしない方がいいですよ」と言われたことがあるという（参考文献⑩ 242頁）。

このような組織的対応を可能にしているのは，検察官に関するもうひとつの原理である**検察官同一体の原則**である。それは，検察庁法7条から10条において，検事総長の**指揮監督権**に始まり，検事長の，検事正の，上席検察官（2人以上の検事または検事および副検事が所属する区検に置かれ，検事が任命される）のそれという形で，ピラミッド状に表現されている。これは，検察官の独任官庁制を認めたうえで，国民の権利義務にかかわる検察行政が統一的に行われることを確保するための方策と位置づけられる。

さらに，上級の検察官は，指揮監督下にある検察官に事務の一部を取り扱わせる委任もできるし（同11条），他方で，もし彼らが指揮監督に従わない場合には，その検察官の事務を引き取って，自分で取り扱うか，指揮監督する別の検察官に取り扱わせることができる（同12条）。これを**事務引取移転権**という。上級の検察官に事務引取移転権を行使された検察官の将来は明るいとは言えないから，実際には上司の判断に従う検察官が大多数であると思われる。

その意味で，検察官の職場を支配している組織原理は，検察官同一体の原則であろう（参考文献⑮ 159〜160 頁）。ジョンソンは，この原則があるからこそ，日本の検察官は，事案と被疑者の実情に応じた個別的な処理をしながら，全国的に統一された実務をうまく実現しているとして，同僚間の性格や行動の違いがきわめて大きいアメリカ検察官との比較において，日本の検察実務を高く評価した。しかし，そのことは，地検や区検で働く第一線検察官は，理論的には裁量権を与えられていながら，それを上司が期待するように行使しなければならない，という圧力関係を意味する。そうであるとすれば，上司による過度な期待が部下の問題行動の原因となることもあるだろう。

検察と警察の微妙な関係

最後に，検察と警察の微妙な関係を指摘しておこう。それが現れるひとつの場面は，警察が組織的に行った犯罪に対する検察の対応である。上記の神奈川県警事件を暗示しつつ元検事総長自身が認めたように（参考文献㉔ 137〜140 頁），検察には警察の組織力に対抗する余裕はないのである。もうひとつの場面は，刑事司法をめぐる立法過程である。たとえば，明治時代に制定された監獄法の改正に法務省が乗り出した 1980 年代には，警察庁がいわゆる**代用監獄**（⇒ **UNIT 14**）の維持を目指して別の法案を提出し，それが大きな要因となって監獄法改正は 2000 年代まで持ち越された。そして，2006 年に監獄法改正の総仕上げとして「刑事収容施設及び被収容者等の処遇に関する法律」が制定されたときには，警察署の留置場は本来の勾留施設の代用ではなく，それと並列される位置づけを与えられた（参考文献㉗）。また，この **UNIT** の冒頭で言及した「新時代の刑事司法制度特別部会」は，検察よりも警察のほうが圧倒的に多くの事件を捜査しているにもかかわらず，**UNIT 14** で解説するように，警察による取調べの可視化の範囲を検察によるそれよりも狭く限定するという結論を出した（参考文献㉘）。検察はなぜこのように警察に譲歩するのか，社会学的な解明を要するテーマである。

〈参考文献〉

① 阪井光平『検事の仕事』（立花書房，2013 年）33 ～ 73，142 ～ 172 頁
② 山本祐司『特捜検察 上・下』（講談社＋アルファ文庫，2002 年）
③ 下野新聞社編集局編『冤罪足利事件』（下野新聞社，2010 年）
④ 日本弁護士連合会人権擁護委員会布川事件委員会編『再審布川事件の記録「冤罪と闘った 44 年」』（日弁連，2012 年）〈https://www.nichibenren.or.jp/activity/human/human_rights/bunya/fukawajiken.html〉
⑤ 法務省大臣官房司法法制部司法法制課編『法務年鑑 令和 2 年』（法務省，2021 年 11 月〈https://www.moj.go.jp/content/001360274.pdf〉
⑥ 日本弁護士連合会編『弁護士白書 2021 年版』（日弁連，2022 年）〔頁数は各所参照〕〈https://www.nichibenren.or.jp/library/pdf/document/statistics/2021/1-3-4.pdf〉
⑦ 最高裁判所『裁判所データブック 2022』〈https://www.courts.go.jp/vc-files/courts/2022/databook2022/db2022_28-32.pdf〉
⑧ 三井誠「猶予制度⑴」宮澤浩一他編『刑事政策講座 第 1 巻』（成文堂，1971 年）〔293 ～ 311 頁〕
⑨「第 3 編 犯罪者の処遇」法務総合研究所編『令和 3 年版 犯罪白書』（2022 年 1 月）〔頁数は各所参照〕〈https://www.moj.go.jp/content/001365731.pdf〉
⑩ 周防正行『それでもボクはやってない』（幻冬舎，2007 年）〔頁数は各所参照〕

⑪　朝日新聞2012年2月29日朝刊1頁「発砲2警官，無罪 裁判員が判断　奈良・逃走男性死亡事件【大阪】」
⑫　読売新聞2012年9月21日西部朝刊30頁「佐賀 障害者取り押さえ死　警官の無罪確定へ　付審判上告棄却」
⑬　三上孝孜・森下弘『裁かれる警察』（日本評論社，1996年）
⑭　三上孝孜『被告人は警察』（講談社，2001年）
⑮　デイビッド・T・ジョンソン（大久保光也訳）『アメリカ人のみた日本の検察制度』（シュプリンガー・フェアラーク東京，2004年）〔頁数は各所参照〕
⑯　裁判所サイト「検察審査会制度Q＆A」2022年10月30日閲覧〈https://www.courts.go.jp/links/kensin/q_a/index.html〉
⑰　「第3　検察審査会の事件の処理状況」最高裁判所『裁判所データブック2022』85頁〈https://www.courts.go.jp/vc-files/courts/2022/databook2022/db2022_85.pdf〉
⑱　朝日新聞2017年6月30日夕刊1頁「東電元会長ら無罪主張 検察役『津波予見できた』原発事故，強制起訴初公判」
⑲　朝日新聞2022年7月14日朝刊1頁「東電旧経営陣，13兆円賠償命令 津波対策先送り『許されぬ』東京地裁判決 原発事故，株主訴訟」
⑳　デイビッド・T. ジョンソン・平山真理・福来寛『検察審査会』（岩波新書，2022年）
㉑　上野勝=山田悦子共編著『甲山事件 えん罪のつくられ方』（現代人文社，2008年）
㉒　朝日新聞2010年10月5～11日朝刊「強制起訴：市民の選択①～⑤」。6日35頁「2『市民感覚』の逆襲 法律家の常識とズレ」で2005年の勧告例が紹介されている。
㉓　産経新聞特集部『検察の疲労』（角川書店，2000年。角川文庫，2002年）
㉔　伊藤栄樹『検事総長の回想』（朝日文庫，1992年）〔頁数は各所参照〕
㉕　朝日新聞2013年3月6日朝刊14頁「社説 強制起訴 どう見直し，

育てるか」
㉖　法務省サイト「検察庁の組織」〈https://www.kensatsu.go.jp/soshiki_kikou/index.htm〉
㉗　朝日新聞2006年6月2日夕刊3頁「代用監獄を存続　改正法成立」
㉘　朝日新聞2014年7月1日朝刊2頁「捜査側の意向反映 可視化限定案 司法取引など導入」

ステップアップ

オリジナルで考えよう

参考文献⑮「第3章　検察官の文化」の後半「起訴猶予と裁量権の行使」133～151頁を読んで，起訴猶予処分が日本の検察官の生きがいとされる理由を整理してみよう。

UNIT *8*

裁判官はどのようにその職権を行っているか

Point 裁判官は「その良心に従い独立してその職権を行う」ものとされている。その制度と現実はどうなのだろうか。どのような改革が行われているのだろうか。それらはどのような効果をあげているのだろうか。

1 三権分立と裁判官

日本の政治構造が**三権分立**の原理に基づくことは，抽象的には誰しも知っていることであろう。立法権，行政権，司法権のそれぞれが互いに他を牽制することによって，他の行き過ぎや誤りを防ぎ，「抑制と均衡」がはかられて，国家権力が全体として適正に行使されるということである。

ただし，立法権を担っている国会が，**国権の最高機関**である（憲41条）。また，**議院内閣制**の下で，行政権を担う内閣（同65条）は，国会，とくに衆議院の第一党を中心として組織されるから，日本では立法権と行政権は，通常きわめて密接な関係にある。そして，内閣の下には行政官庁が存在し，巨大な組織を形作っている（立法と行政については⇒ **UNIT 1・2**）。

このような立法権と行政権に対して司法権を担うのは，最高裁判所（最高裁），高等裁判所（高裁），地方裁判所（地裁），家庭裁判所（家裁），簡易裁判所（簡裁）の全体を含めて，定員わずか 3,841 名（裁判所職員定員法 1 条，2022 年 4 月現在）の裁判官である。これは，高裁以下の下級裁判所裁判官について，法曹資格を必要としない簡裁判事を除いて計算すると，2019 年の統計では国民 45,581 人に裁判官 1 名という規模であって，3,992 人に 1 名のドイツはもちろん，10,056 人に 1 名のアメリカ，11,562 人に 1 名のフランス，19,687 人に 1 名のイギリスなどに比べてはるかに少ない（参考文献① 65 頁）。

このような小さな司法権が立法権・行政権に対抗しうる拠り所は，「すべて裁判官は，その良心に従ひ独立してその職権を行ひ，この憲法及び法律にのみ拘束される」（憲 76 条 3 項）という，**裁判官の独立**と，「一切の法律，命令，規則又は処分が憲法に適合するかしないかを決定する権限」（同 81 条），つまり**違憲審査権**にある（違憲立法審査権，法令審査権などとも呼ばれる。審査対象には処分も含まれるから司法審査と呼ぶべきだという意見もある）。この **UNIT** では，裁判官の独立の問題を中心に，裁判官の職務を検討してみよう。違憲審査権行使の実態は，次の **UNIT 9** で取り上げる。

2 裁判官の種類と数

日本の裁判官には，以下の 6 種類がある（裁 5 条）。カッコ内は，前記の 2017 年 4 月現在の定員の内訳である。

1．最高裁判所長官（1名）
2．最高裁判所判事（14名）
3．高等裁判所長官（8名）
4．判事（2,155名）
5．判事補（857名）
6．簡裁判事（806名）

裁判官の人数は，近年になって急速に増加してきた。簡裁判事以外の裁判官の数は1954年から1999年の45年間にわずか約470名増加したにすぎないのに対して（参考文献②），1999年から2014年の15年間で約800名増加している（参考文献①62頁）。これは，司法制度改革審議会（改革審）が「裁判官を大幅に増員することが不可欠である」と提案したこと（参考文献③59頁）の効果であろう。ただし，2016年に200名近く減少し，その後その水準が続いていることに（参考文献④59頁），注意を要する。

なお，**UNIT 7**で述べたように，女性の比率は弁護士に比べてかなり高い。2020年に司法修習を終了した弁護士の女性比率は25.1%であったのに対して，判事補では34.8%であった（参考文献④58頁）。このことは，ワークライフ・バランスという観点では，裁判官のほうが弁護士よりも好ましい環境であることを示唆する。

3　裁判官の任命資格と任命手続

最高裁長官と最高裁判事

（i）任命資格と任命手続　　最高裁長官は内閣の指名に基づいて天皇が任命し（憲6条2項，裁39条1項），最高裁判事は内閣が任命して天皇が認証する（憲 79 条 1 項，憲 7 条 5 号，裁 39 条 2 項・3 項）。内閣（行政権）は国会（立法権）に基盤を置いているから，内閣が指名・任命を行うのは，間接的ではあるが，司法権に正統性を与えるための制度ととらえることもできる。

内閣の指名・任命に対しては，現職最高裁長官の推薦が決定的な影響力を持っていると言われてきた。しかし，推薦に際して内閣が受け入れるような候補を推薦してきた（参考文献⑤ 102 頁）というのであるから，ときの内閣の政治的立場は，現職最高裁長官による推薦においてすでに，織り込み済みであるとも言える。

最高裁の裁判官（最高裁長官と最高裁判事）は，「識見の高い，法律の素養のある」40 歳以上の者でなければならず，定年は 70 歳である（裁 41 条 1 項，50 条）。ただし，実際に任命されるのは 60 歳前半のことがほとんどである。これと対照的なのがアメリカの連邦最高裁で，最低年齢の規定も定年も存在しないため，在任期間は長くなる。2007 年に在職していた連邦最高裁判事では，着任当時の平均年齢は 52 歳で，在任期間の平均値は 15 年であるという（参考文献⑤ 117～118 頁）。

最高裁の裁判官は，任命後最初の衆議院議員総選挙の際に国民審査を受けなければならず，その後 10 年ごとに同様の国民審査を受けなければならない（憲 79 条 2 項）。これは，司法権に民主的基盤を与える制度として理解することができる。しかし，一般国民が個々の裁判官の判決内容を事前に知ることはほとんど期待できないし，審査時に十分な情報が提供されることもない。その結果，不信任票は 1 割にも届かない。

しかし，裁判官自身は罷免票の割合にかなり関心をもっているというのであるから（参考文献⑥ 105 頁），民主的統制の仕組みとして無意味とまでは言えない。

なお，裁判所内部の行政事務を**司法行政**という。司法行政を行うのは各裁判所の裁判官全員で構成される**裁判官会議**である。最高裁の裁判官会議は最高裁長官が総括し，議長となる（裁12条）。

(ii) キャリア・パターン　最高裁の裁判官の15名中10名については，高裁長官および判事の職に通算10年以上就いていた者か，それらの職，簡裁判事，検察官，一定の要件に該当する大学の法律学の教授・准教授などの経歴を通算して20年以上の経験を有する者であることが要求されている（裁41条1項）。注目すべきなのは，3分の1は法曹や法学者の経歴がなくてもよいという点である。これは，最高裁に法解釈技術を超えた広範な見識を持った人材を加えようという趣旨として理解することができる。

ところが，その趣旨は生かされていない。2022年10月末時点（http://www.courts.go.jp/saikosai/about/saibankan/index.html）では，裁判官出身が長官を含めて6名，弁護士出身が4名（うち1名は弁護士登録後半年足らずで実質的に学者），検察官出身が3名（うち1名は法務省以外の官庁経験がある），行政官出身が1名，学者出身が1名という構成になっている。このうち，法曹でも法学者でもないのは行政官1名であるが，元外交官で国際法局長などを務めているから，法律にかかわる経験は十分にあったのである。

現職裁判官が定年に達した場合，後任は同じ出身母体から推薦されるのが通例である。退任する裁判官が裁判官出身者か，検察官出身者か，弁護士出身者かに応じて，それぞれ最高裁，検察庁，**日本弁護士連合会**（日弁連）から後任候補の推薦を受けたうえで，最高裁長官から内閣に推薦がなされる（参考文献⑤101頁）。

ただし，日弁連推薦の候補に対して，最高裁が「革新色」が強くて「内閣の了解が得られない」という理由で難色を示し，他の候補者を推薦した例がある（参考文献⑥）。これは，最高裁側が時の政権の意向を忖度したものと言えるが，現在の安倍内閣は，2017年1月に，定年退官した弁護士出身者の事実上の後任に，日弁連が推薦した7名を無視して，弁護士登録後半年足らずの学者を任命した（参考文献⑦）。合法的であるとはいえ，内閣がその権限をどのように行使してもよいということになれば，とくに長期政権では，最高裁判事を一定傾向に偏らせる危険性をはらんでいる。

任命に対してより実質的に民主的正統性を与える方法としては，アメリカの連邦最高裁判事の任命において大統領の指名に対して上院の承認が必要であるように，国会の承認を必要とすることが考えられる。日本でも，たとえば公正取引委員会の委員長と委員の任命には，国会の両議院の同意が必要とされている（独禁29条2項）。最高裁の裁判官の任命手続がそれよりも簡単で透明性が低いというのは不釣合いである。具体的には，国会で両議院の総議員の3分の2以上の承認を要するようにすべきだ（参考文献⑧）などの改革案が提唱されているが，改革への動きは見られない。

高裁長官

高裁の裁判官会議を総括するのが高裁長官である（裁20条1項）。高裁長官は最高裁の指名した者の名簿によって内閣が任命し，天皇が認証する（裁40条1・2項，憲7条5号）。高裁長官の任命資格は，あとで説明する一般の判事と同じで，判事補，簡裁判事，検察官，弁護士，一定の大学の法律学の教授・准教授などを通算して10年以上の経験があることである（裁42条）。

しかし，実際には，10年少々の経験で高裁長官に任命されることはありえない。東京高裁長官の場合は他の高裁長官から，他の高裁長官も大規模地裁・家裁所長や，それに順ずる地位を経て任命されるのが通例である。高裁長官人事を分析した研究によれば，各高裁と各地裁の間には明確な序列が存在する（参考文献⑨）。（なお，裁判官経歴を調べるには，2010年までであるが，参考文献⑩が便利である）。

高裁長官の定年は，他の高裁・地裁・家裁の裁判官と同じく，65歳である（裁50条）。高裁長官も，判事，判事補，簡裁判事と同じく一任期10年で再任可能となっているが（同40条1項），高裁長官のまま10年勤務することは，年齢的にありえない。

判　事

判事の任命資格，任期，定年は高裁長官と同じであり，最高裁の作成した名簿に基づいて内閣が任命する点でも高裁長官と同じである。しかし，天皇の認証がない点で，高裁長官と異なる。

判事補経験10年でも弁護士経験10年でも判事の任命資格はあるが，判事の圧倒的多数は，すぐ後に説明する判事補からの任用である。そもそも，十分な経験を持つ弁護士が判事の主たる給源になるという制度（法曹一元制と呼ばれる）は，第二次大戦直後の司法制度改革当時から弁護士界の悲願であった（参考文献⑪188，201頁）。改革審『意見書』は，法曹一元制には踏み切らなかったものの，「従来から課題とされてきた弁護士任官を強力に推進する必要」があると述べた（参考文献③93～94頁）。それにもかかわらず，弁護士からの判事任官者は，たとえば2021年では3名にすぎない（参考文献④152頁）。

しかし，59歳で任官して地裁支部に勤務し，6年間自己の理想に従って努力した例も存在する（参考文献⑫）。日弁連は，今後一層，多種多様な弁護士が裁判官となることによって，一般市民のニーズに対する裁判所の感受性を高めることに努めるべきである。そうしてはじめて，法曹一元制が将来実現する現実的な可能性も高まるであろう。

なお，地裁・家裁の司法行政はそれぞれの裁判官会議の議による。判事のなかから最高裁が所長を任命して，所長が裁判官会議を総括する（裁29条1項，31条の5）。

判事補

判事補の任命資格は，司法修習を終えていることである（裁43条）。任命手続は判事と同じである。

第二次大戦後に司法制度改革が検討されたとき，すでに成熟した法曹を裁判官に任命する制度を採用することに大方の賛同があったにもかかわらず，新しい裁判官の給源について意見が一致せず，妥協の産物として，任期10年間の判事補という制度が作られた（参考文献⑪188頁）。このように，法曹資格を得たばかりの者を裁判官に採用して次第に昇進させていく裁判官制度を，**キャリア裁判官制**と呼ぶ。

判事補は，いまだ指導される存在であるから，単独で審理することができず，合議体にも2名以上同時に加わることはできないし，裁判長になることもできない（裁27条）。そのような存在は，「すべて裁判官は，その良心に従ひ独立してその職権を行」う（憲76条3項）という基本前提に反すると言うべきである。

ところが，妥協的・過渡的措置であったはずの判事補制度は，その後判事の主たる供給源として恒常化し，「法曹全体からの裁判官の任用を大いに発展させることをはばむもの」となってしまった（参考文献⑪202頁）。それどころか，判事不足を補う措置として，経験5年以上の判事補を**特例判事補**に任命して判事と同等の権限を与えている（判事補の職権の特例等に関する法律）。判事の任命資格として10年間の法曹経験を要求すること自体が，骨抜きにされたのである。

これに対して，改革審『意見書』は，判事増員と弁護士任官を推進することで，特例判事補を計画的・段階的に解消するよう提案した（参考文献③ 92 頁）。当然のことであり，その実施を推進すべきである。

簡裁判事

簡裁の訴訟は，民事・刑事とも，単独の**簡裁判事**によって行われる。簡裁判事は，地裁・家裁・高裁に勤務する判事とは異なる，独自の種類の裁判官である。ただし，地裁・家裁・高裁に勤務する裁判官の定年が 65 歳であるのに対して，簡裁判事の定年は最高裁と同じく 70 歳であるため（裁 50 条），判事定年後の簡裁判事も存在する。また，その任用資格には，法曹資格を持つ者や一定の条件を備えた大学の法学教員なども含まれる（同 44 条）。

しかし，大多数は，多年司法事務に携わった者のなかから**簡易裁判所判事選考委員会**の選考によって認められた者（同 45 条）であって，いわば内部選考である。任命手続は判事・判事補と同じである。完全に部外の一般市民を採用するのなら別であるが，現在の選考のように法知識を要求するのであれば，大幅な法曹増員がなされつつある今日，端的に法曹有資格者を採用する制度に転換すべきである。

4 裁判官の給与

裁判官の給与に関しては，**UNIT 7** で，検察官の給与との関係で言及した。任期 10 年の判事補の給与が 12 段階に細かく分かれているのに対して，判事となった後の給与は月額 51 万円台から 117 万円台まで 8 段階にしか分かれていない。それは，判事昇進後の昇給速度の差が，大きな経済的格差を引き起こすことを意味する。

ちなみに，アメリカでは，同じ裁判所に勤務する裁判官であれば給与は同一であり，昇給格差という問題は存在しない（参考文献⑤153頁）。同一裁判所に勤務する裁判官の間に上下の関係を作らず，裁判官相互の独立性を強化するという観点に立てば，そのほうが適切である。日本でも，長官以外の最高裁判事は，勤務年数にかかわらず給与は同じである。

5　裁判官の身分保障

憲法は，裁判官の独立性について規定するだけではなく，**裁判官の身分保障**についても規定している。「裁判官は，裁判により，心身の故障のために職務を執ることができないと決定された場合を除いては，公の弾劾によらなければ罷免されない。裁判官の懲戒処分は，行政機関がこれを行ふことはできない」という規定（憲78条）である。裁判所法もこれをうけて，「裁判官は，公の弾劾又は国民の審査に関する法律による場合及び別に法律で定めるところにより心身の故障のために職務を執ることができないと裁判された場合を除いては，その意思に反して，免官，転官，転所，職務の停止又は報酬の減額をされることはない」と規定している（同48条）（転官というのは，**UNIT 12** で説明する判検交流で判事が検事になる場合のように，別の「官」に変わることである）。

最高裁の裁判官の国民審査制度については，すでに説明した。新たに説明する必要があるのは，① 懲戒，② 心身の故障のために職務を執ることができないという裁判，そして③「公の弾劾」である。

①と②は，裁判官分限法に基づく裁判によって行われる。**分限裁判**と呼ばれる。①の理由となりうるのは，「職務上の義務に違反し，若しくは職務を怠り，又は品位を辱める行状」（裁49条）である。地裁・家裁・簡裁の裁判官に対する裁判の権限は，当該裁判所を管轄する高裁にあり，最高裁と高裁の裁判官に対する裁判の権限は，最高裁にある。高裁が行った裁判に対する異議（抗告）も最高裁が担当する。高裁では5名の合議体で審理し，最高裁では大法廷で審理する。①の処分には，**戒告**と1万円以下の**過料**（刑罰とは区別される各種の金銭罰の総称）がある。

これに対して，③は，国会が舞台になる。国会法第16章と裁判官弾劾法に基づいて設置されている**裁判官訴追委員会**と**裁判官弾劾裁判所**が担当する**弾劾裁判**である。

訴追委員会は衆参両院議員各10名の委員によって構成されており，弾劾裁判所は衆参両院議員各7名の裁判員によって構成されている。訴追委員会は，裁判官が「職務上の義務に著しく違反し，又は職務を甚だしく怠つたとき」または「その他職務の内外を問わず，裁判官としての威信を著しく失うべき非行があつたとき」（裁判官弾劾法2条）には，弾劾裁判所に対して訴追を行う。

訴追委員会が罷免の訴追を行うと，弾劾裁判所の審理が行われる。審理には，衆参両院各5名の裁判員が出席しなければならない。審理は公開の法廷で行われ，訴追された裁判官は弁護人を選任することができる。罷免の裁判をするには，審理に関与した裁判員の3分の2以上が賛成しなければならない。罷免判決に対する不服申立てや上訴の制度はなく，裁判官の資格を失うだけではなく，法曹資格も失う。

このような懲戒や訴追を受けた裁判官の数は多くはない。2020

年1月までの懲戒申し立ては57件であり（参考文献⑬），2022年3月までに訴追された裁判官は10名である（参考文献⑭）。従来の弾劾裁判の大半は盗撮や児童買春などの犯罪や職務上の重大な不正に関するものであるが，2022年3月から始まった岡口基一判事の弾劾裁判（参考文献⑭）では，SNS上への投稿が殺人事件の遺族を傷つけたことなどが問題とされており，罷免にあたる行為であるかどうかについて疑問が提起されている（参考文献⑮）。

6　司法権の独立

すでに述べたように，裁判所内部の行政事務を司法行政という。現行憲法下での司法権の地位向上を示す最大の指標として，違憲審査権を獲得したこととともに，司法行政の権限を獲得して行政権から独立したことをあげる必要がある。明治憲法下では，裁判所は司法大臣の監督を受けていて，裁判所内部の人事も政府からの影響を受けざるをえなかったが，現行憲法下では，裁判所は行政権から完全に独立した。

また，下級裁判所裁判官の任命が，最高裁が指名した者の名簿によって内閣が任命する仕組みとなったことは（憲80条1項），下級裁判所裁判官の任命が事実上最高裁自身によって行われることを意味する。この制度は，国際的に見た場合，きわめてユニークである。アメリカでは，連邦でも州でも裁判官の任命には行政府と立法府が何らかの形で関与するのが一般的であり，選挙による州すらある。ドイツでは，連邦でも州でも，司法大臣などの担当大臣や主要政党が裁判官選出に関与している（参考文献⑯第2章）。このように比較すると，行政権・立法権からの「司法権全体の独立」という意味で，日本は際立っている。問題はそれが，「個々の裁判官の独立」を保障しているかどうかということである。

7　最高裁事務総局

司法行政を担う最高の機関は，すでに述べたように，最高裁の裁判官会議である。また，最高裁の「庶務」をつかさどるために**事務総局**が置かれており（裁13条），**最高裁事務総長**が所属職員を指揮監督する（同53条）。司法行政部門を含めた最高裁の組織構造を示したのが［最高裁判所機構図］である（http://www.courts.go.jp/saikosai/about/

最高裁判所機構図

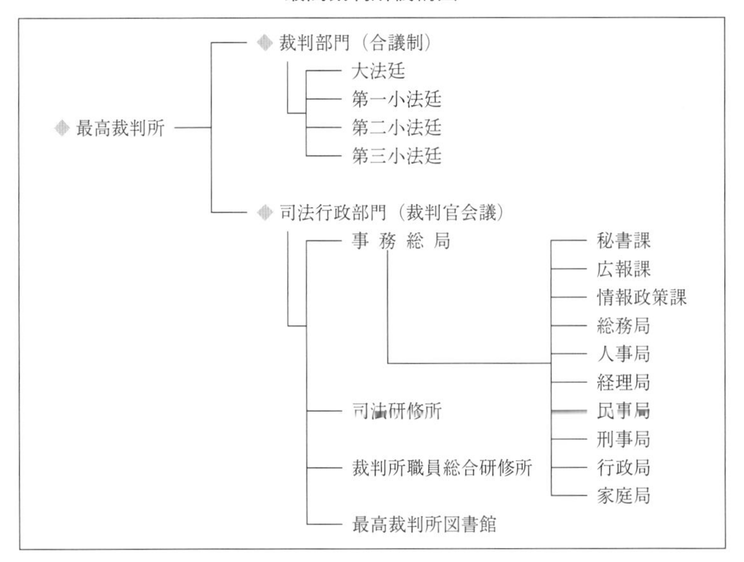

sosiki/index.html)。事件処理で多忙な最高裁の裁判官全員が司法行政に多大の時間を割くことはできないから，実務の大半は，最高裁長官と，最高裁事務総長以下の事務総局が担っている。

「庶務」という何気ない言葉で表わされた最高裁事務総局の権限は，実際にはきわめて大きい（参考文献⑰)。下級裁判所裁判官の任命のための名簿を作成し，あとで検討する下級裁判所裁判官の評価，転勤，昇進などを担当するのは人事局である。下級裁判所裁判官が担当している重要事件の審理方針について会議（会同や協議会と呼ばれる）を招集して意見を述べるのは，民事局・刑事局・行政局などである。新聞報道などで「最高裁」と表記される場合，事件審理の内容以外にかかわる事項については，ほとんど最高裁事務総局を意味する。その幹部は20数名の判事であり，さらに約30名の判事補も勤務している（参考文献⑰ 58頁)。

この最高裁事務総局が第一線裁判官に対してどのような影響力を行使しているかは後で検討するが，ここで注意しておきたいのは，裁判官出身で最高裁長官・判事になる者の大多数は，すでに指摘したように事務総局の局長・事務総長経験者であり，そのキャリア・パターンが確立していることである（参考文献⑨)。誰を事務総局に配属するか決めるのも事務総局勤務の裁判官であるから，基本的に同じ発想を維持し続けることが可能となるのである。

8　裁判官の独立の実態

裁判官の転勤と内部評価

すでに述べたように，裁判官は，その意思に反して転所させられることはない。それならば1ヶ所に長く勤務する裁判官が多く出そうであるが，現実には，下級裁判所裁判官は，10年間の一任期中に3ヶ所程度の転勤をするのが一般的である。日本の下級裁判所裁判官は，自らが望んだ一定の裁判所の裁判官として採用されるわけではない。いわば全国的組織としての裁判所という機構に，勤務する場所や裁判所を特定することなく判事補あるいは判事として採用されるのである。したがって，一定期間で転勤し，すべての裁判官が様々な場所や規模の裁判所を経験することには，勤務条件の平等化という意味での合理性がないわけではない。さもなければ，たとえば僻地の裁判所に勤務してくれる裁判官は確保しにくいであろう。そうなると問題は，任地決定の資料とされる裁判官評価のあり方と，任地決定の平等性ということになる。

じつは，1990年代の末まで，ごく稀な調査報告（参考文献⑱）を除き，裁判官の内部評価はまったくブラックボックスのままであった。改革審の審議過程ではじめて，最高裁事務総局は，高裁長官や地裁・家裁所長が，事件処理能力，指導能力，法律知識・教養，健康，人物性格の特徴，総合判定などの項目で評価を行い，最高裁事務総局に報告していたことを認めたのである（参考文献⑲25～26頁）。

これらの項目自体は，抽象的には合理的なものに見えるかもしれない。問題は，その実際の運用である。とりわけ問題とされてきたのは，判決内容，自主的な研究会活動，裁判所の運営に関する批判的発言など，いわば個々の裁判官の良心や見識の表明にかかわる評価が，不利益な処遇につながってきたのではないかという疑いである（参考文献⑳第15講，元裁判官による最近の指摘として，参考文献㉑第2章，参考文献㉒第3章）。

不利益処遇の事例

判決内容による不利益処遇のもっとも有名な例は，札幌地裁勤務当時（1973年），いわゆる長沼ナイキ基地訴訟で，裁判長として自衛隊違憲判決を出した福島重雄判事であろう。福島判事はその後，短期間の地裁勤務を除いて12年間連続，家裁勤務を命じられ，定年まで5年以上残して退官した。**UNIT 9** で説明するように，家裁は単独審理であったから，自衛隊違憲判決以後の福島判事は，裁判長として後輩裁判官に影響を与える地位には就かなかったわけである（福島元判事自身が最近事件を振り返ったものとして，参考文献㉓㉔）。当時，最高裁事務総局から否定的評価を受けた裁判官が家裁や支部など単独勤務の裁判所に勤務させられる例は，他にも知られていた（参考文献㉕）。

不利益処遇の統計分析

判決内容や団体所属に基づく不利益処遇が統計学的に有意な一般的パターンであったことを証明したのは，多変量解析という方法（結果に対して作用する多数の要因を同時に分析に含め，個々の要因について他の要因のインパクトを取り除いた正味のインパクトを抽出しようとする分析方法）で分析した，アメリカの日本法学者J・M・ラムザイヤーらである（参考文献㉖）。

ラムザイヤーらは，1961年から1965年までに採用された276名の裁判官に関する経歴データを収集し，1980年代のポストの違い（「司法行政責任を伴うポストに3年以上」が最高，次が「総括責任を伴うポストに3年以上」，最低は「支部か家裁で3年以上」）を説明する要因を発見しようとした。その結果，初任地が東京であったことと「判決生産性」が高いこと（判例集に掲載された判決数で測定）が好ましいポストに有意に結びつき，1969年に**青年法律家協会**（青法協）という団体の会員であったことが好ましくないポストに有意に結びつくことを発見した。ラムザイヤーらは，また，1965年に採用され1985年まで裁判官にとどまっていた者54名の判決を分析し，1975年以後に1件でも政府に不利な判決を下していると，好ましくないポストに有意に結びつくことを発見した。さらに，公職選挙法138条の戸別訪問禁止規定の合憲性を判断せざるをえなかった46名の裁判官（9名が違憲判断）に関する分析では，違憲判決が，判決後に支部勤務になる確率を有意に高め，部総括になる確率を有意に低めることを発見した。初任地の違いや「判決生産性」が同時に影響していたにしても，青法協所属や判決内容がそれ自体でキャリアに影響していたことは否定しえない。ちなみに，前記の福島判事も青法協会員であった。

つまり，司法権全体としての行政権・立法権に対する独立性は高いにもかかわらず，司法権内部での個々の裁判官の独立性は低く，かならずしも常に「その良心に従ひ独立してその職権を行」う（憲法76条3項）ことができるわけではないということになる。

この点について，司法判断の全国的一貫性に対する社会的期待を強調して，最高裁事務総局による統一性の維持を肯定的に評価する見方がある（参考文献㉗）。しかし，司法判断の統一は具体的事件の審理の中で裁判所としての最高裁が行うべきなのであって，自身も下級裁判所裁判官にすぎない事務総局勤務の裁判官が裁判官人事によって司法判断の統一性維持を図ることに正当性があるとは思われない。そして，最近でも，原発再稼働の可否に関する判断をコントロールしようとする努力と，判断内容と裁判官キャリアの関連性が指摘されている（参考文献㉘）。

9　裁判官制度改革の導入

改革審の裁判官制度改革提言

以上のような議論を背景として，改革審は，外部の視点を反映させることで個々の裁判官の独立性を高めるという方向での改革を提言した。主要なものは下記の4点である（参考文献③92～99頁）。

1．給源の多様化，多元化。①原則としてすべての判事補に裁判官の職務以外の多様な法律専門家としての経験を積ませる。②特例判事補制度を計画的・段階的に解消する。そのために判事を増員し，弁護士等からの任官を推進する。③弁護士任官等を推進するため，最高裁と日弁連が一致協力して継続的に実効性のある措置を講ずる。

2．裁判官の任命手続の見直し。下級裁判所裁判官の指名について，最高裁に，その諮問を受けて適任者を選考し，意見を述べる機関を設置する。

3．裁判官の人事制度の見直し（透明性・客観性の確保）。評価権者・評価基準を明確化・透明化し，評価のための判断資料を充実・明確化し，評価内容の本人開示と本人に不服がある場合の適切な手続を設けるなどの仕組みを整備する。

4．最高裁裁判官の選任等のあり方について。①選任過程について透明性・客観性を確保するための適切な措置を検討する。②国民審査制度について，審査対象裁判官に係る情報開示の充実に努めるなど，制度の実効化を図るための措置を検討する。（これについて具体的な動きが見られないことは，すでに述べた）

1①の制度は，法曹一元制の導入が見送られたことに対する代替措置と考えることができる。判事補制度は廃止しないが，判事補に任命されたあとで弁護士等を経験させるということである。任官後2年半から5年半程度の判事補が2年間，裁判所事務官に身分を変えて法律事務所に入り，法律事務所から給与を受けて弁護士の職務に従事して，期間満了後はふたたび判事補に任命される。判事補の身分を離れていた期間も裁判官としての経歴にカウントして，退職金・年金等で損をしない扱いがなされる。身分を変えることは強制できないので，年間希望者10名程度で開始する見込みで，2005年から実施されている。

しかし，判事補として出発するというキャリア裁判官制は維持された。その状況で裁判官の独立性を高めるという観点からは，2と3がもっとも重要である。改革審提言をうけて最高裁は，一般規則制定諮問委員会を開催し（委員には青法協所属裁判官が弾圧されたときに判事補から判事への再任を拒否された宮本康昭弁護士も含まれていた），その答申に基づいて，2については2003年から下級裁判所裁判官指名諮問委員会制度が発足し，3については2004年に「裁判官の人事評価に関する規則」が制定された。

裁判官任命手続の改革

下級裁判所裁判官指名諮問委員会（指名諮問委員会）の発足に伴う新たな裁判官任命制度の概要は下記のとおりである（参考文献㉙）。この制度は，判事補任命だけではなく，判事の任命・再任にも，弁護士任官にも適用される。

1　最高裁に指名諮問委員会を置き，各高裁に地域委員会を置く。

2．指名諮問委員会は11名で構成し，うち法曹は5名にとどめる。

3．最高裁は指名諮問委員会に対してすべての任官希望者の適否について諮問し，適否について意見を述べない。

4．指名諮問委員会は最高裁と地域委員会からの資料・情報に基づいて適否を判断し，最高裁に対して意見を述べる。意見には理由をつける。

5．最高裁は，指名諮問委員会と異なる判断をしたときは理由を委員会に通知し，指名を否とした場合は当該任官希望者に対して理由を明らかにする。

最高裁が指名の権限をもつ構造に変わりはなく，指名諮問委員会の意見は拘束力を持つものではない。しかし，法曹以外の者が委員の過半数を占めて裁判所外部の視点が導入された点だけでも，任命手続は，従来に比べて明らかに透明性を増すと期待された。

人事評価制度の改革

新たな人事評価制度の要点は，以下のとおりである（参考文献⑲）。

1．判事補・判事については所属裁判所の長が評価を行い，簡裁判事については所属簡裁の所在地を管轄する地裁の所長が評価を行う。地裁所長・家裁所長が行った評価については，地裁・家裁の所在地を管轄する高裁の長官が調整・補充を行う。

2．評価は，①事件処理能力，②部等を適切に運営する能力，③裁判官として職務を行う上で必要な一般的資質及び能力の，3項目について行う。各項目に細目が定められている。

3．評価権者は，外部情報を含めて多面的・多角的に情報を把握する。その際，対象裁判官から担当職務の状況について書面の提出を受けるとともに，面談を行う。

4．評価権者は，対象裁判官から申出があったときは評価結果を開示する。

5．対象裁判官は評価権者に不服を申し出ることができる。評価権者は不服に対する判断を通知する。

この制度については，評価項目が明示されたこと，対象裁判官との面接が導入されたこと，評価の開示と不十分ながら不服申立の制度が導入されたことなどは，改善と言えるであろう。問題は，対象裁判官側がどの程度権利を行使しうるかである。不服申立はもちろん，書面による説明の要求すら，かなりの勇気を要するのではないだろうか。

新たな任命手続と人事評価制度の運用状況

指名諮問委員会は，2022年4月に新任判事補候補73名の全員が適格，同年7月に判事任命・再任候補151名の全員が適格，2020年12月に弁護士任官候補5名について，2名が適格，3名が不適格，という答申を出している（最高裁指名諮問委員会ウェブサイト https://www.courts.go.jp/saikosai/iinkai/kakyusaibansyo/index.html の第103回・第104回・第96回議事要旨）。判事補採用や判事任命・再任では，司法研修所教官や裁判所上司の非公式のスクリーニングが働いているため不適格判断がほとんどないという仮説が考えられるが，弁護士任官候補者の不適格判定の割合がこれほど高い原因は解明されていない。指名諮問委員会は，事実上，弁護士の任官意欲を低下させる制度に化したと言えよう。

内部手続である人事評価制度の運用実態は，さらによくわからない。しかし，広く知られている例が1件ある。日本の裁判で一般的な判決理由の書き方を「蛇足」が多いと批判していた井上薫判事である（参考文献㉚）。

2005年に横浜地裁に勤務していた井上判事は，訴訟当事者から「判決理由がほとんど示されていない」などの不満が寄せられたために，人事評価で地裁所長から減点評価された。井上判事は，それを不当な「裁判干渉」と批判して，内部的な不服申立てにとどまらず，弾劾裁判所に所長の罷免を求めたのである。ところが井上判事は，2006 年の再任期を控えて，指名諮問委員会で再任の審査を受けることになってしまった。委員会は不適格の決定を行い，最高裁は再任しないことを決定したため，井上判事は再任希望を取り下げて，2006 年 4 月に退官したのである（参考文献㉛）。これは，きわめて個性的な裁判官が評価対象となった異例な事件であるかもしれない。しかし，厳しい人事評価が行われる現実的可能性があることは，明らかである。

10 裁判員制度のインパクト

もうひとつ，日本の裁判官のあり方に大きな影響をもたらす可能性があると期待された改革がある。2009 年 5 月に導入された裁判員制度である（⇒ **UNIT14**）。

裁判員制度（裁判員の参加する刑事裁判に関する法律）が対象とするのは，地裁の刑事事件である。ただし，以下の事件に限定されるほか（同 2 条 1 項），若干の除外事由がある（同 3 条）。

1．死刑または無期の懲役もしくは禁錮にあたる罪に係る事件。
2．その他の法定合議事件であって，故意の犯罪行為により被害者を死亡させた罪に係る事件。

これらの刑事事件は，原則として，裁判官 3 名と，地裁管内の衆議院議員選挙権者から事件ごとに選任された 6 名の裁判員による合議で，審理・裁判される（ただし，被告人が事実関係を争わない場合で適切と認められる場合は，裁判官 1 名，裁判員 4 名でもよい。同 2 条 3 項）。法令の解釈や訴訟手続に関する判断は裁判官が行うが（同6条2項），事実の認定，法令の適用，刑の量定については，裁判官と裁判員の合議によるのである（同6条1項）。評決には，裁判官と裁判員の双方を含む過半数の賛成が必要である（同67条1項）。

裁判員は，職業裁判官と共同で審理・裁判にあたり，有罪・無罪の判断と量刑の両方に関与するという意味では，ドイツの参審員（名誉職裁判官とも呼ばれる）に似ている（参考文献⑯第6章）。しかし，裁判員はドイツの参審員のように一定期間任命されるのではなく，事件ごとに選任されるという意味では，アメリカの陪審員に似ている（正確に言えば，いわゆる小陪審の陪審員である。参考文献㉜）。今般の司法制度改革の過程では，参審員を主張する立場と陪審員を主張する立場が対立したが，最終的に導入された制度は，両者のハイブリッドとも言うべき独特のものとなった。

この裁判員制度は，法曹増員・法曹養成制度改革（⇒ **UNIT 4**），日本司法支援センター（いわゆる法テラス）創設（⇒ **UNIT 5**）と並ぶ，今般の司法制度改革の最大の柱のひとつである。その目的は，「司法に対する国民の理解の増進とその信頼の向上に資すること」と規定されている（裁判員の参加する刑事裁判に関する法律第1条）。

裁判員裁判の新規受理事件は，2020年で被告人1,005人にすぎないし（参考文献㉝），裁判員裁判が行われる裁判所も，地裁本庁と大規模支部にかぎられる（裁判員の参加する刑事裁判に関する規則2条）。しかし，刑事事件の中でももっとも重大な事件の審理に6名もの一般市民が参加するということは，少なくとも刑事事件における裁判官のあり方に反省を促し，法曹の仲間内で形成され許容されてきた実務に変更をもたらす契機となるかもしれないと期待されたのである。この裁判員裁判については，**UNIT14**でさらに検討しよう（裁判所の現状に批判的な元判事が裁判員制度への期待を述べるものとして，参考文献⑲ 218 ～ 220 頁，制度の成立過程を含めて裁判官に対するインパクトに懐疑的な評価を示すものとして，参考文献⑳ 66 ～ 68 頁・149 ～ 153 頁）。

〈参考文献〉

① 日本弁護士連合会『弁護士白書 2017 年版』〔頁数は各所参照〕

② 「平成 12 年 4 月 17 日『裁判所・法務省の人的体制』について」ジュリスト 1208 号（2001 年）付録「司法制度改革審議会全記録（CD-ROM）」所収

③ 『司法制度改革審議会意見書』（2001 年 6 月 12 日）〈http://www.kantei.go.jp/jp/sihouseido/report/ikensyo/pdf-dex.html〉〔頁数は各所参照〕

④ 日本弁護士連合会『弁護士白書 2021 年版』〔頁数は各所参照〕

⑤ ダニエル・H・フット（溜箭将之訳）『名もない顔もない司法』（NTT 出版，2007 年）〔頁数は各所参照〕

⑥ 読売新聞社会部『ドキュメント裁判官』（中央公論新社，2002 年）〔180 頁〕

⑦ 朝日新聞 2017 年 3 月 2 日朝刊「最高裁人事 慣例崩す」，週刊ダイヤモンド 4668 号（2017 年）「裁判官の黒い秘密」〔44 ～ 46 頁〕

⑧ 網谷龍介「比較司法政治から見た平成司法改革と日本の最高裁判所」須網隆夫編『平成司法改革の研究』（岩波書店，2022 年）〔111 頁〕

⑨ 西川伸一『裁判官幹部人事の研究』（五月書房，2010 年）〔頁数は各所参照〕

⑩ 日本民主法律家協会司法制度委員会編『全裁判官経歴総覧〔第 5 版〕』（公人社，2010 年）

⑪ 服部高顕「日本の法曹」A・T・ヴォン・メーレン編（日米法学会訳）『日本の法（上）』（東京大学出版会，1965 年）〔頁数は各所参照〕

⑫ 田川和幸『弁護士 裁判官になる』（日本評論社，1999 年）

⑬ 朝日新聞 2020 年 1 月 29 日朝刊「岡口裁判官の懲戒 仙台高裁申し立て」
⑭ 朝日新聞 2022 年 3 月 3 日朝刊「弾劾「裁判官の威信」とは」
⑮ 日本経済新聞 2022 年 3 月 19 日社説「裁判官罷免に潜む危うさ」
⑯ 木佐茂男『人間の尊厳と司法権』(日本評論社, 1990 年)〔頁数は各所参照〕
⑰ 西川伸一『日本司法の逆説』(五月書房, 2005 年)〔頁数は各所参照〕
⑱ 宮澤節生「司法行政に対する元裁判官の認識と評価」神戸法学雑誌 42 巻 2 号 (1992 年)
⑲ 明賀英樹「裁判官人事評価制度改革の到達点と課題」自由と正義 55 巻 5 号 (2004 年)〔頁数は各所参照〕
⑳ 宮澤節生『法過程のリアリティ』(信山社, 1994 年)〔頁数は各所参照〕
㉑ 森炎『司法権力の内幕』(筑摩書房, 2013 年)〔頁数は各所参照〕
㉒ 瀬木比呂志『絶望の裁判所』(講談社, 2014 年)〔頁数は各所参照〕
㉓ 福島重雄・大出良知・水島朝穂『長沼事件 平賀書簡』(日本評論社, 2009 年)
㉔ 永井靖二『司法と憲法 9 条』(日本評論社, 2017 年) 第 2 章・3 章
㉕ 安倍晴彦『犬になれなかった裁判官』(日本放送出版協会, 2001 年)
㉖ J・M・ラムザイヤー, E・B・ラスムセン (河野勝訳)「日本における司法の独立を検証する」レヴァイアサン 22 号 (1998 年)
㉗ ジョン・ヘイリー (浅香吉幹訳)「日本における司法の独立・再考」石井紫郎=樋口範男編『外から見た日本法』(東京大学出版会, 1995 年)
㉘ 岩瀬達哉『裁判官も人である』(講談社, 2020 年) 第 2 章
㉙ 中尾正信「下級裁判所裁判官指名諮問委員会制度の到達点と今後の課題」自由と正義 55 巻 5 号 (2004 年)

㉚　井上薫『司法のしゃべりすぎ』(新潮社，2005年)
㉛　日本経済新聞2005年11月29日夕刊「『判決短すぎる』と減点上司・所長の罷免求める」・同12月10日夕刊「『判決短すぎる』地裁判事　再任は『不適当』」・同2006年4月11日朝刊「『判決短すぎ』の地裁判事が退官」
㉜　浅香吉幹『現代アメリカの司法』(東京大学出版会，1999年)〔第2章第3節〕
㉝　法務省法務総合研究所編『令和3年版 犯罪白書』〔43頁〕

ステップアップ

オリジナルで考えよう

参考文献⑭⑮の岡口基一判事の懲戒と弾劾については，多くの新聞報道がなされているので，問題とされた岡口判事の行動が懲戒に値するか，罷免に値するか，前例も参考にして検討してみなさい。

Bridgebook

UNIT 9

裁判所は違憲審査権をどのように行使しているか

Point 裁判所にはどのような種類があって，それぞれどのような権限を持っているのだろうか。司法権が立法権・行政権に対して持っている違憲審査権は，どのように生かされているのだろうか。

1 裁判所の構成

UNIT 8 では，裁判官はどのようにその職権を行っているのか，その独立性の実態に焦点を合わせて検討した。この **UNIT** では，それをうけて，前半では裁判官の職場である裁判所の構成と権能を説明する。続く **PART Ⅲ**，**PART Ⅳ** では，それぞれ民事紛争の処理過程と刑事事件の処理過程を取り上げるので，この **UNIT** での説明は，それらの予備知識としても有益であろう。そして，後半では最高裁に焦点を当てて，違憲審査権の行使を中心に検討する。

日本の裁判所の構成は，図のようになっている。一般市民に最も身近な裁判所ということで，簡裁から始めたい。

図　裁判所の構成

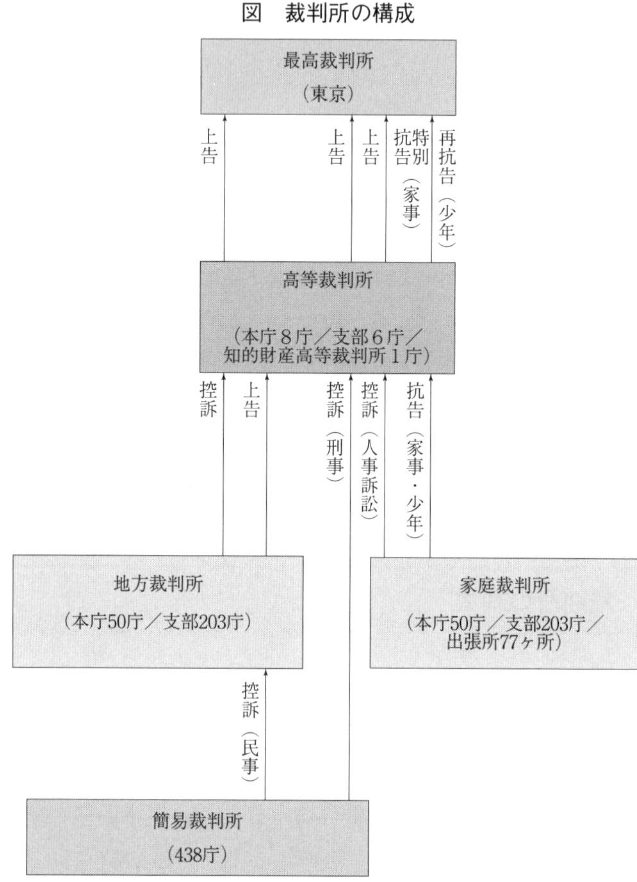

出典：http://www.courts.go.jp/about/sosiki/gaiyo/index.html（2022年10月31日現在）

2　簡易裁判所

通常の事件で第一審となるのは，簡裁，地裁，家裁の３種類の裁判所である。そのうち簡裁は，もっとも軽微な事件を担当する。訴額が140万円以下の民事事件，罰金以下の刑にあたる刑事事件や罰金を選択することができる刑事事件，窃盗・横領などの軽微な財産犯罪で3年以下の懲役を科すべき刑事事件などである（裁33条）。全国に438の簡裁が置かれている。

民事事件では，さらに，3つの特別な手続を担当している。第1は**少額訴訟**で，60万円以下の金銭の支払いを目的とする訴訟について**原告**（訴訟を起こす側）が少額訴訟手続を希望し，**被告**（訴訟を起こされる側）が同意する場合は，1回の口頭弁論期日で審理を終了し，ただちに判決を言い渡すことができる（民訴第6編）。

第2は**督促手続**で，金銭や有価証券の給付を目的とする請求については，債権者が裁判所書記官に申立てを行い，書記官が支払督促を発する。債務者が支払督促を受け取ってから2週間以内に異議を申し立てなければ，督促は**確定判決**（上訴ができない状態になった判決）と同じ効力を獲得する（民訴第8編）。

第3は**民事調停**で，両当事者が同意した場合は，裁判官である**調停主任**（または民事調停官（いわゆる非常勤裁判官）に任命された弁護士のこともある）と，通常2名の**民事調停委員**が，非公開の場で当事者間の話し合いを仲介する。話し合いがまとまった場合には，その結論は確定判決と同じ効力を有する（民事調停法16条）。民事調停委員は，40歳以上70歳未満の人で，弁護士その他の専門家，大学教授，社会経験豊富な一般市民などのなかから任命される非常勤の裁判所職員である。

刑事事件でも，**略式手続**という特別な手続がある（刑訴第6編，⇒ **UNIT 14**）。100万円以下の罰金または科料（1万円未満の軽微な財産刑）に処すべき場合に，**被疑者**（犯人であるという疑いをかけられている者）が同意すれば，検察官は簡裁に**略式命令**を請求することができる。裁判所が略式命令を受け取ってから2週間以内に正式裁判を請求しないと，略式命令は確定判決と同じ効力を獲得する。その大半は，道路交通法違反と交通関係の業務上過失事件である。

簡裁は，このように軽微な事件のみを担当するが，事件数は膨大である。2021年度の民事・行政事件の受理件数は，次に述べる地裁の約60万件に対して約73万件であった（参考文献①3頁）。刑事事件受理人員は，地裁の約25万人に対して約58万人であった（参考文献②3頁）。簡裁こそ一般市民が当事者として接する最も典型的な裁判所であることは，もっと知られるべきであるし，実証分析も推進されるべきであろう（刑事事件の研究として，参考文献③）。

3　地方裁判所

地裁は，比較的重大な民事事件・刑事事件の第一審を担当するとともに，簡裁が第一審であった民事事件の控訴を担当する。一般市民が裁判所という言葉で連想する，最も典型的な裁判所であろう。

地裁の本庁は，北海道に4ヶ所と北海道以外の都府県に各1ヶ所の合計50ヶ所あり，支部が203ヶ所ある。地裁支部がありながら管内に弁護士がまったくいないか，1名しかいない地域をゼロワン地域と呼ぶ。1993年には合計74か所あったが，日弁連の努力もあって，ゼロ地域は2008年に解消され，ワン地域は2022年4月現在2か所となっている。しかし，地裁支部管内に弁護士が2名いれば地域住民の弁護士需要が十分に満たされているとはいえないから，地方での弁護士増員の努力は不可欠である（https://www.nichibenren.

or.jp/activity/resolution/counsel/kaso_taisaku/mondai.html, ⇒**UNIT 4－6**)。また, 2010年には地裁支部の4分の1ほどに常駐裁判官がいなかったと指摘されている（参考文献④）が, **UNIT 8**で述べたように裁判官数は2016年から減少しているから, 裁判官不足にも注意する必要がある。

2021年度の地裁の民事事件受理件数と刑事事件受理被告人数は, 簡裁との比較ですでに述べた。

地裁の審理は, 単独の裁判官による場合と, 3名の合議体による場合とがある。前者は**単独審**と呼ばれ, 後者は**合議審**と呼ばれる。地裁で合議審になるのは, 以下の4つの場合である（裁26条）。

1. 合議体で審理・裁判する旨の決定を合議体でした場合。（**裁定合議事件**という）
2. 死刑または無期もしくは短期1年以上の懲役もしくは禁錮にあたる罪の刑事事件（ただし一部の事件を除く）。（**法定合議事件**という）
3. 簡易裁判所の判決に対する控訴事件, 簡易裁判所の決定・命令に対する抗告事件。
4. その他, 他の法律において合議体で審理・裁判すべきものと定められた事件。

民事・刑事それぞれに複数の裁判官が配属されている地裁では, 民事部, 刑事部, あるいは民事第○部, 刑事第○部などという形で, 部が構成されている。それぞれの部には部を統括する判事（**部総括**と呼ばれる）が置かれていて, 合議体の裁判長を務める。**UNIT 8**で検討した裁判官人事においては, 十分な経験があるにもかかわらず部総括の地位につけないことが差別的人事のひとつのあり方として問題とされてきた。

合議体による裁判は, 裁判所としての結論のみが示される。後で説明する最高裁のように，個々の裁判官の意見が示されることはない。また，**UNIT 8** で説明したように，裁判員制度が導入されたのは地裁の刑事事件である。

なお，東京地裁の商事部，知的財産部，倒産部は，後述する知財高裁とともに，2022年10月に新たな庁舎に移転し，その全体はビジネス・コートと呼ばれている（https://www.courts.go.jp/tokyo/about/syozai/tokyo_nakameguro/index.html）。

4　家庭裁判所

家裁は，地裁と同格に位置づけられる第一審裁判所で，家庭内の紛争や少年事件という，一般の民事紛争や成人の刑事事件とは異なる考慮を必要とする事件の処理のために，第二次大戦後の裁判所改革の一環として導入された。

家庭裁判所の担当事件は，大きく下記のように分類できる（裁31条の3）。

1．家庭に関する審判と調停（家事事件手続法）。
2．身分関係の形成または存否の確認を目的とする訴えに関する訴訟（人事訴訟という）の裁判（人事訴訟法）。
3．少年の保護事件に関する審判（少年法）。（⇒ **UNIT 13**）

ここで審判というのは，対立する当事者間の争いに対して裁判所が判断を下すという構造（対審構造という）を前提とせず，非公開の審理で裁判所が最も適切と考える解決策を考えるという発想で行われる審理である。ただし，家事審判の対象となる事件では，たとえば離婚に伴う財産分与や，遺産分割のように，相対立する当事者の紛争という性格が強い事件もある。少年事件の場合には，警察が捜査を行い，検察官が家裁に送致し，最終的に少年が少年院や刑務所に収容されることもあるから，実質的には少年と捜査・訴追機関が対立するという性格が強い。それにもかかわらず，家裁は，いわば後見人的な立場で紛争当事者や少年の利益となる解決を与えるものと位置付けられているのである。少年事件が保護事件と呼ばれるのは，少年事件における家裁の役割が，少年の処罰ではなく健全育成のために必要な保護を与えることにある，という思想の現れである。審判の結論は決定で，それに対する上訴は抗告である。

それに対して，家族関係の事件でも，より当事者対立の性格が明確な事件は，裁判の対象とされる。婚姻の無効・取消し，離婚自体，子の認知，養子縁組の無効・取消しなどをめぐる訴えである（人訴2条）。

家裁の審判または裁判は，原則的に単独で審理する（裁31条の4）。例外的に3名の合議になるのは，合議体で審理することを決定した事件と，法律でとくに合議体で審判・裁判することが定められた事件である。

家裁の審判・裁判には，裁判官以外の者も立ち合わせて意見を聴くことがある。**参与員**という（家事事件手続法40条1項，人訴9条1項）。参与員は裁判所があらかじめ「参与員となるべき者」として選任しておいた者の中から事件ごとに1名以上指定されるもので，弁護士その他の専門職や，大学教授，社会経験の豊富な地元住民などが選任されている。

家庭関係をめぐる事件処理で重要なのは，人事訴訟の対象となる事件と，審判の対象となる事件の中でも類型的に紛争性が高いとされる事件（家事事件手続法244条・257条1項）では，訴訟または審判の前に調停を行う必要があるということである。**調停前置主義**という。調停は，裁判官または家事調停官１名と，通常２名の**家事調停委員**によって構成される**調停委員会**が行う。家事調停官というのは，経験５年以上の弁護士から最高裁が任命し，家事調停事件で裁判官と同じ役割を担当する非常勤の職員である。家事調停委員は，すでに説明した民事調停委員と同じく，一般市民の中から任命された非常勤の裁判所職員である。調停で当事者間に合意が成立して調書に記載されると，確定判決または確定審判と同一の効力を有する（家事事件調停法 268 条１項）。

さらに，家庭裁判所独自の専任職員として注目すべきなのは，家**庭裁判所調査官**（家裁調査官）である（裁 61 条の２）。家裁調査官の多くは心理学などの行動科学を学んだ者で，裁判官の命令を受けながら，家事事件で家庭の実態を調査したり，少年事件で少年の家庭環境・社会環境の調査を行ったりする。

2021 年度に家裁は，約 97 万件の家事審判，約８万件の家事調停，約１万件の訴訟（参考文献⑤）と，約５万人の少年保護事件（参考文献⑥）を受理した。家事審判事件数は地裁の民事事件数よりも多く，少年保護事件も地裁の刑事事件の２割の人数を担当しているのである。

その中で大きな社会的関心を集めているのは，少年保護事件であろう。少年保護手続の対象になるのは，以下の３つの類型の少年である（少３条）。

1．罪を犯した少年（**犯罪少年**）。
2．14 歳に満たないで刑罰法令に触れる行為をした少年（**触法少年**）。
3．保護者の正当な監督に服しない，正当な理由がなく家に寄り付かない，犯罪性のある人や不道徳な人と交際したり，いかがわしい場所に出入りしたりしているなどの事由があって，その性格または環境に照らして，将来，罪を犯し，または刑罰法令に触れる行為をする虞のある少年（虞犯少年）。

少年というのは，20 歳に満たない者のことである（少 2 条）。他方，**刑事責任**を負うのは 14 歳以上の者である（刑 41 条）。したがって，「罪を犯した少年」というのは 14 歳以上の少年である。14 歳未満で刑罰法令に触れた場合，犯罪にはならないから，「触法少年」というのである。「虞犯少年」という概念は，成人ならば犯罪とはされない行動をしているにもかかわらず，健全育成という観点から国が手を差し伸べようという発想に基づくものであって，少年法に特有の概念である。このように，国が実の親に代わってよりよい育成を行おうという思想を，**国親思想**という。

しかし，少年司法の状況は急速に変わりつつある。一方では，1997 年に神戸で起きた**神戸連続児童殺傷事件**をきっかけとして，少年事件の凶悪化と増加が問題とされるようになった。他方では，2000 年に**全国犯罪被害者の会**が結成されて，厳罰化の要求が組織的に展開されるようになった。この 2 つの動向が大きな要因となって，少年法は，2000 年から繰り返し「改正」されてきた。2022 年 4 月には，民法改正で成人年齢が 18 歳に引き下げられたことに伴って，18 歳と 19 歳の少年について「特定少年」というカテゴリーが導入され，成人の刑事手続で審理される可能性が増え，実名報道が一部解禁されるなどの変化が生じた（参考文献⑦）（⇒ **UNIT 13**）。

5 高等裁判所

高裁は，東京，大阪，名古屋，広島，福岡，仙台，札幌，高松の8ヶ所に設置されている。つまり，全国が8つの高裁の管轄に分けられている。そのほか，名古屋高裁は金沢に，広島高裁は岡山と松江に，福岡高裁は宮崎と那覇に，仙台高裁は秋田に，それぞれ支部を有している。

高裁の基本的な権限は，①地裁の第一審判決，家裁の判決，簡裁の刑事に関する判決に対する控訴，②地裁・家裁の決定・命令に対する抗告，簡裁の刑事に関する決定・命令に対する抗告，③刑事を除く地裁の第二審判決と簡裁判決に対する上告，などの審理である（裁16条1・2号）。そのほかに，内乱関係の罪（刑77～79条）に関する訴訟の第一審や，独占禁止に関する訴訟の第一審をはじめとして，他の法律によって特に定めた権限も存在する（裁17条）。

また，司法制度改革の一環として，2005年4月に，知的財産権に関する事件を専門的に担当する高裁として，**知的財産高等裁判所**（知財高裁）が，東京高裁の「特別の支部」として設置された（知的財産高等裁判所設置法）。知財高裁が専属的に担当するのは，①特許庁の審決に対する不服申立て（審決取消訴訟）の第一審，②**技術型事件**（特許権，実用新案権，半導体回路の回路配置利用権，プログラム著作物に関する著作者の権利）に関する控訴（第一審は東京地裁と大阪地裁），である。**非技術型事件**（意匠権，商標権，その他，技術型事件以外のもの）については，第一審は全国の地裁が担当し，控訴は地裁に対応する高裁が担当するので，知財高裁は東京地裁の判決に対する控訴のみを扱う。

高裁の審理は，通常，3名の合議で行われる（裁18条2項）。しかし，内乱関係の犯罪を審理する場合は５名の合議となるし，知財高裁には，所長が裁判長を務める５名の**大合議部**がある。

なお，2021年度に高裁は，約３万６千件の民事・行政事件，約１万人の被告人に関する刑事事件などを受理している（参考文献①３頁，参考文献②２頁）。

6　最高裁判所

上告理由と違憲審査権

最高裁は，言うまでもなく１ヶ所，東京に置かれている。最高裁の基本的な役割は上告事件を審理することである（ただし，高裁が第一審であった場合も上告と呼ぶ）。上告には，一定の理由が必要である。**上告理由**という。

民事事件の基本的な上告理由は，① 元の判決（原判決という）に憲法解釈の誤りその他憲法違反があることと，② 法律に従って判決裁判所が構成されていなかったことや，判決に関与できない裁判官が判決に関与したことなど，重大な手続違反があったことである（民訴312条1・2項）。さらに，原判決に最高裁判例と相反する判断がある事件その他の，法令解釈に関する重要な事項を含むものと認められる事件については，最高裁は，申立て（上告受理の申立てという）を受けて審査のうえ，上告を受理することができる（同318条）。

刑事事件の基本的な上告理由は，① 原判決に憲法違反または憲法解釈の誤りがあることと，② 最高裁判例と相反する判断をしたことである（刑訴405条）。また，これらの上告理由がない場合でも，判決に影響を及ぼす法令違反，著しく不当な刑の量定，判決に影響を及ぼすべき重大な事実誤認，再審請求できる事由，判決後の刑の廃止・変更や大赦などがあった場合で，原判決を破棄しなければ著しく正義に反すると認めるときは，職権で原判決を破棄することができる（刑訴411条）。

大法廷と小法廷

最高裁の15名の裁判官は，通常，3つの小法廷に5名ずつ分かれて審理にあたる。15名全員で構成する大法廷で取り扱う必要があるのは，① 当事者の主張に基づいて法令や処分が憲法に適合するかしないか判断するとき，② それ以外の場合で法令や処分が憲法に適合しないと認めるとき，③ 憲法その他の法令の解釈適用において最高裁自身の判例に反する判断を下すときである（裁10条）。また，小法廷で意見がさまざまに分かれている場合にも，大法廷で審理が行われる。しかし，大法廷が開かれるのは年に1，2件にすぎず，大多数の事件は小法廷で審理されている（参考文献⑧186頁）。

事件負担

上記のとおり上告理由は制限されているので，最高裁の事件負担は軽いと思われるかもしれないが，実際にはそうではない。たとえば2021年度では，6,502件の民事事件と，4,200人の被告人に関する刑事事件を受理している（参考文献①2頁，参考文献②2頁）。アメリカ連邦最高裁の年間審理件数が80から100件程度にすぎないとされること（参考文献⑨168頁）と比較すれば，負担の程度が想像できよう。

意見の表示

高裁以下の裁判所が行った裁判では裁判所としての結論が示されるだけであるが，最高裁が行った裁判では，各裁判官の意見を表示しなければならない（裁11条）。これを個別意見制という。意見には，**多数意見**のほかに，**補足意見**，**意見**，**反対意見**があって，多数意見以外を少数意見と総称する。補足意見は多数意見に加わった裁判官がさらに意見を補足するものであり，意見は多数意見と結論は同じでも理由が異なる場合であり，反対意見は結論も理由も多数意見と異なる場合である。

各裁判官の意見を表示する制度は，国民審査（⇒ **UNIT 8**）の前提としても重要であるが，さらに，当事者の納得や，判例による法の発展という意味においても，重要であろう。多数の意見が表示されるならば，当事者は最高裁が真剣に事件審理にあたったという確信をもつことができると思われるし，最高裁判例に納得できない当事者や下級審裁判官は，判例変更の現実的可能性について見通しを得ることができると考えられるからである。

しかし，少数意見の数は少ない（元最高裁判事が自身の少数意見をまとめたものとして，参考文献⑩第II部，参考文献⑪第I部，特定分野における自己の少数意見を説明したものとして，参考文献⑫第4章）。1980年代に比較的多くの少数意見を書いたとされる伊藤正己元最高裁判事は，いくつか想定される理由のひとつとして，「多量の事件処理におわれて時間的余裕がない」ことをあげており，自身も年平均5件以下であったと述べている（参考文献⑩82・87～88頁）。したがって，事件負担の軽減は不可欠と思われるが，高裁以下の判断に納得できない当事者の最後の拠り所という期待を考えると，単純に削減策を考えればすむ問題ではない。

最高裁調査官

最高裁が上記のように負担過重にもかかわらず機能してきた大きな要因として，**最高裁調査官**の存在があると言われる。調査官は，判事として10年以上の経験を持つ中堅の下級審裁判官で，約40名が民事・刑事・行政の各分野を分担している。全体を統括する主席調査官は30年以上の経験をもち，最高裁判事になる可能性という点で，最高裁事務総長に匹敵する地位を占めている（参考文献⑬）。

調査官は，担当事件について，一・二審判決，**上告趣意書・上告理由書**（上告申立ての理由を記載した書面で，前者は刑事，後者は民事），訴訟記録に目を通して，判事が参考にする報告書を作成するが，その際，原判決を破棄すべきものであるかどうかをはじめとして，結論の提案も行う。判事の評議で結論が変わることもないわけではないが，「調査官の案に議論と推敲を重ねて判決を作る」のが実情であるという（参考文献⑧ 194～197頁）。

調査官の意見に同意できない最高裁判事は，調査官と議論することになる。滝井繁男元最高裁判事は，その議論は「審議よりも緊張感をもって臨むことが少なくなかった」と振り返っているし（参考文献⑭），別の元最高裁判事も同様の経験を語っている（参考文献⑮）。福田博元最高裁判事は，反対意見を「書かせない」という「調査官の圧力を私はひしひしと感じた」と述べている（参考文献⑫ 133頁）。

したがって，少数意見を可能にするために，個々の最高裁裁判官に調査官をつけることが提案されてきた（早期の提案について参考文献⑯，最近の提案として⑰）。それに対して，最近の元最高裁判事のひとりが，現在の調査官「らが作成する報告書はオーソドックスな視点でまとめられているのであるが，それで十分なのであって，それ以上を求めるのはむしろ良くない。保守的な内容となるのは当然であり，そこに何を加えるかということこそ最高裁判事の仕事である」と述べて，注目された（参考文献⑱ 26頁）。これは，高い能力があれば自力で調査官室に対抗できるはずだという自負の表れとして理解することもできるが，制度論としては疑問がある。下級裁判所の判断や政府の立法を審査する役割を担っている最高裁では，下級裁判所以上に多様な見解が検討される必要があるにもかかわらず，現在の調査官制度は，最高裁判事の３分の２が一般的に保守的判断に傾きがちな司法官僚・行政官僚で占められる状況において，保守的見解のみに組織的支援を与えるものだからである。

違憲審査権行使の実績

それでは最高裁は，国際的にも高度な立法権・行政権からの独立性（⇒**UNIT 8**）を基盤として，その違憲審査権をどのように行使してきたのであろうか。下級審も違憲審査権を持つが，最高裁は終審裁判所であるし（憲 81 条），最高裁判例に反する下級審判断は上告される可能性が大きいから，最高裁の違憲審査権行使のあり方は，圧倒的に大きな重みを持つのである。

もっとも明確なのは，法令の全部または一部を違憲とした判決である。法令違憲と呼ばれる。2022 年 10 月末の時点では，以下の 11 件が該当すると考えられる（1～3，5～10 について参考文献⑲判例 25・92・148・96・128・147・26・27・28，4 について参考文献⑳，11 について参考文献㉑）。すべて大法廷判決である。

1．尊属殺重罰規定違憲判決（憲 14，1973 年 4 月 4 日）

2．薬局開設距離制限違憲判決（憲 22，1975 年 4 月 30 日）

3．衆議院議員定数不均衡違憲判決（憲 14・44，1976 年 4 月 14 日。ただし事情判決）

4．衆議院議員定数不均衡違憲判決（憲 14・44，1985 年 7 月 17 日。ただし事情判決）

5．共有林分割制限違憲判決（憲 29，1987 年 4 月 22 日）

6．郵便業務従事者免責規定違憲判決（憲 17，2002 年 9 月 11 日）

7．在外国民選挙権制限違憲判決（憲 15・44，2005 年 9 月 14 日）

8．非嫡出子の国籍制限違憲判決（憲 14・44，2008 年 6 月 4 日）

9．非嫡出子の法定相続分差別違憲判決（憲 14，2013 年 9 月 4 日）
10．女性の再婚禁止期間違憲判決（憲 14・24，2015 年 12 月 16 日）
11．在外邦人の国民審査権制限規定違憲判決（憲 15・79，2022 年 5 月 25 日）

これらのうち，議員定数不均衡に関する 2 件に登場する**事情判決**というのは，違憲・違法な処分であっても，それを取り消すことで公の利益に著しい障害を生ずる場合には，取消しを求める請求を棄却することができるという制度である（行訴 31 条 1 項）。この 2 件では，選挙結果をただちに無効とはせず，国会に違憲・違法状態の解消に向けた努力を期待したわけである。そして，4.4 倍の不均衡が問題となった 1985 年の判決に対して，国会は「8 増 7 減」，つまり 8 選挙区で定員を 1 ずつ増やし，7 選挙区で定員を 1 ずつ減らすという対応を示した。

また，法令自体の合憲性が問題となっていない場合でも，具体的事例における態様が違憲という判断もある。**適用違憲**と呼ばれる。この例としては，10 数件が一般的にあげられる。著名な例としては，15 年あまり公判が中断した事件で，迅速な裁判を受ける権利が侵害されたとして免訴（刑訴 337 条）の判決が出ているし（憲 37，1972 年 12 月 20 日，高田事件判決，参考文献⑲判例 116），より最近では，愛媛県知事が公金から靖国神社や護国神社に玉串料等を支出したことについて，禁止された宗教的活動にあたるとした判決（憲 20，1997 年 4 月 2 日。愛媛県玉串料訴訟）がある（参考文献⑲判例 44）。

裁判所による政策形成

以上のように，違憲審査権を行使して法令や処分を違憲と判断した例はきわめて稀であるため，日本の裁判所は**司法消極主義**をとっていると言われることがある。逆に立法や行政を積極的に批判することを，**司法積極主義**という（ただし，リベラルな司法積極主義だけではなく，「右翼的な司法積極主義」もありうることについて，参考文献⑱22頁）。とくに日本の最高裁の保守的な方向での消極性は，国際的関心を集めてきた（7名の元最高裁判事に対するインタビューを含む最近の研究例として参考文献㉒，それに対して元最高裁判事が「違和感」を示すものとして参考文献⑲20〜21頁）。

これに対して，最近，司法消極主義か司法積極主義かというとらえ方を批判して，「**裁判所による政策形成**」という言葉を用いることを提案し，その観点から，日本の裁判所はきわめて積極的に政策形成に取り組んできたと主張する見方が現れている。アメリカの代表的日本法学者のひとりで，日本では法社会学者として活躍しているダニエル・H・フットである（参考文献⑨5章〜7章）。

フットは，日本の裁判所による政策形成について，下記の4つの類型に分類して，多くの事例を詳細に指摘する。

1．最高裁による上からの規範形成で，1〜2名の裁判官が率先して規範形成を行ったもの。
2．下級裁判所での先例の発展を通じた下からの規範形成で，新たに生じた懸念や新たに関心を集めた問題に対する対処がなされたもの。
3．下級裁判所での下からの規範形成で，人間関係の安定性の維持の観点から政策形成がなされたもの。
4．もっとも画期的な事例として，裁判所による組織的政策形成がなされたもの。

これらのうち，フットがもっとも画期的と評価する第4類型に属するのは，具体的には以下の2つの事例である。

① **交通事故訴訟**の急増に直面して1962年に設置された**東京地裁交通専門部**（民事第27部）が，書式や手続の合理化から，非常に多

様な事件類型に対する判断基準の作成に至るまで，組織的な努力を展開し，作成した手引きや判断基準を事件処理で適用するだけではなく，検察庁や弁護士会にも働きかけることによって，保険実務や裁判外の紛争処理にも大きな影響を与え，1970年代には訴訟件数が劇的に減少したという，「合衆国のような司法積極主義の国でも……なかなか想像しがたい」（参考文献⑨266-270頁）組織的政策形成を行ったこと。

② 1990年代の破産事件の急増に直面して，東京地裁の破産事件専門部が，即日面接（破産申立て受理の当日にベテラン書記官が記録を調査して問題点のメモを作成し，裁判官はそのメモに基づいて申立代理人である弁護士の説明を聴くことで，裁判官が記録の隅々まで目を通す必要性をなくした手続）や少額管財手続（管財人を付けるべき事件について，原則として20万円の予納金で申立てを受理し，管財手続を迅速に進める制度）を法改正なしに導入し，弁護士会との協議や制度周知の努力を展開することによって，破産事件の効率的処理に成功したこと（参考文献⑨271-273頁）。

しかし，これらは，最高裁事務総局の指示を受けて，裁判所自身の負担軽減を目的として行った政策形成だったのであって，司法積極主義・消極主義という概念で議論される，立法権や行政権への批判という性格をもった政策形成とは言えない。したがって，立法権や司法権との関係においては，違憲審査権行使の消極性に象徴される日本の裁判所の現状は，やはり司法消極主義と位置付けることが可能なのであって，そのことが抱える問題点は，引き続き検討する価値がある。

〈参考文献〉

① 『令和3年 司法統計年報 1 民事・行政編』〔頁数は各所参照〕（司法統計年報は http://www.courts.go.jp/toukei_siryou/shihotokei_nenpo/index.html で検索することができる）
② 『令和3年 司法統計年報 2 刑事編』〔頁数は各所参照〕
③ 荒木伸怡『裁判』（学陽書房，1988年）〔第2章〕
④ 日本弁護士連合会『裁判官を増やそう』（2010年）〔3頁〕https://www.nichibenren.or.jp/library/ja/publication/booklet/data/saibankankensatsukan_zouin.pdf
⑤ 『令和3年 司法統計年報 3 家事編』〔2～4頁〕
⑥ 『令和3年 司法統計年報 4 少年編』〔2頁〕
⑦ 特集「改正少年法の課題」法律時報1173号（2022年）
⑧ 読売新聞社会部『ドキュメント裁判官』（中央公論新社，2002年）〔頁数は各所参照〕
⑨ ダニエル・H・フット（溜箭将之訳）『裁判と社会』（NTT出版，2006年）〔頁数は各所参照〕
⑩ 伊藤正己『裁判官と学者の間』（有斐閣，1993年）〔頁数は各所参照〕
⑪ 園部逸夫『最高裁判所十年』（有斐閣，2001年）
⑫ 福田博（山田隆司/喜多山宗（聞き手・編）『福田博オーラル・ヒストリー「一票の格差」違憲判断の真意』（ミネルヴァ書房，2016年）〔頁数は各所参照〕
⑬ 西川伸一『裁判官幹部人事の研究』（五月書房，2010年）〔40頁〕
⑭ 滝井繁男『最高裁判所は変わったか』（岩波書店，2009年）〔33頁〕
⑮ 「裁判官の黒い秘密」週刊ダイヤモンド4668号（2017年）〔47頁〕
⑯ 宮澤節生『法過程のリアリティ』（信山社，1994年）〔255～260頁〕
⑰ 泉徳治『私の最高裁判所論』（日本評論社，2013年）〔136～139頁〕

⑱　宮川光治「時代の中の最高裁判所」自由と正義64巻6号（2013年）〔頁数は各所参照〕
⑲　長谷部恭男=石川健治=宍戸常寿 編『憲法判例百選Ⅰ・Ⅱ（第7版）』別冊ジュリスト245号・246号（2019年）（Ⅰ・Ⅱを通した判例番号・頁数になっているので，判例番号で引用する）。
⑳　長谷部恭男=石川健治=宍戸常寿 編『憲法判例百選Ⅱ（第6版）』別冊ジュリスト218号（2013年）判例154
㉑　朝日新聞2022年5月26日朝刊「国会の不作為 最高裁認定 在外投票巡る違憲判決」
㉒　デイヴィッド・S・ロー（西川伸一訳）『日本の最高裁を解剖する』（現代人文社，2013年）〔頁数は各所参照〕

ステップアップ

オリジナルで考えよう

最高裁判例の多くは、裁判所の裁判例検索サイト（https://www.courts.go.jp/app/hanrei_jp/search1）から全文ダウンロードすることができる。2015年12月16日に、最高裁大法廷は、いわゆる夫婦同氏制は合憲であるという判断を示したが、違憲とする少数意見も1名存在した。この判決の全文をダウンロードして多数意見と反対意見を比較し、自分の意見をまとめてみなさい。この判決の要約・批評として、参考文献⑲判例29がある。

PART III

民事紛争過程

Bridgebook

UNIT *10*

紛争は裁判せずに解決できるのだろうか

Point 紛争に直面した人は，弁護士や司法書士などをどのような場合に利用するのか。利用を規定する要因は何だろうか。また，裁判以外の紛争処理の方法である，ADR（裁判外紛争処理）はどのような働きをしているのだろうか。

1　紛争の自主的解決

紛争とは何か

(i) 紛争の定義　　法律学の勉強をする際には，たとえば，ＡがＢに対して貸金返還請求をしている事例，といった言い方で，たいてい最初から与えられた前提条件として「紛争」を取り扱っているだろう。

しかし，もちろん実態としての紛争は，生成し展開していくという社会的なプロセスを伴った現象である。紛争をどのように処理していくのか，どんなシステムが望ましいのか，という課題に適切な回答を示すためには，紛争はどのような特徴を持った社会的現象で，どのように発生するのか，について理解しておく必要がある。そこで，まず，紛争の定義がいかなるものかみてみよう（参考文献① 46～49 頁）。

紛争にいたる第一の条件は「対立」が存在することである。ここでいう対立とは，複数の当事者の何らかの欲求が同時に達成されない状況のことである。わかりやすく例えれば，一つしかない貴重な品を２人の人が同時にほしいと思っているという状況である。

第二の条件は，「争い」となっていることである。ここでいう「争い」とは，欲求の実現を志向して当事者たちが何らかの行為をしている状況である。例えば，２人の男性が１人の女性と結婚したいと考えていて，それぞれプロポーズをしている状況である。しかし，これだけでは紛争とはいえない。

第三の条件は，自己の欲求を実現することをめざす当事者の行為が，相手方の欲求を妨げるという性質をもつということである。一方のプロポーズが受け入れられれば，他方の欲求は結果的には妨げられることにはなるが，それだけでなく，もっと直接的に自己の欲求実現のために相手方の行為に影響力を行使することを志向する場合と理解しておこう。相手方に欲求を断念させるため，説得・取引・威迫といった手段が用いられることになる。この段階に至って当事者間の社会関係は「紛争」としての性格を帯びることになる。

この定義から，紛争という社会現象は，当事者の状況認識に大いに依存しているということがわかる。当事者が利害の対立を認識し，自らの利益の実現を志向しなければそもそも紛争は発生しないというわけだ。

(ii) 紛争の発生　　この点に注目した紛争の発生・展開プロセスのモデルが「ウィスコンシン・モデル」である（参考文献② 141～143 頁）。

このモデルは，紛争が発生し，展開していく過程を，「未認知侵害」，「既認知侵害」，「特定侵害」，「救済要求」，「紛争」，「交渉」，「訴訟・調停・仲裁」の各段階間の移行の過程ととらえている。そして，各段階から次の段階に移行する変化の過程には，たとえば「未認知侵害」から「既認知侵害」であれば「侵害認知」，「救済要求」から「紛争」であれば「要求拒絶」といった具合にその変化を促す要因に基づく名称が与えられている。このモデルのユニークな点は，紛争の発生プロセスには，他者からの権利侵害がありながらそれがいまだ認知されていない「未認知侵害」という段階があるとしている点である。また対立状況が紛争へと展開していく最初の条件として，この「未認知侵害」が「既認知侵害」に進むための侵害認知の契機が必要だとされる。要するに，権利侵害があれば自動的に紛争が発生するというわけではないと考えるのである。

他者から権利侵害を受けているのに，未認知の段階にとどまるというようなことがあるのだろうかと疑問に感じるかもしれない。しかし，現代の高度に発展し，複雑・大規模化した大量消費社会ではそのようなケースは決して珍しくない。公害事件や薬害事件では，健康被害が発生しても当初いったいそれが何を原因としているものなのかが不明のままということもある。近年では，工場付近の住民のアスベスト被害やフィブリノゲンを原因とする薬害肝炎のケースがその典型例であろう。

では，権利侵害が発生し，それが他者の行為によるものだとわかって，紛争に発展したあと，その紛争は私たちの社会の中でどのように処理されているのだろうか。

裁判だけではない紛争の解決方法

私たちがトラブルに直面した場合，まずとろうとする行動はどのようなものだろう。たとえばこれから法学部で勉強しようという人であれば，当然裁判を利用すべきだと考えるかもしれない。しかし，実態としては社会に発生する紛争のうちその処理に裁判が利用されるケースはほんの一部だし，また，判決にまで到達するケースとなるとさらにそのまた一部ということになる。実は第一審の民事事件のうち，半数以上は判決まで至らず，訴訟上の和解や取下げによって処理されているのである。

訴訟―判決による紛争処理が実態としては極めて例外的なものであるということは，紛争当事者は裁判以外の何らかの方法を使って目前のトラブルに対処しているということになる。ここではそんな裁判以外の紛争処理の方法について学んでみよう。

(i) ADR　　裁判以外の方法を用いた紛争処理の方法として，近年注目を集めているのが ADR（Alternative Dispute Resolution = 裁判外紛争処理）であり，これには裁判所で行われる民事調停・家事調停，行政が設置する公害調停や消費生活センター，民間の事業者団体による PL（product liability = 製造物責任）センター，弁護士会による交通事故紛争処理センターや仲裁センターなどがある。

(ii) 直接交渉　　さらに，裁判や ADR 機関などによる紛争処理の外側には，これらの既存の機関を用いずに紛争を処理するケースが存在する。社会に発生する紛争の量を正確に把握するのは困難だが，前にも述べたように，量的には裁判も ADR 機関も利用しない紛争処理が多数を占めていると思われる。こういったケースでは，ある程度，いわゆる「示談」による解決が行われていると考えられる。示談は原則的には当事者間の直接交渉による紛争解決だが，後に述べるように，そこに当事者以外の多様な紛争関与者のかかわりがみられることに注目する必要がある。またさらに，示談は原則としては当事者が紛争解決を志向する状態を前提とするが，紛争処理への積極的な志向をもはや当事者がもたなくなり，紛争がそのまま放置されるような場合もあるので，示談の外にも「処理されない」紛争群が大量に存在するだろうと推測される。

このようにみると，紛争処理のシステムについて正確に把握するためには，裁判システムのみではなく，それ以外のADRや，また当事者間の直接交渉のあり方に視野を広げその実際のありようを理解する必要があることがわかる。

そこで，まずは，当事者が紛争の解決を志向して活動するプロセス，すなわち自主的紛争解決のプロセスを促進する要因について考えてみよう。裁判やADRで用いられる紛争処理の方式や，ADRの種類，紛争処理システムにおけるADRの役割をめぐる議論といった点については，後に節を改めて述べることとする。

自主的紛争解決

(i) 紛争当事者以外の第三者　　自主的解決を志向した紛争処理過程において必要とされる資源のうち，きわめて重要な位置を占めるのが紛争当事者以外の第三者の関与である。紛争の対象は商品，サービス，不動産など無数に想定しうる。契約をめぐる紛争なら，取引が円滑に行われている限りはその対象について，特段専門的知識を持たなくとも何ら問題はないかもしれない。しかし，たとえば家電製品の不具合をめぐる紛争が発生し，相手方との交渉段階に至ると，消費者の側が製品の欠陥の存在を立証するために相当の技術上の専門知識が必要になる場合がある。そのような場合，それらの知識を提供してくれる第三者の存在があれば強力な武器となりうるだろう。他にも，不動産取引における不動産業者や，さまざまな事故をめぐる紛争における保険会社の支援などがその例となるが，これらの支援者は実質当該分野の法知識を相当程度にもつし，また，知人のネットワークの中で法学部出身者など一定の法律知識をもつ者がいることもあるので，法律家を経由せずして，当事者は一定の法的知識を獲得することが可能な場合も多い。さらに，家族は自分自身のトラブルではない場合でも，第三者としてよりむしろ当事者としてトラブルの処理に関与する傾向もある（参考文献③41頁，66頁）。

① **法律専門家**　この紛争当事者以外の第三者のうち，特に重要なのが，法律知識を提供し，当事者を代弁する**弁護士**の存在である。法律家の関与は紛争処理の戦略を立てることを上記の非専門家よりも正確かつ容易にしてくれる要因となる。

裁判を利用せずに紛争処理を図るとしても，直面している紛争が法律上の争点を含むか否か（このこと自体，当事者にはわからないのが普通である）について，アドバイスを受けることは重要な意味をもつ。弁護士のアドバイスを受けることによって，直面する紛争が法律上の争点を含んでおり，それはどのように（裁判官によって）評価される可能性が高いのか，つまり裁判となった場合の勝訴の見込みはどの程度のものなのかを予測することができる。もし自己に不利なケースであることがわかれば，無駄なコストをかけずに妥協的な解決を図ろうとするであろう。逆に，有利な結果が予測されれば，相手方に対して，その予測に基づいて，妥協を引き出すことが容易になる。

裁判や，後に説明するADRなどより公式性の高い手続に移行するか否かも，通常法的知識に基づく解決の見込みに従って行われるのがふつうである。また，裁判を利用する場合，手続の利用は通常素人だけでは困難であり，弁護士の代理を要する。要するに，法的知識を提供する弁護士の存在は紛争の過程で当事者にきわめて重要な意味をもつ。

ところで，2000年代に行われた民事紛争全国調査に基づく紛争処理行動の分析では，直面している問題の特性のほか，年収や弁護士とのコネクションやその利用経験の有無，コスト意識等の要因によって紛争処理に向けた行動が規定されているとしている。弁護士などの法律専門家の利用か，自治体の相談サービスの利用か，民間の相談機関の利用に至るかも，これらの要因によってかなり影響を受けるということが大規模な実証的調査によって示されている（参考文献④116頁，136頁，164頁）。

② **隣接法律専門家**　紛争過程における法律家の関与の重要性について論じる場合，**司法書士**など隣接法律専門家の提供するサービスの紛争解決における重要性にも注目する必要がある。私たちは紛争ケースというとやはりまずは裁判所で行われる民事訴訟を思い浮かべる。そこでの当事者の代理人としては，弁護士法上，法律業務の独占を認められた弁護士をイメージするのがふつうだろう（弁護72条）。しかし，前の**UNIT 6**でみたように，現在では，司法書士のうち一定の要件を満たした者には「**簡裁代理権**」といって，簡易裁判所での一定の訴額以下の事件における代理が認められるようになっている。

簡易裁判所における事件は比較的定型的な事件が多いこともあって，本人訴訟率も高く，司法書士代理による紛争処理能力は十分に発揮されているとは言いがたく，また司法書士の利用も不動産賃貸借に大きく偏るといわれている（参考文献③188頁）。しかし，本人訴訟の場合，実は書面の準備等で司法書士のサービスを受けていることが相当に多いといわれている。その際，実質上は訴訟遂行についてのアドバイスを受けることも一般的であろう。たとえば2000年代に，急速な拡大を見せた多重債務者（複数の金融業者に対する債務で返済不能になっている債務者）の過払金返還請求の分野での司法書士の訴訟代理や直接交渉の支援などの活動は，この点で注目に値する。さらに，この多重債務の例で典型的にみられるように，弁護士・司法書士など専門家の支援は事実上当事者にとって精神的なサポートも同時にもたらしてもいる。また，この両者に限らず，事実上法的な支援を当事者に提供する他の専門職（行政書士，社会保険労務士など）や，福祉職，行政職などを「リーガル・サービス・プロバイダ」として位置づけ，利用者目線からの法的サービス供給上の問題としてとらえる見方も出てきている（参考文献⑤）。

そこで，紛争当事者はどのような経路をたどってこれらの法的なサポートにまで到達するのか，つまり「法へのアクセス」が，当事者がどのように目前の紛争を処理しうるかという観点からは重要な検討課題となる。

法へのアクセスの充実

法へのアクセスに関連して，2000年代以降，司法制度改革の動きとも連動しつつ，法へのアクセスポイント（つまり法サービスへの最初のきっかけ）の配置の充実化の問題が本格的に議論され始めてきている。

（i）法律相談事業の充実　　法へのアクセスポイントの充実化は，具体的には，法律相談事業の拡充によって図られてきている。従来から行われてきた自治体の法律相談では，自治体が費用の全部または一部を負担する形態で弁護士が相談対応に当たってきたほか，近年は弁護士会による総合法律相談センターや司法書士会による法律相談業務がより活発に行われるようになってきている。

たとえば，弁護士会の法律相談センターは日弁連（日本弁護士連合会）と各単位弁護士会の協力により設置され定期的（たとえば週1回4，5時間）に会内弁護士が輪番で担当することで運営されるのが一般的である。

(ii) 司法過疎対策　総合法律相談センターの設置には，いわゆる**司法過疎**対策としての側面もある。県庁所在地の弁護士会館といった比較的相談需要の多い地区のほか，**ゼロワン地域**（地裁またはその支部管内に弁護士が0ないし1名しか開業していない地域）に積極的にセンターが設置されてきた。また，より直接的な司法過疎対策として，日弁連の援助によるいわゆる「公設事務所」として**ひまわり基金法律事務所**が順次開設され，ゼロワン地域自体はほぼ解消に向かった（⇒ **UNIT 5**）。

このような試みはリーガルサービスの地理的・空間的偏在（弁護士の大都市集中問題について⇒ **UNIT 5**）を是正する試みであり，法へのアクセスポイントを政策的にリーガルサービスの供給量の乏しい地域に配置することにより，サービスの不平等な分布状況を改善しようとする試みだといえる。他方，定期開催の法律相談よりも，弁護士常駐の法律事務所を利用しやすいと感じる傾向があるとも言われており，不定期の法律相談の拡充や地域に1ヶ所の公設法律事務所設置のみでは，司法過疎地において，誰でもが使いたいときに使えるという意味での法へのアクセスの充実にはいまだ不十分である。しかし，リーガルサービスの不均等な分布の是正に一定の役割を果たしているとは評価できるだろう。

(iii) 法テラス（日本司法支援センター）　法へのアクセス拡充という課題は，国レベルの政策上の課題としても2000年代には意識されるようになり，2006年に発足した日本司法支援センター（通称

「法テラス」⇒ **UNIT 5**）の設置目的ともなっている。司法支援センターでは本部にコールセンターを設け，電話相談者の居住地および相談内容に適した相談機関を紹介するという業務を行い，いわゆるワンストップサービスの提供をめざしている。

また，民事法律扶助業務が法テラスの発足と同時にそれまでの法律扶助協会から移管され，無償の法律相談援助や，弁護士・司法書士による代理援助・書類作成援助（費用立替）が行われ、経済的問題から法へのアクセスに困難を有する人々へのサービスが提供されている。なお，法テラスの活動で2010年代から顕著になっているものとして，いわゆる「司法ソーシャルワーク」がある。法テラスの専従弁護士である「スタッフ弁護士」と外部にいて法テラスの業務を扱う「契約弁護士」が，地域の福祉職や行政機関等とネットワークを形成して，高齢者・障害者など，法サービスへのアクセスや，そもそも問題の理解に困難を有する人々のところへ積極的に出向き（このような技法を「アウトリーチ」と呼ぶ），必要な支援を提供していく，という試みである。このような試みは，法テラスの外でも一般の弁護士たちによってNPO活動として試みられてきているが，全国にネットワークを有し、機関に雇用されていることから，経営上の不安のないスタッフ弁護士による試みは継続性という点で期待がもてるだろう（参考文献⑥97～113頁）。

(iv) 消費生活相談事業　　法へのアクセスポイントとなる相談事業として，実質的にきわめて大きな役割を果たしているのが都道府県や市町村の消費生活センターで消費生活相談員により実施される消費生活相談事業である。消費生活センターは最低各都道府県に１ヶ所は設置され，また，面接が中心となる法律相談とは異なり，電話相談が中心となるので，多かれ少なかれすべての都道府県および市町村の住民に特段の経済的負担なく均等にサービスが及ぶと期待できる。近年は全国の相談件数は80万件程度にまで達しているが，かつてのような生活改善に関する相談はほぼ姿を消し，ほとんどが契約に起因するトラブルなど，法律問題とかかわりのある相談となっている。また，たいていの場合，一定の関連法規の知識に基づく情報が提供され，さらに紛争処理のあっせんや調停，また弁護士の紹介が行われることもあるので，量的には事実上もっとも大きな役割を果たしている法へのアクセスポイントということになろう。

2　裁判外紛争処理（ADR）

ADRとは何か

この**UNIT**の冒頭で述べたように，何らかのトラブル，もめごと，紛争に直面した人がみな裁判を行うわけではない。社会に発生する紛争の量を測定することは困難だが，ほぼ間違いなくいえるのは，社会に発生する紛争の全数のうち，裁判による処理へと進んでいくものは，氷山の一角どころかせいぜいその先端部分といったところであろうということである。

では，紛争の大部分は当事者自らが直接交渉によって処理しているのかというと，これも前節で検討した通りそういうわけではない。弁護士利用は訴訟提起に関わる重要なファクターだが，弁護士利用が必ず提訴に結びつくわけではない。弁護士を使っていわゆる示談に進んだり，弁護士には相談するのみで，当事者が直接交渉をする場合も数多くある。

さらに，ここからが重要なのだが，裁判を利用するわけでもなく，また当事者（ないし弁護士）による直接交渉のみによるわけでもない，つまり相対交渉ではない紛争処理の方法がある。それが本節で取り上げる**裁判外紛争処理**（以下 ADR）と呼ばれる紛争処理の手続や機関なのである。

ADR（Alternative Dispute Resolution）は，日本語で裁判外紛争処理，あるいは代替的紛争処理と一般に訳されているが，「処理手続」そのものというより，紛争処理のための「機関」がイメージされている場合も多いようである。つまり，裁判所における公式の裁判をのぞく，紛争処理に関連した制度や機関を総称するととらえるのが一般的な見方である。この見方にしたがえば，裁判所に設けられている民事調停や家事調停も定義上 ADR に含められるということになる。また，いったん裁判が選択された後，**訴訟上の和解**といって判決まで至らず裁判官のイニシアティブにより和解が成立する場合なども，ADR といってよい面もある。

要するに，手続の開始か解決内容に，当事者の**合意**という要素が加わっていれば，裁判所が関与する手続も ADR に含められるということになる。広い意味で訴訟―判決にいたる手続以外を ADR と考えておこう。

ADR という言葉について今まで特に親しんでこなかった読者はこのような公式裁判以外の紛争処理は例外的なものだと考えるかもしれない。しかし，量的にいえば各種の ADR が相対交渉以外の紛争処理に占める割合は訴訟をむしろ圧倒しているはずであるし，質の面でも，多くの ADR が専門分野ごとに設置されており，専門的かつ多様な紛争に対応した運営がなされている。

ADR の諸類型

では，具体的にはどのような ADR 機関があるのだろうか。実施機関ごとに分類してみよう。

(i) 裁判所型　　裁判所内における**民事調停**，**家事調停**がこれにあたる。また前述の**訴訟上の和解**も，広い意味ではここに含まれる。破産処理の**特定調停**などもここに含まれる。実は簡易裁判所の調停事件は2003年をピークに減少し続けているのだが，その大きな理由は，いわゆる過払い金請求事件での特定調停の激増と，その沈静化である。同様な一時的な増加とその後の数の落ち込みは地裁の民事調停件数にもみられる。他方，2006年にスタートした労働審判制度には判事以外の労働審判員も加えた調停手続が含まれており，これにより，労働事件の処理が劇的にスピードアップされたと評価されている。

(ii) 行 政 型　　**労働委員会**，**国税不服審判所**，**建設工事紛争審査会**，**公害等調整委員会**，**消費生活センター**（国民生活センターおよび自治体設置のもの），福島第一原発事故後に設立された原子力損害賠償紛争解決センターなどが含まれる。

(iii) 業 界 型　　各業界により設立されているADR機関である。代表的なものに，商品・サービス分野ごとに設立されている**PL（製造物責任）センター**，**交通事故紛争処理センター**，**日本クレジット・カウンセリング協会**がある。

(iv) 専門職型　　弁護士会主導のADRとして，各単位弁護士会の**紛争解決センター**，**総合法律相談センター**などがある。弁護士会と弁理士会の共催という点で興味深いのが**日本知的財産仲裁センター**である。2007年施行のADR法（正式名称は，「裁判外紛争解決手続の利用の促進に関する法律」）以降，司法書士会など他の専門職団体もそれぞれ独自のADRを設立している。

(v) 民 間 型　　上記の業界型・専門職型に加えて，**日本海運集**

会所や日本商事仲裁協会が設置され，仲裁を中心に運営されているが，仲裁によるADRが企業間取引を中心としていることも相まって，数は未だ少ない。

アメリカでは，ADRの主流は裁判所によって設置あるいはコントロールされている司法型ADRではなく，民間型ADRである。それと比べると，裁判所内部の調停手続が存在することが，きわだった特徴だといえるだろう。

また，利用数が際立って多いわけではないが，行政型ADRが比較的多いことも日本のADRの特徴である。たとえば，前述のとおり，全国の消費生活センターにおける消費生活相談件数は近年80万件前後に達しているが，そのうちの8割程度は契約をめぐるトラブルが占めているといわれており，紛争当事者の最初のアクセスポイントとして量的に圧倒的に重要な位置を占めている。

調停と仲裁

これらのADRで利用される紛争処理の方法は，主に調停と仲裁である。調停は，一方当事者の申し立てで手続きが始まる裁判所の民事・家事調停を除き，双方の合意で手続きが開始されるのが一般的である。当事者間の合意形成に関与する調停者は，当事者間の交渉が円滑に進み，合意形成の助けになるよう橋渡し役や調整役を果たす。当事者の合意が達成されなければ調停は不成立となる。仲裁は当事者があらかじめ一定の要件に適合する紛争の解決を仲裁人の裁定にゆだねる旨の仲裁契約を結ぶことによって行われる。したがって，手続の開始は当事者の合意に基づく。しかし他方，いったん仲裁契約が締結され，契約内容に沿って仲裁手続がとり行われれば，仲裁人の下した仲裁判断には確定判決と同様の効力が認められ，当事者はこれに拘束されることとなるのである。仲裁は，主に企業間の取引で利用されるもので，市民のトラブルの処理にはあまり用いられていない。

ADR のメリット

各種 ADR に共通するメリットはなんだろうか。まず，実情に即した柔軟な解決が可能となる。ADR では，公式の裁判と違って，必ずしも常に法規範に準拠した判断を示す必要があるわけではない。したがって，法的な争点のみに解を与え，権利義務関係を確定させることを任務とする公式裁判ではもれ落ちざるをえないような，当事者間の個別的な事情をも考慮した総合的な紛争処理を果たすことが期待できる。

（i）win-win の処理　　訴訟―判決では当事者のいずれの主張が法的により説得力があるかという点の判断に重きがおかれざるをえず，その結果勝者と敗者が峻別されるいわば win-lose の関係を生み出すことになる。しかし，ADR による処理では，実情にかなった融和的解決を提供することも可能であり，そこでは訴訟を通じては得られにくい win-win の処理を実現させることも可能なのである。法規範に準拠せねばならないという制約がより希薄なことはまた，紛争処理手続の過程で法の素人たる当事者がより積極的にイニシアティブをとって活動できる可能性が大きいことも意味している。ところで，アメリカにおける調停（medeation）は，一般的に，日本の民事・家事調停のように調停委員が交互面接のプロセスを通じて紛争解決に比較的積極的に関与し，合意案までを示す（評価型調停）ものではない。当事者の主体的な紛争解決をサポートするという側面が重視されるアメリカにおける調停（対話促進型調停）では，したがって，当事者にとって意味のある win-win の解決を自ら目指すという点が，日本以上に，調停の本質的部分として理解される傾向が強いといえるだろう（参考文献⑥ 81 ～ 96 頁）。

（ii）低コストでの解決　　これらのことから，合意内容の自発的な実現の可能性も判決の場合よりも高くなるだろうと考えられる。つまり，判決内容が当事者によって履行されない場合のような，国家による強制執行の発動に伴うコストが発生してしまうケースが少なくなると期待されるのである。強制執行によらずに解決できる可能性が高いということは，より低いコストで発生した紛争を収束させ，社会を安定化させられるということも意味する。

ADR のデメリット

（i）非公開性　　しかし他面，ADR には次のようなデメリットもある。まず，裁判は公開であり，判決も公開されるが，ADR は非公開のものが多い。そのこと自体は当事者の個別的事情を汲んで紛争を処理するという趣旨からするとむしろメリットともいえるが，逆に，他の類似の紛争に直面した紛争当事者が先例を参照してどのような紛争処理がなされるか予測することを難しくしている。このことを言いかえると，裁判例を通して誰もが参照可能な一般的なルールを社会に示すという，裁判に期待されている機能の一部が，ADR では果たされにくいということである。

（ii）不確実性　　合意による処理は自発的履行を期待しうる半面，仲裁人の判断に拘束力が認められる仲裁の場合を除いて，合意が必ず達成されるという保証はない。当事者は合意を拒否できることにも留意しておく必要がある。

（iii）非対称性　　さらに，裁判においては，少なくとも理念的には当事者の事実上の力関係のような社会構造的要因が入る余地がない（あるいは少ない）のに対して，ADR では当事者間の事実上の力の格差が処理に影響する余地が相対的に大きい面があるかもしれない。

これはADR機関における紛争処理のクオリティに関して事後的なチェックや第三者による評価がなされにくいことと深くかかわる。この点は日本の司法調停に対する以下の批判とも関連しているだろう。つまり，それが市民の権利主張の機会を抑制すべく，政府により，非公開で事後的評価もなされにくい調停として裁判所内に創設されたという説明である（参考文献⑦ 118～122頁，⑧）。

ADRの目的論と多様性

(i) ADRの多様性　ADRの種類や方式の多様性をみれば，それが相当異なった性格をもつさまざまな手続を「裁判外」という包括的な呼び方で一括りにしたいわば消去法的な呼称だということがわかるだろう。このような多様性を前提とすると，むしろADRという単一の枠の中で論じること自体に若干無理があるようにさえ感じられる。

このような多様性はなぜ生まれるのだろうか。この点は，ADRの理念・目的が必ずしも単一ではないことと呼応していると考えられる。

ADRの手続など方式や機関が多岐にわたるのと同様，ADRの理念・目的も単一というわけではなく，そこには相当のバリエーションがある。それらの目的に応じて整備された現実のADRの諸手続はそれゆえ，実は本質的にそれぞれかなり異なった性格をもつことになっているといえる。

(ii) 二つの目的　そのうち，大きな差異を生み出す元になっているのは，「簡便・迅速な紛争処理」と，「専門性重視の処理」という，二種の目的ないし理念のもつ異なった性質である（参考文献⑧）。

前者は，裁判所の事件処理の効率化を主要な目的とすると考える「司法効率化説」ないし，公正な紛争処理へのアクセス拡充を重視する「政策的救済説」と密接に関連し，後者はADRの独自性・優位性を強調する「質的優位説」と結びつきやすい。

(iii) なぜ多様か　これらは理念としてはもちろん両立可能なものではある。実際，たとえば日本知的財産仲裁センターにおける知的財産紛争などにおけるように，専門的判断を要する紛争に同時に（裁判によるよりも）相対的に迅速な処理手続を提供できるケース，すなわち実態としては，簡便・迅速性と専門性双方が同時に満たされている場合もある。しかし，ADR機関を創設し，実務を組織化する際に与えられるべき具体的指針のレベルでは，これら二つの理念は必ずしも単一のADR機関の内部で同時に達成すべき目標とは把握されていない場合もあるだろう。

ADRの多様性を生み出す源泉について考える際，このことは意外に重要だと思われる。二つの目標を同時に満たすべき目標として組織化されているADR機関と，そうではなく，簡便・迅速性に特化しようとする機関や，専門性に特化しようという機関とでは，おのずからその提供するADR手続のあり方が大きく異なって当然である。このことが現在のADRの多様性の背景にあると思われるのである。

ADRの社会的背景

さらに，このことは，なぜ近年日本でもADRが注目・支持され，あらたな手続が続々と生まれるにいたっているのか，という点とも密接に関わる。

(i) 訴訟爆発への対応　アメリカでは1980年代以降ADRムヴメント（運動）が特に活発化した。この運動は訴訟社会における「訴訟爆発」現象への対応の必要性を一つの契機として開始されたといわれている。それゆえ，訴訟に代わって膨大な紛争処理需要を簡便・迅速に処理しうる機能を各種 ADR に期待してきた面があったのは間違いない。この，裁判を紛争処理システムの中心と見て，ADR をその補完的位置におく伝統的なタイプの紛争処理システム観においては，ADR は裁判と同等のクオリティをもって簡便かつすばやく解決を提供すべきものと考えられることになる。

(ii) ADR は「二流の正義」?　　ただし，実際には「簡便・迅速」はクオリティと二者択一関係になりやすい。そこから，ADR は「一流」の裁判に比べ，「二流の正義」しか提供できず，当事者の権利の確立という面からは評価できないと批判されてきた。このような考え方の背景にあるのは，紛争処理システムの全体像を法—裁判を中心にすえて構想する「リーガリスト（法中心）」的思考である（参考文献⑨）。この立場からは，ADR には簡便・迅速な処理による裁判所のキャパシティ不足解消のための補助的な貢献が求められることになる。実際，日本においては，当初の ADR をめぐる議論は主としてこの観点から論じられてきたと思われる。

(iii) 変質する ADR への期待　　しかし，1990 年代後半からの司法改革に至る流れの中で，ADR に対する期待の内容は変質しつつある。司法改革の背景的要因として，弁護士会など専門職団体による「法へのアクセス」の拡充のための運動が一定のインパクトを与えたことはたしかに無視できない。ただし，司法改革のより直接的な原動力となったのは，大量の国際取引を処理し，かつ知的財産権紛争など専門性の高い紛争に直面する機会の多い大企業を中心とする経済界の要請であった。経済界の ADR 拡充要請の主要部分は，一般管轄の裁判所よりもより専門的で質の高い紛争処理機能の充実化（なおかつ現実の訴訟遅延傾向を前提とすれば，やはり迅速性も重視される）なのである。

(iv) ADRの将来　さらに，ADRの質の高さとは，高度な専門性と同時に，当事者にとっての適切性ないし適格性といった要素の実質化・充実化に重心をおくものでもありうる。たとえば医事紛争のADRに関連する議論などにもみられるような，利用者にとって，司法の過剰な専門性を“とりのぞく”，という試みが好例だろう。その場合，調停者などADRの関与者は，利用者の生活者としてのニーズを的確に把握し，その問題を法律問題として単に一時的に“治療(キュア)”するだけの存在ではない。心理的側面，社会関係的側面，将来の保障など，生活者として抱えるさまざまな問題に対するトータルかつ継続的な“ケア”を重視する新たな紛争マネージメントの確立が望まれる(参考文献⑩)。

ADRの将来の進展を見通す場合，複数の理念・目的の間でどのようなバランスのとり方が適切とされ，実際具体的な制度構築の展開にどう影響を与えているのかに常に留意しておくべきだろう。この点では，ADR法のもとで，どのような変化が生じているのかが重要である。注目すべき点は，同法のもとで，民間の紛争解決事業者に対する法務大臣による認証制度がスタートしたことである。弁護士以外の者によるADRが公認されるとともに，国による一定の管理の下に置かれることになるこの制度のもとで，ADRがどのように変わっていっているのか，十分にフォローしていく必要がある。

〈参考文献〉

① 六本佳平『日本の法と社会』(有斐閣，2004年)〔頁数は各所参照〕
② 宮澤節生『法過程のリアリティ —— 法社会学フィールドノート』(信山社，1994年)〔頁数は各所参照〕
③ 樫村志郎・武士俣敦『現代日本の紛争処理と民事司法2　トラブ

ル経験と相談行動』（東京大学出版会，2010 年）〔頁数は各所参照〕
④　松村良之・村山眞維『現代日本の紛争処理と民事司法 1　法意識と紛争行動』（東京大学出版会，2010 年）〔頁数は各所参照〕
⑤　佐藤岩夫=阿部昌樹編著『スタンダード法社会学』（北大路書房，2022 年）〔73 ～ 82 頁〕
⑥　和田仁孝=西田英一=仁木恒夫編『新ブリッジブック 法社会学 ── 臨床的アプローチ』（信山社，2022 年）〔頁数は各所参照〕
⑦　ダニエル・H・フット（溜箭将之訳）『裁判と社会 ── 司法の「常識」再考』（NTT 出版，2006 年）〔頁数は各所参照〕
⑧　高橋裕「ADR の生成」和田仁孝編『法社会学』（法律文化社，2006 年）〔274～278 頁〕
⑨　山田文「ADR ── 裁判外の紛争処理機関」和田仁孝=太田勝造=阿部昌樹編『交渉と紛争処理』（日本評論社，2002 年）〔69～73 頁〕
⑩　和田仁孝「現代における紛争処理ニーズの特質と ADR の機能理念 ── キュアモデルからケアモデルへ」早川吉尚=山田文=濱野亮編『ADR の基本的視座』（不磨書房，2004 年）〔157～199 頁〕
⑪　和田仁孝・中村芳彦・久保秀雄・山田恵子『ADR／メディエーションの理論と臨床技法』（北大路書房，2020 年）

ステップアップ

オリジナルで考えよう

大規模災害や医療事故などで ADR が利用されることにはどのようなメリットがあるのだろうか，参考文献⑨や⑩，⑪などを参考にして，考えてみよう。

UNIT *II*

民事訴訟にはどのような種類があって，どのように行われるのか

Point 民事訴訟にはどのような種類があるのだろうか。民事訴訟はどのような構造をしていて，市民が民事訴訟を利用する／しないの選択には，どういう要因が働いているのだろうか。この**UNIT**では，こうしたことについて考察する。

1　民事訴訟の構造はどうなっているのか

民事訴訟手続の流れ

民事上のトラブルが発生しても，そのすべてが裁判になるわけではない。たいていは，当事者が諦めたり両当事者が合意して，紛争の終結を迎える。だが，そうでない場合には，訴訟による解決が選択されることもある。では，訴訟が選択されると，どういう流れをたどるのだろうか。表紙裏の見返しに掲載した図「民事訴訟手続の流れ」をもとに見ていくことにしよう。

(i) 訴えの提起　　民事訴訟は，一方の紛争当事者（原告）が裁判所に訴状を提出すること（訴えの提起）によって始まる。訴えを提起する裁判所は，通常，簡易裁判所か地方裁判所である（⇒ **UNIT 9**）。

裁判所に訴状が提出されると，訴状としての形式の具備の有無が審査された後，相手方当事者（被告）に送達される。訴状に記載すべきこと（必要的記載事項）が記載されていなかったり，必要な手数料の印紙が添付されていない場合は，原告に補正命令が出される。原告が応じない場合には訴状却下命令が出され，訴訟にならずに終わる。訴状を受けとった被告は，訴状への反論を記載した答弁書を期日までに提出する。そして第一回口頭弁論期日には，これらの書面にもとづいて，両当事者が弁論することになる。

裁判は原告と被告による立証と反論からなる弁論によって進められてゆく。弁論は原則として口頭でなされる（口頭弁論）。この原則を**口頭主義**という。実際には，口頭でなされずに書面によってなされることも少なくない。

第一回口頭弁論で原告の主張に対して被告が争おうとする場合には，裁判所は両当事者と協議して今後の審理の見通しを立てる。これは迅速に審理を進めて裁判を早く終結させるためである。

(ii) 争点整理手続　　両当事者が争う事件では，その後の口頭弁論を効率的に実施するために争点や証拠の整理手続（争点整理手続）を行う。これには，**準備的口頭弁論**（民訴 164 条），**弁論準備手続**（同 168 条），**書面による準備手続**（同 175 条）がある。準備的口頭弁論は公開の法廷で実施される争点整理手続である。書面による準備手続とは，当事者が遠隔地に居住している場合などに，当事者が出廷せずに準備書面を提出することで争点整理手続を進める方法である。

定期的に審理を開くだけでは当事者の主張がなかなかかみ合わないことがある。こうした状況を改善するため，以前より**弁論兼和解**（和解兼弁論）という実務が行われてきた。弁論兼和解では当事者や代理人が法廷外で実質的なコミュニケーションを行い，和解がまとまらなかった場合には，弁論がなされたものとして訴訟手続を進める。こうすることで早期の事件解決が図られていた。

弁論準備手続はこれを法制化したものであり，法廷以外の部屋で当事者双方の立ち会いで実施される。一般には公開されず，裁判所が相当と認めた者や当事者が申し出た者のみに傍聴が認められる（同169条2項）。

(iii) 証拠調べ手続　証拠調べは，当事者の申立てによって開始される（同180条）。裁判所は自ら証拠収集することはなく，当事者が申し出た証拠のみを用いる。証拠には，人が証拠となる**人証**と物が証拠となる**物証**とがある。人証には当事者，証人，鑑定人が，物証には書証と検証物がある。当事者を尋問するのが当事者尋問，第三者の証人を尋問するのが証人尋問であり，関連分野の専門家に専門知識を基に意見を求めるのが**鑑定**である。また物証のうち書証とは契約書をはじめとする文書そのものが証拠となるものであり，現地の様子を確かめる場合のように，物の状態や様子を調べるのを検証という。

(iv) 尋問の進め方　証人尋問や当事者尋問では，まず尋問を申請した側が尋問（主尋問）し，その後，相手側が尋問（反対尋問）を行うのが原則となっている（同202条1項）。いきなり反対尋問を行うというのでは準備ができないため，主尋問を申請した側があらかじめ陳述する内容を記した陳述書を提出し，相手方が反対尋問の準備をしやすくすることがある。

(v) ラウンドテーブル法廷　通常の法廷は，原告と被告が対立関係にあることをもとに，原告側と被告側が対峙する構造になっている。だが，争点整理手続のようにお互いが話し合いを行って争点を明確にしたり，お互いに歩み寄って話し合いで解決するには，こうした対立型の構造は適さない。

ラウンドテーブル法廷は，裁判官，原告，被告の三者が一つの大きなラウンドテーブルを囲んで座る。原告と被告が膝をつき合わせて話し合うことで，柔軟な解決が可能になる。弁論準備手続や後述する少額訴訟のときにも，ラウンドテーブル法廷が使われることが多い。

(vi) 自由心証主義　　両当事者によって立証・反論がなされた結果については，裁判所が自由な心証で判断する。これを**自由心証主義**という。

訴訟の終局

訴訟が最後まで進行すると，判決で終局を迎える。判決の内容に不服があるときは，所定の期間内に上級裁判所に上訴することができる。期間内に上訴しなかった場合には，判決が確定する。判決が確定すると，その判決には**既判力**があり，裁判所や当事者を拘束する。確定判決には，金銭の給付などの執行債権の実現のために民事執行手続を利用できる効果（**執行力**）や，離婚の確定のように当事者をめぐる法律関係に変更を発生させる効果（**形成力**）もある。

裁判は判決以外で終結することもある。原告が訴えを放棄したり被告が訴えを認諾した場合や，原告が訴えを取り下げたり控訴審で控訴人が控訴を取り下げた場合，訴訟は終結する。また弁論準備手続や証拠調べ手続の過程で，両当事者が和解に至ることもある。両当事者が裁判上の和解をし，和解調書を作成すると確定判決と同等の効果がある。2021 年度に地方裁判所で終局した通常の民事訴訟事件 139,011 件のうち判決に至ったのは 59,989 件（43.2％）であり，残りの多くは和解（51,239 件，36.9％）あるいは取下げ（23,169 件，

16.7％）で終わっていた（参考文献①36頁）。このように，訴訟が提起されて，半数以上は判決以外で終結している。

改正民事訴訟法で変わる民事訴訟

2022年5月に成立した改正民事訴訟法では，民事訴訟のIT化が図られたり法定審理期間訴訟手続が導入され，4年以内に施行される。

（i）民事訴訟のIT化　　民事訴訟でIT化が図られるのは，大きく3点ある。①訴状や準備書面，書証の写しといった裁判所に提出する書類につき，書面に代えてオンラインで提出できるようになる。ただし弁護士に訴訟活動を依頼する場合は，オンラインでの提出が義務付けられる。②裁判関係の書類も電子化される。訴訟記録の閲覧はオンラインでできるようになる。③口頭弁論期日や弁論準備手続，証人尋問，和解期日などがウェブ会議で行えるようになる。

（ii）法定審理期間訴訟手続の新設　　従来，訴訟を提起しても判決がいつ出るかは定かでなかった。今回設けられた**法定審理期間訴訟手続**では，両当事者が合意すれば，当該決定日から2週間以内に初回期日を，また初回期日から6か月以内に口頭弁論終結期日を，その後1か月以内に判決言渡期日を，裁判長が指定する（381条の3）。この手続の途中で，一方当事者が従来の手続に移行する申し出をすれば，通常の訴訟手続に移行する（381条の4）。法定審理期間訴訟手続の判決に対しては控訴できないことになっているが（381条の6），判決に不服のある者が2週間以内に異議を申し出た場合は，口頭弁論終結前の状態から通常の訴訟で審理することになる（381条の7）。

簡裁に特徴的な制度

（i）司法委員　　簡裁では他の裁判所と違い民事訴訟に**司法委員**が関与する。司法委員は一般市民から地方裁判所によって「司法委員となるべき者」として選任されたなかから，事件ごとに簡裁が任命する（同279条3項）。

司法委員は，裁判官が和解を試みるときにその補助をしたり，審理に立ち会い，紛争の解決のための和解の内容について，裁判官に意見したりする（同279条1項）。また，裁判官とともに，和解案の内容について，当事者に説明したり説得したりする。

司法委員はまた，一般市民としての良識や経験から，証言の信用性等について裁判官に意見する。裁判官はこの意見を参考にしつつ，当該事件についてどう考えるか，証拠についてどう考えるかについて判断する。これにより，市民の感覚を裁判に取り入れることが可能になっている。2021年度に終局した簡裁の通常の民事事件329,856件のうち，約7.4％にあたる24,399件で司法委員が関与していた（参考文献①33頁）。

(ii) 少額訴訟手続　　市民が日常生活で経験する軽微な紛争に裁判を用いないのは，解決までに時間がかかることや，裁判の手続が複雑で，市民にはなじみがないといった理由が挙げられる。そこで軽微な事件に対して，市民が裁判を使いやすくする制度として，**少額訴訟手続**が設けられた。

少額訴訟手続は，係争額が60万円以下の金銭支払いを求める事件で用いられる制度であり，被告が望めば通常の手続で審理することも可能である。少額訴訟制度では，原則として1日で審理を終え，判決は審理終了後直ちに下される（同370条，374条）。このため，証人や証拠は1日で扱える内容に限られる（同371条）。また判決に対して控訴はできず（同377条），当該簡裁に異議申立てができるに過ぎない（同378条）。

少額訴訟では，専門知識を持たない素人の当事者が参加して自由に活動できるよう，「本人の当事者としての主張と本人尋問での陳述は区別なく」一体化している（参考文献②）。また被告が任意に履行しやすくして原告の負担を減らすため，判決で支払猶予を付けたり分割支払いにすることなどが可能になっている（同375条）。

2021年度に終局した少額訴訟は5,435件あったが，そのうち1,603件（29.5％）に司法委員が関与していた（参考文献①33頁）。通常の民事訴訟と比べて，司法委員の関与する割合が高くなっている。これは，少額訴訟が素人の当事者が参加して活動できるようにという趣旨で作られたことからすれば望ましい。だが，少額訴訟の件数は近年，減少している。

2　民事訴訟はなぜ利用されないのか

民事訴訟率の国際比較

アメリカは訴訟社会だが日本では民事裁判が少ないと言われる。では，日本で市民が民事訴訟を起こす割合（訴訟率）は，国際的に見たとき，どの程度の水準なのだろうか。図1は1990年当時の人口1,000人あたりの訴訟率を示している。国によって司法制度に違いがあるとは言え，欧米先進国は軒並み訴訟率が高いのに対し，日本の訴訟率は，中国やネパールなみに低い。なぜ日本では，これほどまでに訴訟が利用されないのであろうか。

訴訟選択／不選択の要因

（i）法文化説　　川島武宜は，「西ヨーロッパの先進資本主義ないし近代国家の法典にならって作られた明治の近代法典の壮大な体系と，現実の国民の生活とのあいだには，大きなずれ」があると考え

図1　訴訟率の国際比較（1990年）

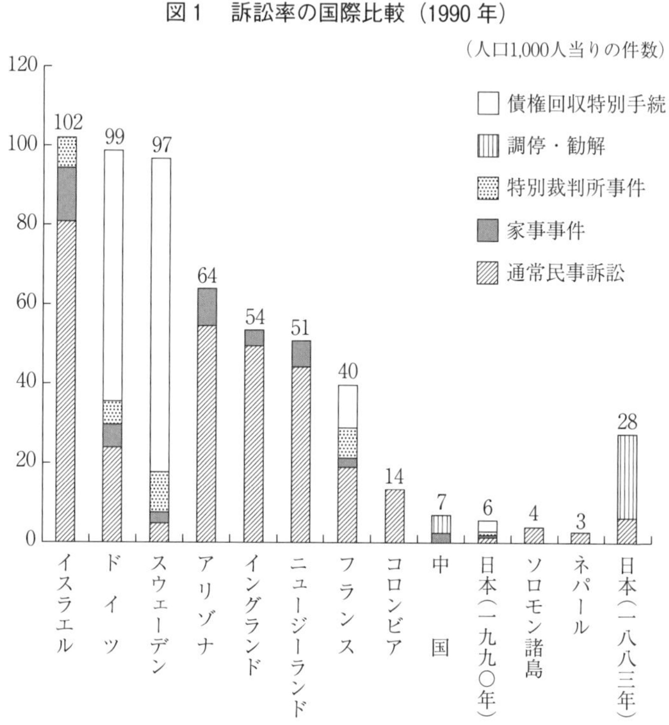

出典：クリスチャン・ヴォルシュレーガー（佐藤岩夫訳）「民事訴訟の比較歴史分析 ── 司法統計から見た日本の法文化(1)」法雑48巻2号（2001年）62頁。

た。近代社会では，権利とは独立した対等な個人間の社会関係であり，一方が他方に対して定量的・限定的な行為を要求することが認められている場合の当該当事者の地位を指す。しかし「伝統的な日本の権利意識においては，権利・義務は，あるような・ないようなものとして意識されており，それが明確化され確定的なものとされることは好まれない」。これに対して，「裁判制度は，紛争事実を明確にした上，それにもとづいて当事者の権利義務を明確且つ確定的のものにすることを，目標として」おり，裁判では，権利義務が明確・確定的なものにされる。それゆえ，権利義務関係を曖昧なものにして成立・維持されていた協同体的な関係の基礎を，裁判は破壊してしまう。このため伝統的な法意識からすると，訴訟は相手に喧嘩を吹っ掛けるようなものだという（参考文献③5，21〜25，139〜140頁）。こうした日本人の法意識が，訴訟が利用されない原因だというのである。

法文化説にもとづけば，人々の法意識が近代法に則したものに変われば訴訟は増えることになる。だが，日本が先進国になってから随分経つが，訴訟提起率は高くならない。また明治初期の自由民権運動が活発だった頃の方が，現代よりも訴訟率が高かったという指摘もあり（参考文献④），法意識だけで日本の低訴訟率を説明することはできない。

(ii) 機能不全説　　これに対して，訴訟制度が機能不全を起こしていることに原因を求める見解がある。ジョン・O・ヘイリーは，1891年から1945年までの民事訴訟件数を分析して，そのかなりの部分が1人あたりの弁護士数と訴訟遅延の割合によって説明できることを明らかにした（参考文献⑤）。人口当たりの弁護士数が低かったり，訴訟遅延率が高くて，司法制度が機能不全をきたしているから訴訟が避けられているというわけである。ヘイリーが挙げた弁護士数や訴訟に要する期間以外にも，訴訟にかかる費用，裁判所へのアクセスの容易さなどの要因も，市民の訴訟利用を遠ざける要因となりうる。平成の司法制度改革は，市民の訴訟利用を妨げうるこうした要因を取り除くことが目的とされたものであった。

(iii) 予測可能性説　　訴訟結果が十分に予測可能であることに原因を求める見解もある（参考文献⑥）。日本では最高裁を頂点とする司法システムが一つしかない。しかも日本の民事訴訟では，アメリカのように陪審制ではなく裁判官による裁判が行われ，終結まで幾度も弁論を開くため期間がかかる。このため，原告，被告とも，判決を待たずとも，裁判官が下すであろう判決の内容が予測できるので，和解で済ませることになるのだとラムザイヤーは主張し，交通事故をめぐる損害賠償のケースにおいて，裁判による補償額が裁判外の解決による補償額とほとんど変わらないことを示した。ただ，交通事故は大量の類似ケースが発生し，加害者と被害者の過失割合について裁判所の作成した基準が公表されていて，定型化が進んでいるという点で特殊である。予測可能性説の通りであるならば，いったん訴訟提起はするが判決結果が予想できた時点で和解するということになるはずであり，訴訟提起率自体が低いことの説明にはならない。

(iv) 統 合 説　　これらの説明を統合的に説明できるという考えもある。社会で立法や行政に大きな影響をもつ支配エリートが法使用に消極的な文化をもっているために，司法制度の整備を怠ってきた。その結果，裁判制度は機能不全をきたし，裁判が長期化するため予測可能性が高まる。それゆえに，市民は紛争解決の手段として訴訟を選択しないというのである（参考文献⑦）。もっとも，政策エリートがいかにして法使用に消極的な文化を持つにいたったのか，という疑問は残ろう。

(v) 最近の訴訟動向　　それでは一連の司法制度改革の結果として，人々は訴訟を起こすようになったのだろうか。残念ながら，そうとは言えないようである。

図2のグラフを見ると，2006年頃から地裁や簡裁にかかる訴訟件数が急増しているが，これはサラ金やクレジット会社に対する過

図2　民事訴訟（通常訴訟）新受件数の推移

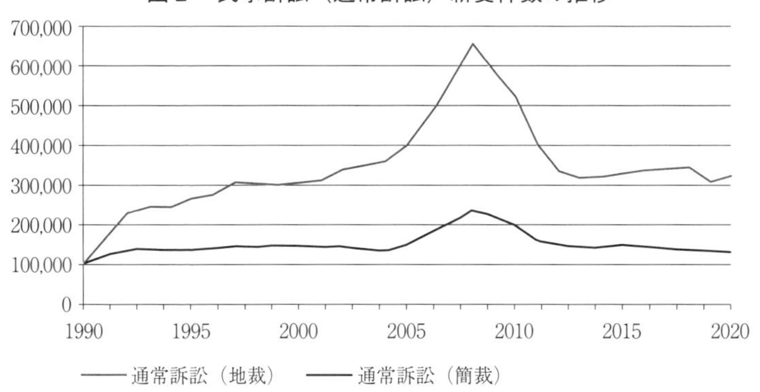

出典：『司法統計年報 民事・行政編』をもとに作成。

払金返還請求が増加したために過ぎない。過払金返還請求が一段落した2013年頃には，訴訟件数もほぼ元に戻ってしまっている。訴訟が増えない原因を特定することは容易ではないが，労働審判制度の成功をはじめ，さまざまな裁判外紛争処理制度（⇒ **UNIT 10**）が訴訟によらない解決を提供していることも，訴訟利用が増えない原因の一つかもしれない。

訴訟の機能不全と対策

このように民事訴訟率が低い原因をめぐってはさまざまな議論があるが，市民が紛争解決の手段として訴訟を選択しやすくするためには，訴訟制度の機能不全状態の解消が重要である。そこで次に，訴訟の機能不全の対策について見てみよう。

（i）弁護士へのアクセス　　本人訴訟の場合であっても，法律の専門家の支援がある方が，訴訟を起こすことも容易になる。逆に弁護士へのアクセスが困難であれば，訴訟利用を控えることにもなろう。弁護士が大都市に集中している一方で，弁護士へのアクセスが困難な司法過疎地域が各地にある。大都市であっても，費用その他の理由から，弁護士にアクセスするのが容易ではない人々もいる（参考文献⑧）。

かつて弁護士の広告は原則認められてなかったし，弁護士に相談しようにも，紹介者を通す必要があることが多かった。しかし今日では，弁護士の広告を随所で見かけるようになったし，紹介者を通さなくても弁護士にアクセスしやすくなった。とは言え，多くの市民にとって，弁護士はまだまだ敷居の高い存在ではないだろうか。

（ii）裁判所へのアクセス　訴訟を市民に身近にするには，裁判所へのアクセスが容易であることも重要である。それゆえ地域の人口や交通アクセスなどを考慮して裁判所が配置されることが必要となる。だが，高裁支部の廃止や地裁・家裁支部，簡裁の整理統合がこれまで進められてきている。人口分布や交通の発展，効率的な審理の実現などが，その理由とされているが，裁判所支部や簡裁の現行の配置が適切かどうかについては検討の余地がある。

（iii）裁判にかかる費用　当事者が訴訟を提起しようとしたときに障害となるものの一つが訴訟にかかる費用の問題である。訴訟提起には裁判所に納める手数料（裁判費用）のほか，証人や鑑定人が出廷したときには，その日当や旅費などの費用（当事者費用）がかかる。これらを**訴訟費用**という。裁判費用のうち申立手数料は，訴訟での請求金額（訴額）が高額になるにつれ高額になっていく。これらは原則として敗訴者が負担する（民訴61条）とはいえ，一時的には申立人が立て替えることになる。

勝訴した場合も，弁護士や司法書士に代理人を依頼した場合には，その費用の負担が必要になる。弁護士費用が自由化されたとはいえ，安くはない。このことも訴訟の利用を思いとどまらせる要因として働く。

訴訟救助と法律扶助

裁判に多額の費用がかかるということは，所得の低い者にとっては訴訟が困難なことを意味する。所得の高低が訴訟利用の障害になりうることへの対策として，**訴訟救助**や**法律扶助**がある。

（i）訴訟救助　　**訴訟救助**とは，「訴訟の準備及び追行に必要な費用を支払う資力のない者又はその支払いにより生活に著しい支障を生ずる者」は，「勝訴の見込みがないとはいえないとき」に限られるが，裁判所に申し立てることにより，訴訟救助が認められることがある（民訴82条）。訴訟救助が認められると，裁判費用や執行官の手数料，裁判所が付き添いを命じた弁護士の報酬や費用の支払いが猶予される（同83条）。

（ii）民事法律扶助　　**民事法律扶助**は，かつて法律扶助協会が実施していた法律扶助事業が，法テラスに引き継がれたものである。民事法律扶助は「資力の乏しい者にも民事裁判等手続（裁判所における民事事件，家事事件又は行政事件に関する手続をいう。以下同じ）の利用をより容易にする」（総合法律支援法4条）ためのものである。現行の民事法律扶助には，法律相談援助，書類作成援助，代理援助がある。

民事法律扶助を利用するには，まず法律相談を受ける必要がある。さらに，書類作成援助や代理援助を受けるためには，①資力が乏しいこと（資力要件が定められている），②勝訴の見込みがないとはいえないこと（和解や示談等での紛争解決見込みや自己破産の見込みを含む），③法的経済的権利擁護以外の目的や権利濫用など社会正義や法の目的に反するケースではないこと，といった要件を満たす必要がある。これらの要件を満たし，援助が認められると，代理人の費用や裁判費用を法テラスが立て替える。必要であれば，弁護士や司法書士が紹介される。

(iii) 訴訟救助と法律扶助の問題点　　訴訟救助も法律扶助もともに資力の乏しい者が訴訟によって権利実現を図ることを支援する制度である。しかしながら，いずれも資力要件が厳格であり，国民の半数以上はこの資力要件に合致しない。また，支払いが猶予されたり，立て替えられるにすぎず，支払いが免除されるわけではない。「勝訴見込みがないわけではない」という要件は，敗訴の可能性が高い者にとっては厳しい要件となる。訴訟を通して新たな権利形成を妨げることのない運用が重要である。

訴訟に要する期間

訴訟による解決に時間がかかれば，人々は訴訟を避けてしまう。では，訴訟による解決にはどの程度の期間がかかるのだろうか。

最高裁が継続的に実施している訴訟の迅速化に関する調査によれば，2020年の時点で，民事訴訟第一審の平均審理期間は9.9ヶ月であった。終局区分が判決のケース（53,084件）に限ると，平均審理期間は9.4ヶ月だったが，この中には反対当事者が欠席したケースも含まれる。相手当事者が対席したケース（54.2％）では，平均審理期間は13.9ヶ月であった。平均審理期間は，2008年と2009年が最も短く，平均5.5ヶ月だったが，その後，少しずつ長期化している。（参考文献⑨58，64頁）。

(i) 訴訟に時間のかかる理由　　対席のケースで審理に時間がかかるのは，争点整理と証拠調べに時間がかかることによる。証拠調べの一つに人証調べがある。第一審の審理で人証調べを行ったケースでは平均2.7人の人証調べを行っていた。しかし人証調べに要する期間にさほど変化はないが争点整理期日回数や争点整理期間が長くなっている。加えて，訴えの提起から第1回口頭弁論までの期間や，第1回口頭弁論から人証調べまでの期間が長期化しており，こうしたことが平均審理期間の長期化に繋がっているという（参考文献⑨66～67頁）。

（ii）迅速な訴訟の必要性　　訴訟で丁寧な審理を行った結果，時間がかかるのは仕方がないかもしれない。だが，時間がかかり過ぎれば，原告が裁判による救済を受けることが困難になり，裁判を受ける権利を否定することにもなりかねない。薬害C型肝炎訴訟やHIV訴訟では，原告が早期の和解を求めたが，原告に残された時間があまりないということも理由の一つであった（朝日新聞1996年3月21日夕刊，同宮城県版2007年11月10日）。訴訟は丁寧に審理をしつつも可能な限り迅速に進めることが求められている。

3　民事訴訟制度をめぐる新たな動き

知財高裁の設置

知識社会といわれる今日，特許や著作権，商標など知的財産の重要性が高まるにつれ，知的財産をめぐる紛争も増加している。そのような紛争を扱うために設けられたのが**知的財産高等裁判所**（略称：知財高裁）である。

2001年に公表された司法制度改革審議会意見書では，「知的財産権関係事件への総合的な対応強化」がうたわれた（参考文献⑩）。さらに2002年に知的財産戦略会議において決定された知的財産戦略大綱では，「実質的な「特許裁判所機能の創出」」の必要性が強調され，その具体策の一つとして，管轄の集中化が提言された（参考文献⑪）。

これを受けて，2005年に東京高裁の支部として知財高裁が設置された。また東京地裁と大阪地裁の知財専門部の管轄権が拡大され，意匠権等をめぐる紛争については，両地裁が全国の事件を扱うことができるようになった。これにより紛争当事者は，本来の管轄の地裁にも東京・大阪の両地裁にも提訴できるようになった（競合管轄）。

知財高裁が扱う訴訟は，特許や実用新案などをめぐる審決取消し訴訟と知的財産権関係の民事訴訟とがある。審決取消訴訟については，知財高裁が一審となって裁判を行う。知財関係の民事訴訟については，特許や実用新案など技術型の事件は東京地裁あるいは大阪地裁の専門部が一審となり，知財高裁は控訴審となる。意匠や商標など非技術型の事件については，知財高裁は東京高裁管轄圏内の事件の控訴審のみを扱う。

ビジネス・コートの設置

2022年10月，知財高裁や東京地裁商事部や知財部など，ビジネスに関する訴訟に関わる部署を集約した通称ビジネス・コートができた。関連部署を一か所に集約するともに，デジタル化による効率性と調査官や専門委員を活用による専門化を推し進めることで，紛争を迅速に解決することが期待される。

簡裁の改革

(i) 事物管轄の引き上げ　　簡易裁判所は市民の日常的な紛争の解決を目指して設けられた裁判所であった。そのため，市民が日常的に経験する紛争の価額が上昇するにつれ，簡裁の管轄する事件の訴額も引き上げられてきた。2004年からは140万円以下に引き上げられている。簡裁の事物管轄が拡大することは，より身近な裁判所の利用が可能になるという点で有意義なことである。

(ii) 司法書士への簡裁代理権付与　　もともと弁護士だけに認め

られてきた裁判所での代理権が，一定の要件の下に司法書士にも付与されている。一部の司法書士に対してとはいうものの，司法書士が簡裁代理権を持つということは，市民が紛争処理の手段として司法を頼る際に，より身近な司法書士に代理人を依頼することもできるということである。だが，2021年に簡裁で既済となった民事の通常訴訟329,856件のうち，少なくとも一方の当事者に司法書士がついたケースは15,568件と4.7％程度にとどまっている（参考文献①33頁）。司法書士が代理人を務める場合も，原告側の代理人を務めているケースがほとんどで，被告の代理人を務めているケースは非常に少ない。

消費者団体訴訟制度

（i）消費者団体訴訟制度の創設　悪徳商法のように，個々の被害者が受ける被害は少額であるが，被害者が多数に上る事件については，被害者一人一人にとっては被害額が少額のため，損害回復を目指しても費用がかかりすぎる，しかし加害企業を野放しにしていては，さらに多くの被害者が発生してしまう。こうした問題に対処するために**消費者団体訴訟制度**が設けられた。これは内閣総理大臣によって認定を受けた消費者団体（適格消費者団体）が，消費者契約法や景表法に違反する行為，特定商取引法にいう訪問販売や通信販売，電話勧誘販売等における不実告知等を行う業者を相手に，契約や勧誘の差止めを求める訴訟制度である。裁判によって差止請求が認められた場合は，内閣総理大臣はインターネットその他の方法により，その内容を公表することになっている（消費契約39条1項）。消費者団体訴訟制度に基づく差止請求の主な事例は，消費者庁のHPで「消費者団体訴訟制度　適格消費者団体による差止請求事例集」として公開されている。

(ii) 消費者団体訴訟制度の課題　　消費者団体訴訟は，消費者保護にとって大きな意義を持つ制度である。しかし大きな課題もある。適格消費者団体が，消費者保護のために専門化などを交えて検討し，差止請求訴訟を起こすには，多額の費用がかかる。しかし差止が認められても，対象となった企業から団体に対して費用が支払われるわけではなく，国から特段の財政的支援があるわけでもない。このため，団体としての活動は，会費とボランティアに頼らざるを得ない。法律によって認められた公益的活動の団体であるにもかかわらず，このように財政的基盤が弱いことが最大の課題である（参考文献⑫）。

集団的消費者被害回復裁判手続

消費者団体訴訟制度では，新たな被害者の発生を抑えることはできるが，すでに被害を受けた消費者の被害回復はできない。そこで消費者が受けた被害を集団的に回復させるために，消費者裁判特例手続特例法が制定され，**集団的消費者被害回復裁判手続**が導入された。

これは「消費者契約に関して相当多数の消費者に生じた財産的被害について，消費者と事業者との間の情報の質及び量並びに交渉力の格差により消費者が自らその回復を図ることには困難を伴う場合があることに鑑み，その財産的被害を集団的に回復するため，**特定適格消費者団体**が被害回復裁判手続を追行することができることとすることにより，消費者の利益の擁護を図」（同1条）ろうとするものである。

同制度による消費者の救済手続は，(1)共通義務確認訴訟と(2)対象債権の確定手続の2段階からなる。共通義務確認訴訟では，特定適格消費者団体が，事業者を被告として，契約上の債務の履行，債務不履行や瑕疵担保責任に基づく損害賠償，故意の場合は慰謝料といった金銭支払債務（共通義務）を負っていることの確認を求めるものである。共通義務の存在が確定すると，個別消費者の債権を確定する手続に入る。

対象債権確定手続では，**特定適格消費者団体**は簡易確定手続開始の申し立てを行うとともに，消費者に対して通知・広告を行い，手続参加を促す。特定適格消費者団体は消費者からの授権を受けて，債権を裁判所に届出る。その後，裁判所によって簡易確定決定がなされれば，事業者は消費者に対して金銭支払い債務を履行することになる。この簡易確定決定に異議があれば，正式の訴訟（異議後の訴訟）に移行することもできる。

この制度がうまく機能するためには，特定適格消費者団体が「情報の質や量，交渉力」を十分に持って事業者に対抗できなければならない。特定適格消費者団体は，適格消費者団体の中から一定の要件を満たしているものについて，総理大臣が認定する。特定適格消費者団体に認定されるためには，被害回復関係業務の遂行に必要な人員や物品が確保されていることや「被害回復関係業務を適正に遂行するに足りる経理的基礎を有すること」（同法64条4項5号）などが必要になる。しかし多くの消費者団体は活動資金やスタッフが不十分な状態にある。こうした状況を改善するため，特定適格消費者団体を支援する法人（**消費者団体訴訟等支援法人**）を認定する制度が導入された。この他にも，対象消費者の情報の入手が困難なことや事業者の財産保全のあり方などをめぐる課題が残っている。

専門家の活用

裁判所が扱う訴訟には，知財や医療，特許などさまざまな専門的知識が必要なものがある。こうした訴訟への対応のため専門委員制度が設けられている。**専門委員**は，専門的な知見に基づく説明をするために必要な知識経験を有する者の中から，最高裁判所が任命する（専門委員規則1条）。身分は非常勤の裁判所職員であり（民訴92条の5第4項），任期は2年である（同3条）。

裁判所が事件に専門委員を関与させることを決めたときは，当事者の意見を聞いた上で専門委員を指名する。専門委員は，争点整理手続や証拠調べ手続，和解手続に関与し，裁判長から説明を求められた事柄について原則として口頭で説明する。専門委員の説明はあくまでも説明に過ぎず，証拠となるわけではない。しかし紛争に関連する専門的な事柄について，専門委員の説明により当事者や裁判官がより深く理解し，迅速な解決を図ることが可能になることが期待されている。

2021年度に第一審が既済となった民事訴訟（地方裁判所）で，専門委員が関与したケースは634件にとどまる。その大半は争点整理手続（602件）に専門委員が関与したというものであるが，証拠調べ（99件）や和解（193件）でも用いられている（参考文献① 39頁）。

4　使いやすい訴訟制度のための課題

今日では，法律による紛争解決の重要性が高まっている。それは紛争を訴訟によって解決することも選択肢の一つとなるということである。では，その行き着く先は，安易に訴訟が起こされる濫訴社会なのだろうか。

簡単に訴訟を起こせるようになると，濫訴を心配する人もいるかもしれない。しかし日本社会の現状は，権利が侵害されても泣き寝入りせざるを得なかったり十分な被害回復が困難な状態にある。簡単に訴訟が起こせる社会というのは，見方を変えれば，権利が侵害されたときに泣き寝入りせずに被害回復を容易に図れる社会でもある。訴訟利用が少ない日本の現状を考えるなら，訴訟提起が容易になることで濫訴を危惧するよりも，権利侵害を受けた市民が容易に権利回復を図ることのできる司法制度を目指すことの方がより重要であろう。民事訴訟制度のあり方は，こうした観点から検討される必要がある。

〈参考文献〉

① 最高裁判所『令和3年司法統計年報 民事・行政編』(2022年)〔頁数は各所参照〕
② 仁木恒夫『少額訴訟の対話過程』(信山社，2002年)〔32～33頁〕
③ 川島武宜『日本人の法意識』(岩波書店，1967年)〔頁数は各所参照〕
④ 熊谷開作『近代日本の法学と法意識』(法律文化社，1991年)〔111～129頁〕
⑤ ジョン・O・ヘイリー(加藤新太郎訳)「訴訟嫌いの神話(下)」判例時報907号(1979年)〔13～20頁〕
⑥ マーク・ラムザイヤー『法と経済学 ── 日本法の経済分析』(弘文堂，1990年)〔15～45頁〕
⑦ 宮澤節生『法過程のリアリティ ── 法社会学のフィールドノート』(信山社，1994年)〔174頁〕
⑧ 濱野亮「弁護士へのアクセスの現状と課題」太田勝造=濱野亮=村山眞維=ダニエル・H・フット編『法社会学の新世代』(有斐閣，2009年)〔68～97頁〕
⑨ 最高裁判所『裁判の迅速化に係る検証に関する報告書(第9回)』(2021年)〈https://www.courts.go.jp/vc-files/courts/2021/09_houkoku_zentai.pdf〉
⑩ 司法制度審議会『司法制度審議会意見書 ── 21世紀の日本を支え

る司法制度』（2001 年 6 月 12 日）〈https://warp.ndl.go.jp/info:ndljp/pid/12251721/www.kantei.go.jp/jp/sihouseido/report/ikensyo/pdf-dex.html〉

⑪　知的財産戦略会議「知的財産戦略大綱」（2002 年 7 月 3 日）〈https://warp.ndl.go.jp/info:ndljp/pid/12251721/www.kantei.go.jp/jp/singi/titeki/kettei/020703taikou.html〉

⑫　増田朋記「消費者団体訴訟 ―― (1) 差止請求」中田邦博=鹿野菜穂子編『基本講義消費者法〔第 5 版〕』（日本評論社，2022 年）〔420～422 頁〕

ステップアップ

オリジナルで考えよう

参考文献⑩を読んでみよう。この意見書は平成の司法制度改革をめぐる提言だ。この意見書の提言のうち，何が実現して，何が実現していないか，今後どういう改革が必要かを考えてみよう。

Bridgebook

UNIT *12*

国や自治体を訴えることはできるのか

Point 行政訴訟制度の概要を知り，実際の訴訟手続の問題点は何か，問題点の解消のためどのような方策が講じられようとしているのかを学ぶ。

1 行政訴訟制度の仕組み

行政訴訟の意義

行政訴訟は，裁判によって行政活動をチェックし，違法な行政処分などを是正することで，権利を侵害された国民に対して司法上の救済を図る制度である。行政活動が法律に適合したものかどうかについての裁判所のチェックを通して，法の支配の原理や三権分立が実質的なものとなると考えられているのである。私たちは，この行政訴訟や，国に対して損害賠償請求をする国家賠償の制度を利用して国を訴えることができるが，それは単に個人の権利救済という意義に留まらず，行政への民主的統制という観点からも必要なことなのである。

行政活動に対しては，行政不服審査法に基づく行政不服申立制度も存在する。これは行政庁の処分など公権力の行使に対し不服をもつ者が，違法な行為や不当な行為の是正を行政機関に申し立てることのできる制度である。しかし，この制度で可能なのは，裁判所ではなく，当の行政機関への申立てであり，これだけでは行政への中立的なチェック機能を果たすには不十分である。

民事訴訟との相異

行政訴訟の手続は，制度上，国など行政が許認可権限の行使や規制などを通して体現しようとする公共的利益と，原告（国民）の私的利益が対立する構造となっている点で民事訴訟と基本的に異なる。この基本的な考え方を**公法・私法二元論**と呼ぶ。そのため，行政訴訟の手続においては，行政事件訴訟法に特に定めがない事項については民事訴訟法の適用を受けることが前提となりながらも，それとは異なった特例も認められている。

たとえば，行政による処分等があったことを知ったときから6ヶ月という出訴期間の制限，仮処分の不適用，執行不停止原則，事情判決（行政庁の処分等の違法性を認めつつも原告の請求自体は認容しない）など，行政が法律にもとづいておこなう行政処分に公共的利益が内在するという前提を重視した運用がなされており，そもそも原告側にとっては一般の民事訴訟と比べるとデメリットの多い制度である。

行政訴訟の種類

行政訴訟には，行政事件訴訟法（以下，行訴法）で定められた，**抗告訴訟**・当事者訴訟・民衆訴訟・機関訴訟の，合計4種類がある。

このうち，一般市民が行政訴訟を提起する場合に，最も関わりの深い訴訟類型である抗告訴訟は，「行政庁の**公権力の行使**」の適法性を争う「不服の訴訟」であるとされている。抗告訴訟も数種類に分かれている。すなわち**取消訴訟**，**無効等確認訴訟**，**不作為の違法確認訴訟**，さらに法定されていない無名抗告訴訟が認められる場合もある。これに，2004年行政事件訴訟法改正で法定された義務付け訴訟と差止訴訟が加わる（それまで無名抗告訴訟の位置づけだった）。

抗告訴訟以外では，たとえば，民衆訴訟とは，国または公共団体の機関が法規に適合しない行為を行った場合，その是正を求める訴訟である。抗告訴訟と異なり，自己の法律上の利益にかかわらない資格で提起するものであり，よく報道される住民訴訟などはこのグループに属する。

行訴法の条文をみると，抗告訴訟のうち，たとえば事業者が行政庁から営業停止処分を受けた際に，その処分の取消しを求めるという場合に用いられる取消訴訟に関する条文が他よりも多い。そして，他の訴訟類型に関しては多くの部分を取消訴訟の規定を準用することとなっている。また，訴訟件数も抗告訴訟が多く，とりわけ取消訴訟が他を圧しているのであり，制度上，また事実上も行政訴訟全体の中心的位置を取消訴訟が占めていることになる（取消訴訟中心主義）。

この**UNIT**では，行政訴訟の中心的位置を占める抗告訴訟，その中でも特に，取消訴訟と，それに加えて，国や自治体に損害賠償を提起するために使うことができる民事訴訟の一類型の国家賠償訴訟を中心に検討しよう。

2　現代型訴訟としての行政訴訟

戦後の高度成長による産業の発展に伴い，公共の施設の設置・管理・運用に起因するものであろうと，私企業の経済活動に起因するものであろうと，産業活動に伴って発生する被害の範囲は，人的にも空間的にも広範なものとなっている。終局的に法的権利と認められるか否かはともかく，それらをめぐる紛争は一種の公共的利益をめぐる訴訟という形態をとってあらわれることがある。このように，公共的利益の社会における配分と密接に関わる紛争を背景に持つ訴訟を**現代型訴訟**と呼ぶ。四大公害訴訟（水俣病訴訟，イタイイタイ病訴訟，四日市公害訴訟，新潟水俣病訴訟）など，高度成長期の産業発展の副作用として発生した公害被害をめぐる訴訟がその典型である。

この現代型訴訟については，行政訴訟であるか一般の民事訴訟であるかを問わず，さまざまな論じられ方がなされており，隣人訴訟などのように，必ずしも大規模に発生する被害を受けた大量の原告によらないものも含まれている。しかし，一般的なイメージとしては，戦後の経済発展に伴って大規模かつ広範に発生した公害や薬害などの被害をめぐって，多数の原告が事業者への司法的救済の要求とともに，場合によっては国や自治体の政策変更や制度改革を求めて提起する訴訟というものであろう。

行政訴訟の必然性

事業活動や市民生活のすみずみにまで行政が関与するという，現代社会における行政活動の特徴をみれば，現代型訴訟の法戦略の重要な一部として行政機関の作為・不作為に起因する行政訴訟が選択されるのは，いってみれば必然的なことだといえるだろう。

たとえば，行政訴訟の中心を占める抗告訴訟は，行政の行うさまざまな処分や裁決の取消しや無効確認を求めたり，行政の不作為の違法確認を求めたりする訴訟類型である。そこで，たとえば原子力発電所・ダム・交通インフラなど公共施設の設置の許可処分，生活環境を損なう建築物の建築許可処分，あるいは，環境・食品・薬品などの分野での規制権限の不行使といったケースで，これらの行政の処分あるいは権限の不行使が原因となって広範な被害が生じているか生じる恐れがある場合に，生活環境や健康の保持を求める法戦略として，民事の損害賠償請求に次いで，あるいはそれと併用して用いられることが多い。つまり，現代型訴訟において，民事訴訟と並んで主戦略として具体的に用いられる法戦略の一つが行政訴訟だということになる。

行政訴訟の機能

(i) 行政訴訟選択の積極的理由　　また，訴訟制度上，現代型訴訟で行政訴訟が選択される積極的理由，つまり行政訴訟が現代型訴訟にマッチしていると考えられる理由もある。たとえば，民事訴訟だと，当事者が多数に上る場合に多くの訴訟を提起したり，いちいち個別の原告について立証をしなければならないのが原則である。しかし，行政訴訟であれば，たとえば取消訴訟を用いて行政の処分そのものを取り消すことができれば，当事者にとってより効率的に一定の成果をうることが可能なはずである。

(ii) 予防訴訟的機能　　また，取消訴訟や無効確認訴訟は，提訴のタイミングによっては，被害の発生を未然に防止するために利用できる**予防訴訟**的な役割をもつ。その点では，基本的に，すでに生じた損害の賠償を求める不法行為にもとづく損害賠償よりも，少なくとも理論上は当事者にとってより有効な機能を果たす側面を期待しうる。国民のイニシアティブによる行政への司法的統制が適切に行われさえすれば広範・深刻な損害の発生を未然に防止する予防訴訟的機能も期待しうるはずで，そこにも現代型訴訟としての行政訴訟の特別な意義がある。

国家賠償訴訟

(i) 事後補償的機能　　このように，行政訴訟が損害発生の予防的な効果を発揮できることが望ましいわけだが，もちろん，行政の行為から損害が実際に発生してしまう場合がある。そのような場合には，仮に取消訴訟で行政の処分を取り消すことができたとしても権利救済の実質的効果は薄い。しかし，もはや国に対して司法を通じた権利救済が不可能であるというわけではない。国や地方公共団体に対する損害賠償請求の民事訴訟として**国家賠償**の制度が用意され，行政の行為から発生する損害に対して，**事後補償的機能**を果たしているのである。

(ii) 国家賠償の制度　　国家賠償法１条によれば，公権力の行使にかかわる公務員の行為から損害を蒙った者は，国または公共団体に損害賠償責任を問える。ここからもわかるとおり，国家賠償法は民法 709 条の不法行為についての規定の特別法としての位置づけを与えられている。行政訴訟だと後に説明するように厳格な要件をクリアしなければ本案審理までたどり着くことができないという問題点を抱えているが，損害賠償請求なら訴訟要件のクリアにそれほどの複雑さは要しないので，実は行政訴訟よりも原告にとって使いやすい制度であるといえる。

また，取消訴訟では公共施設の設置や管理そのものは公権力の行使とはされず，訴訟対象外となってしまうのだが，国家賠償法２条では公の営造物の設置・管理の瑕疵から発生する損害の賠償責任についても規定しているので，この点でも行政訴訟よりもカバーする範囲が広いという利点をもっている。さらに，「公権力の行使」には行政処分のような権力的な活動だけではなく，非公式の行政指導も含まれるとされているので適用範囲はさらに広がる。予防的機能を除けば，「国を訴える」機能はむしろよりすぐれており，行政訴訟の機能不全的状況を実質的に緩和するような役割を果たす場合があることも見て取れる。

(iii) 国賠訴訟の事例　　具体的な事例をみてみよう。たとえば，水俣病の未認定患者らが，国に対して，「水質二法」他に基づく規制権限を行使しなかったことが違法であるとして国家賠償法による損害賠償請求の訴えを提起した**熊本水俣病関西訴訟**（最判平成16年10月15日）では，国の規制権限の不行使が，規制法の趣旨に照らして著しく合理性を欠く違法な権限不行使であったとされた。この訴訟の社会運動としての意義となお残る問題点については**UNIT 15**でも触れるのでそちらも参照してほしい。

また，**国道43号線公害訴訟**（最判平成7年7月7日，参考文献① 588〜590頁）では，国道の沿道住民らが，道路の設置管理者である国と，高架上に敷設された阪神高速道路の設置管理者である阪神高速道路公団に対して，基準値を超える二酸化窒素と騒音の居住地域内への侵入差止めと過去および将来の損害賠償を求めた。この訴訟では，原告の受けている被害が社会生活上の受忍限度を超えており，被告の国等が行った環境対策も十分な効果を挙げていないとして，設置・管理の瑕疵が認められ，過去に生じた損害については損害賠償請求が認められた。設置・管理そのものは行政の処分・裁決ではないことから行政訴訟では争えないが，国家賠償訴訟で国を訴え，損害賠償を得ることであれば可能なのである。

水俣病関西訴訟では，国の不作為の違法を認めて損害賠償が命じられ，国道43号線訴訟では行政訴訟では争えない国道の設置管理の瑕疵についての国の違法性の主張が認められたのである。

3　行政訴訟の機能不全とその背景

現代型訴訟としての行政訴訟の機能不全

ただ，行政訴訟制度や国家賠償制度には，訴えを起こそうという原告の側からみて，一種の共通の欠陥というべき問題がある。取消訴訟は予防訴訟的に機能して初めて十全にその役割を果たしていると評価できるが，たとえば，長期の訴訟の後，公共施設が完成してから設置許可処分の無効確認を得ても，それから施設の利用を停止し，あるいは施設を撤去するのには莫大な社会的コストを要する。執行停止や，仮の義務付け，仮の差止めなど，仮の権利救済のシステムが整備されていなければ提訴の効果は薄いし，原告の目的達成のために要する社会的コストも莫大なものになってしまう。

国家賠償訴訟も，すでに発生した損害の賠償請求には有効だが，国道43号線訴訟をみてもわかるとおり，やはり，将来の損害の賠償や差止めを認めさせるような制度とはなりえていない。

また，行政機関に一定の行為の作為・不作為を求める義務付け訴訟と差止訴訟が法定されていなかったため，以下の水俣病認定遅延訴訟のようなケースが起こるわけで，行政訴訟を通じて行政機関に一定の行為を行わせるのは非常に困難だということがわかる。

水俣病認定遅延訴訟

この熊本水俣病認定遅延国家賠償請求訴訟（最判平成3年4月26日民集45巻4号653頁，参考文献① 423〜428頁）の前に，熊本県知事による水俣病認定の遅れから十分な救済を受けられない認定申請者が，不作為の違法確認訴訟を提起し，原告の勝訴判決が確定していた。つまり，行政訴訟では認定の遅れは違法な状態とされていたのである。しかし，不作為の違法確定後も知事がなんらの処分もしなかったため，知事の処分遅延により，難病の水俣病の症状を抱えている患者が不安・焦燥という精神的苦痛をこうむっているとして，国と県に国家賠償請求訴訟により慰謝料請求を求めたのがこの認定遅延訴訟である。

せっかく不作為の違法を訴訟で確定させても，その後申請に対する応答がなされない状態が継続してしまうと，義務付け訴訟ではないために知事に即時の認定をさせることはできない。そこで，国家賠償で過去の損害の賠償を求めるという方法をとらざるを得なかったのだが，差戻し審では，不法行為の成立の要件として，行政上の応答義務に加えて，遅延解消努力が尽くされないことなどさらに厳格な要件が課されて，損害賠償責任は否定された。義務付け訴訟がなく，不作為の違法確認だけである場合には，行政の活動を是正させることが困難であるという一例である。

行政訴訟よりも原告の権利救済により優れた機能を発揮すると期待された国家賠償訴訟も，この事例では作為義務の不履行に加えて救済の可能性を狭くする要件が課されており，期待された効果を発揮していない。

原告適格が処分の相手方以外にも広く認められ，仮の権利救済の制度が整備され，また，義務付け訴訟や差止訴訟など行政に一定の作為・不作為を義務付けるタイプの訴訟類型が用意されなければ，国民にとって利益をもたらす制度とはいいにくいだろう。

行政訴訟制度全体の機能不全

以上から，現代型訴訟としての行政訴訟は，必ずしも原告にとって期待された効果を挙げていないようにみえる。さらに，行政訴訟が提起される件数をみると，これらの問題は行政訴訟制度全体の機能不全状態とも関連しているらしいことがわかる。

たとえば，行政事件の新受件数の推移をみると，近年実数は急激に伸びているものの，民事事件全体に対する比率は著しく低い。

インターネット上で公開されている司法統計年報（http://www.courts.go.jp/app/sihotokei_jp/search）をみると，地裁の行政事件新受件数は1995年に1,409件であったが，その後は増加し，2009年には3,821件，2013年には4,521件，2020年には3,408件であった。他方地裁の民事事件新受件数は，1995年の867,347件から2009年の843,318件，2013年には607,237件，2020年には572,289件となっている。行政事件の伸び率は顕著であるものの，やはりその民事事件全体に対する比率は依然低いままである。行政事件の性格を考慮すれば一般民事事件よりもその数が圧倒的に少ないのは自明であるともいえるが，問題はその少なさが過度なものだということである。

ドイツとの比較

欧米の中でも手厚い行政訴訟制度を採用しているドイツでは，原告勝訴率こそ全判決件数が分母の場合で19.8％（1998年）と日本の20.1％（1999年）と大差なく，さらに全既済件数が分母となるとドイツ8.5％，日本15.5％とむしろ日本が上回っているが，行政裁判所に提起される行政訴訟の件数自体が日本と比べて圧倒的に多く，ドイツの行政裁判所では19万件以上（1999年）にも及んでいる。人口比を考慮すれば，その実質的な差はさらに広がる（以上のデータは第3回行政訴訟検討会「行政事件に関する統計資料──最高裁判所事務総局行政局調べ」および，最高裁判所事務総局「『司法の行政に対するチェック機能の強化』に関する質問についての回答」による）。

さらに，ドイツでは以下に説明するように日本の行政訴訟よりも原告の権利救済により適した制度の運用がなされているため，既済件数を分母にした場合の原告勝訴率で日本が上回っていること自体もかなり差し引いて考える必要がある。

ドイツに比べて日本の行政訴訟ははるかに時間がかかる傾向にあり，それ自体問題であるが，日独双方ともこの訴訟遅延を緩和するために機能しうる制度がある。先に触れた，提訴後原告の申立てにより行政庁の処分を停止させることができる執行停止の制度である。この制度は日本では後述のように要件が厳格でほとんど利用されてこなかったのに対して，逆にドイツでは盛んに利用されており，訴訟を提起すれば終局判決まで待たずにかなりの割合で仮の実質的な権利救済を期待できる。

日本の場合だと，提訴しても執行が停止される見込みが薄く，仮の権利救済はほとんど期待し得ない。執行が不停止のまま進行してしまうことになると，訴訟を起こすメリットが失われていくことになるし，そうなると今度はこれも後述のように訴えの利益が無くなり，訴訟要件を満たさないと判断される恐れもでてくる。つまり，ドイツとは異なり，訴訟を起こすことはコストのみ要しあまりメリットのない行為ということになってしまう。また，アメリカの各種行政委員会制度や審判機関のような行政訴訟制度の不全を補いうるだけの能力を備えた裁判外の紛争処理システムも存在しない。

日本の行政訴訟制度がこのように機能不全的な状態に陥っている原因はいったいなんだろうか。これにはさまざまな要因の複合的な作用があると考えるのが適切だろう。

取消訴訟の訴訟制度上の問題点

もっとも頻繁に語られるのが，行政事件訴訟法そのものの構造的要因である。特に，訴訟要件の厳格さから，要件審理をクリアできずに，本案審理に至る以前に訴えを却下されるケースが多いという問題点がある。

(i)「原告適格」の狭さ　まず，原告適格の狭さによる行政訴訟へのアクセスの困難性がある。行政事件訴訟法（9条1項）では「法律上の利益」をもつ者に取消訴訟の原告適格を認めている。問題はその解釈で，処分の相手方など「法律上保護された利益」を個人の個別的利益としてもつ者にのみ原告適格を認めるという方法で限定的に解釈するのが判例の立場であり，これが行政訴訟の原告にとって，過度に厳格な訴訟要件上のハードルとなっていた。たとえば，建築物による景観利益の侵害や原子力関連施設の設置など処分の相手方ではない周辺住民が生活環境上の利益の侵害を受ける可能性があるような場合は原告適格の要件を満たさないとされ，訴えは却下されてしまう場合も出てくる。

(ii)「処分性」の問題　また，同様に訴訟要件上のハードルとして，「処分性」の問題と「訴えの利益」の問題がある。取消訴訟の対象は「行政庁の処分その他公権力の行使に当たる行為」であり，その判断基準は「公権力性」と，「国民の権利義務に対する直接・具体的な法効果の発生」の有無である。たとえば，公共施設の建設自体は建設の許可処分とは異なり非権力的な事実行為であるので公権力性を欠き，取消訴訟の対象とはならない。これが「処分性」の問題である。

(iii)「訴えの利益」　「訴えの利益」とは，現実に訴えを起こし，判決を受ける法的必要性のことである。わかりやすくいうと，原告の請求が認容されれば，その具体的な権利が救済されるということが必要なのである。これが問題になるのは，事情が変化することによって回復すべき利益そのものがなくなってしまうケースである。たとえば，自衛隊の基地建設をめぐる長沼ナイキ基地訴訟では基地建設のための保安林解除指定の処分が争われたが，結局代替施設としてダムが建設されたため，渇水・洪水の危険が消滅し，回復すべき利益もなくなってしまったことから訴えの利益がないと判断された。

そもそも行政訴訟には原告が訴訟を提起しただけでは処分に関する執行が停止しないという「**執行不停止原則**」があるので，訴訟の係争中に，既成事実ができあがれば訴えの利益なしと判断されかねない。一定の要件を満たせば原告の申立てによる執行停止が可能ではあるが，その要件は厳格であるので，原則として行政の側が訴訟を長期化させれば常に勝訴できるということになってしまい，取消訴訟は場合によっては有名無実化してしまうおそれがある。

以上のように，要件審理のハードルの高さから本案審理まで到達することなく却下される事例が多い。抗告訴訟は本来権利侵害発生を防止しうる制度のはずだが，市民の権利保護／救済にあまり役立ってこなかったといえるだろう。

4 行政事件訴訟法改正のインパクト ── 司法制度改革と行政訴訟

このような行政訴訟の機能不全は長く問題視されてきたが，ようやく2004年に司法制度改革の一環として行政事件訴訟法が改正され，訴訟制度の構造的問題点にメスが入れられた（改正内容については参考文献④ 215～220頁，⑤）。

原告適格の拡大

主要な改正点としては，救済範囲の拡大に関連して取消訴訟の原告適格が拡大されたことが重要である。2004年の改正では，新たに同法９条に２項が追加され，同条１項の「法律上の利益」の判断基準は，根拠法令の趣旨・目的や，当該処分において考慮されるべき利益の内容・性質，根拠法令と関連を持つ関係法令の趣旨・目的，根拠法令に違反した場合に害されることになる利益の内容・性質などに広げて考慮されることとなった。この改正は実は判例が導いた側面が大きい。もんじゅ訴訟最高裁判決や，特に国立市マンション除去命令事件最高裁判決である。

（i）もんじゅ訴訟　　**もんじゅ訴訟**（最判平成４年９月22日民集46巻６号571頁，参考文献① 443～445頁）は，高速増殖炉「もんじゅ」の設置許可処分に対して，周辺住民がその無効確認を求めた訴訟である。この事例では，原告適格の範囲の問題に関して，事故が発生した場合の被害が極めて深刻かつ重大であるという性格を考慮した上で周辺住民の生命・身体の安全も個別的利益として保護の対象となると解釈し，事故で直接的かつ重大な被害が及ぶ範囲の住民に原告適格を認めた。この事例での「法律上の利益」拡張による原告適格肯定の方向性が2004年の改正を先取りすることとなった。

原子力関連施設や発電所の建設では，根拠法に申請者（動燃）の原子炉設置の技術的能力の有無と安全性に関する審査の規定がある。これが事故により直接かつ重大な被害を受けることが想定される範囲の住民の生命・身体の安全を，公衆の安全や環境上の利益といった一般的公益にとどまらない個々人の個別的利益として保護すべきものとの解釈につながったのである。

（ii）国立市マンション除却命令事件　　**国立市マンション除却命令事件**（最判平成18年３月30日民集60巻３号948頁）は，建築物に高さ制限を設ける市の建築条例に違反する高層マンションの建築が地域の景観利益を害するとして周辺住民が起こした訴訟である。マンションの高さ20メートルを越える違反部分について，建築基準法に基づく是正命令権を行政庁が出さないことが違法であるとして，不作為の違法確認と是正命令権の発動を求める訴訟が提起された。周辺住民による不作為の違法確認訴訟に関しては，敗訴はしたが建築条例と建築基準法の目的は景観と都市環境の維持であり，一定範囲の周辺住民の景観に対する利益と深くかかわっているとして原告適格は認められた。

2004年の改正はこれらの訴訟の判断を踏襲したものではあるが，法改正により前述の行政事件訴訟法9条2項で挙げられた考慮事項を必ずチェックしなければならなくなったことに特に意義を認めるべきだろう。たとえば処分の相手方以外で生活環境に被害を受けていたり，景観利益を害されている周辺住民も取消訴訟の当事者適格を認められる可能性が高まったのである。

(iii) 小田急高架訴訟最高裁判決　この改正後の規定を原告適格の判断に解釈適用した判例として，**小田急高架訴訟**最高裁判決がある（最大判平成17年12月7日民集59巻10号2645頁，参考文献① 360～367頁，⑥）。この事件は，鉄道の立体交差化を内容とする都市計画事業認可処分の取消訴訟であり，基本的には行政事件訴訟法9条1項の解釈として，「法律上の利益」をこれまでの判例どおり「法律上保護された利益」と解してはいる。しかし，他方，あらたに同条2項に挙げられた考慮事項を勘案して，「騒音振動等によって健康または生活環境にかかる著しい被害を直接的に受ける恐れのある個々の住民に対して，そのような被害を受けないという利益を個々人の個別的利益としても保護すべきものとする趣旨を含むと解するのが相当」とし，都市計画事業の実施により騒音・振動による健康被害や生活環境に著しい被害を直接受ける恐れのある者（具体的には東京都環境影響評価条例で「関係地域」に居住する住民）に原告適格を認めた。改正前であれば，都市計画事業認可の根拠法令である都市計画法上保護されるべき個人に原告適格が限定され，他の住民に個別的利益の侵害は発生していないとされるところなのであるが，２項により原告適格の範囲が拡大されたわけである。国民の司法による行政活動のチェック機能の実質化という観点からはさしあたり評価すべきであろう。

義務付け訴訟および差止訴訟の新設

前述の通り，法に定めのない無名抗告訴訟として位置づけられてきた義務付けの訴えと差止めの訴えが2004年の法改正で法定された。

従来から不作為の違法確認訴訟は可能であったが，それだけでは権利救済に効果的ではなかった。たとえば先にあげた国立市における町の景観利益をめぐる紛争では，処分の直接の相手方ではない地域住民が高層マンションの違法建築部分について不作為の違法確認と是正命令権の発動を求めた。しかしながら，この事例では不作為の違法確認訴訟については請求が認容されたものの，是正命令権の発動は「一義的明白性」を欠くとして認められなかった。

また，水俣病認定遅延国家賠償請求訴訟は，そもそもそれ以前に提起された不作為の違法確認訴訟で水俣病認定の遅延について行政の不作為の違法確認が確定した後も知事がなんらの処分もしないことから起こされた訴訟である。

これらの事例は不作為の違法確認だけでは原告の救済には不十分であるという問題点を明白に示しており，義務付け訴訟や差止訴訟はこのような事例での適切な原告の救済に道をつけうる訴訟類型として，今後重要な意味を持つことになるだろう。

その他の主な改正点

そのほかの主だった改正点として，取消訴訟の管轄裁判所拡大，出訴期間延長，出訴期間等の教示制度の新設と被告適格の簡明化，執行停止の要件緩和や仮の義務付け制度および仮の差止制度の新設など仮の権利救済の充実化が行われた。行政訴訟を提起しようという者にとって手続の利用のしやすさの面と実質的な権利救済の可能性の面双方で一定の前進がもたらされたと評価できる。

残る問題点

さて，これまでみてきた点から行政訴訟の機能不全は訴訟制度に原因があり，行政事件訴訟法の改正によって一定の改善が果たされたと結論付けるのはやや早急である。なぜなら，訴訟制度のみでなく日本の行政活動のスタイルに起因する要因と司法制度上の要因にも目を配る必要があるからである。以下これらの点をみてみよう。

行 政 指 導

日本では，行政による規制の手法として，いわゆる「**行政指導**」が広く行われているといわれてきた（⇒ **UNIT 2**）。規制対象に対して，法律に基づく公式の規制権限行使ではなく，文書や口頭による，必ずしも法律に根拠を持たない事実上の規制が行われており，この行政指導で効果があがらない場合に法律に基づく行政処分などが行われるのである。

規制対象に効率的な規制を及ぼすためには必ずしも公式的な行政の命令による必要はなく，行政機関と規制対象との協調関係の構築を背景に行政指導への自発的遵守を規制対象に求めた方が行政機関にとってもむしろ効率的かつ効果的であると考えるわけである。その帰結が行政と業界の利益共同体の維持・発展のシステムとしての「護送船団方式」である。行政主導の業界秩序が維持されている場合，業界団体を通した間接規制や自主的な内部規制によりさらに効率的な規制を及ぼすことができる（参考文献②）。

さて，実は，このような行政指導が広く行われることが行政訴訟の少なさに一定の影響を及ぼしていると考えることができる。行政と規制対象の間に協調的関係が構築されている場合には，規制対象が継続的な協調関係の維持を優先する結果，行政機関を相手に訴訟を起こしにくくなるだろう。行政機関と継続的関係を維持する必要のある規制対象にとっては，規制権限を持つ行政機関に対して対立的な主張をすることが，行政機関からの将来の不利益取扱いのリスクを高めると感じられることもありうるからである。

さらに重要なのは，行政指導は行政機関の行う公式の処分や採決とは異なり，法律に根拠を持って行われるものではないことである。規制対象が行政の活動に不服を持ち司法的なチェックを求めようとしても，訴訟をする根拠がないため訴訟要件を満たすことができず，行政訴訟を利用することができないケースが多くなるのである。

また，裁判所への訴えの提起以外にも，規制対象による不服申立てのルートとして行政機関に対する不服申立制度が存在しており，それが行政訴訟のニーズをある程度吸収しているかもしれない。

司法行政 —— 法務省と裁判所の人事交流

原告側にとっての法制度上の障壁と同時に，裁判所機構の側にも行政訴訟の機能を低下させる組織上の要因がある。司法行政の問題である（⇒ **UNIT 8 - 9**）。

（i）人事を通した司法の統制　　司法行政とは，事件審理以外の裁判所における多様な補助的業務のことである。司法行政の権限は本来裁判官会議にあるのだが，最高裁ではその業務を**最高裁事務総局**が行っており，業務の中に裁判官の昇進や配転といった人事案件が含まれている。それに加えて，事務総局が会同や協議会とよばれる下級審裁判官を召集して行われる会合を通じて，国の責任が問われる行政訴訟や国家賠償訴訟などにおける最高裁の見解を明示することがある。

憲法上は個々の裁判官は独立して裁判をすることができるはずだが，現実には最高裁事務総局による人事コントロールと裁判内容のコントロールが相まって，下級審裁判官が自己の良心のみに従って裁判をすることが困難となっているという指摘がなされている。さらには裁判所内部でこの最高裁事務総局勤務や法務省出向を経験する者がエリートとされ，東京を中心とした大都市の地裁所長ポスト，高裁長官，最高裁判事などへのキャリアパスが形成されているといわれているのである。

(ii) 法務省と最高裁事務総局での勤務　　このような司法行政の運用の下，行政訴訟の機能不全との関連でとりわけ重要なのは「**判検交流**」と呼ばれる法務省への出向や，最高裁事務総局での勤務が裁判行動（判決内容）に及ぼすインパクトと，下級審の裁判への影響力行使の問題である。

法務省勤務の際，検事は刑事専門であって民事・行政事件の知識に乏しいという理由で，判事が訟務部門に配属され，国の代理人となる**訟務検事**としての役割を負うことがある。その経験者が裁判所への帰任後，行政が被告となる訴訟を担当して行政に有利な判決をする傾向がたびたび指摘されており，このような傾向は判決内容の組織的統制のため意図的に作り出されたものだともいわれている。つまり，裁判所からの法務省出向者の人選自体が国の立場を理解させるという目的で意図的に調整され，帰任後も東京地裁行政部など行政事件を扱う重要な部への配属がなされる傾向があるので，事実上行政事件の判決内容を人事を通して最高裁が統制することに成功しているというのである（参考文献③ 203〜204 頁）。

(iii) 長良川水害訴訟　この典型的な例として参考文献③で紹介されているのが国家賠償訴訟である**長良川水害訴訟**の事例である（参考文献③ 204〜205 頁）。同一の事実に基づいて二つの訴訟が提起されたのだが，一方は原告勝訴，他方は国の勝訴となった。この結果の差異を生み出した要因として，国の勝訴となった訴訟では途中裁判長が交代し，判決は法務省訟務局で国側弁護活動の中核的役割を担っていた裁判官により下されたことが指摘されている。この直前に別の水害訴訟（参考文献① 575〜579 頁の「大東水害訴訟」）で国の責任を限定的なものとする最高裁判決が下されていたこと，さらにその前に前述の協議会において事務総局から最高裁判決と同様の意見が示されていたことがあいまって，司法行政を通じた判決内容のかなり直接的かつ効果的な統制に成功していたとされている。

先に上げた原告適格の問題についても，この訴訟まで行政事件訴訟法の解釈論上水害訴訟における「法律上の利益」を処分の相手方等に限定しない判断が下級審レベルで出されていたが，協議会で最高裁の意見が示された後，2004 年の法改正にいたるまで一貫してきわめて限定された原告適格しか認めない判断が固定化していた。

(iv) 東京高裁の判決傾向　また，行政訴訟・国家賠償訴訟において仮に一審で原告が勝訴したとしても，法務省勤務と同じエリート裁判官のキャリアパス上に位置する東京高裁では多くの場合行政勝訴の判決が出る傾向にあるともいわれている。国に対する行政訴訟は 2004 年改正前は東京地裁が管轄していたのであるから，東京高裁の判断枠組みが元来行政に好意的なものであった場合には国に対する行政訴訟で原告が控訴審での勝訴を得るのはそもそも困難だということになる。前述の「小田急線訴訟」でも最高裁では原告適格を認める判断が下されたが，高裁では地裁の判断を覆す判断が示されていたし，「圏央道訴訟」なども同様のパターンをたどった。

これらの問題点から，訴訟数は増加しているものの，行政訴訟制度が今後どのように機能するかは予断を許さず，短期的には必ずしも望ましい劇的な変化を期待し得ない可能性も大きい。

〈参考文献〉

① 稲葉馨=下井康史=中原茂樹=野呂充編『ケースブック行政法〔第6版〕』（弘文堂，2018年）〔頁数は各所参照〕
② 村山眞維・濱野亮『法社会学〔第2版〕』（有斐閣，2012年）〔175～179頁〕
③ 宮澤節生『法過程のリアリティ』（信山社，1994年）〔頁数は各所参照〕
④ 櫻井敬子・橋本博之『現代行政法〔第2版〕』（有斐閣，2006年）〔218頁〕
⑤ 「特集 行政事件訴訟法改正」ジュリスト1277号（2004年）〔4～61頁〕
⑥ 「特集 行政訴訟判例の展開」ジュリスト1310号（2006年）〔41～59頁〕
⑦ 櫻井敬子・橋本博之『行政法〔第5版〕』（弘文堂，2016年）
⑧ 大塚浩「最高裁における個別意見制の現状と活性化へ向けての課題 ── 行政事件の出身母体別反対意見数の分布とグループダイナミクスの作用」上石圭一=大塚浩=武蔵勝宏=平山真理編著『現代日本の法過程（宮澤節生先生古稀記念）上巻』（信山社，2017年）〔645～662頁〕

ステップアップ

オリジナルで考えよう

行政訴訟の最高裁判決において少数意見が付されている場合，少数意見の裁判官と多数意見の裁判官の出身母体や経歴に異なった特徴を見出すことができるかどうか，参考文献⑧を参考にして調べてみよう。

なお，最高裁判事の経歴は最高裁のホームページで調べることができる（http://www.courts.go.jp/saikosai/about/saibankan/index.html）。

PART Ⅳ

犯罪・非行の処理過程

Bridgebook

UNIT 13
犯罪・非行はどのように処理されるか

Point 犯罪が発生した後，その犯罪はどのようなプロセスで処理されるのか？犯罪を起こした者が成人か少年かでそのプロセスは変わるのだろうか？

1 犯罪とは何か，罪刑法定主義はなぜ重要か

世の中には他人からされたら嫌だ，迷惑だと感じる行為は色々あるだろう。しかしそのすべてが犯罪というわけではない。犯罪とは，刑法に代表される刑罰法令に違反する行為である。もう少し詳しく定義すると，犯罪とはこれらの刑罰法令に規定された犯罪の定型（構成要件）に該当し，違法（法律で守られる利益であるところの法益を侵害している）で，有責（刑事責任を負担する能力がある）な行為である，と定義することができる。どのような行為をすれば犯罪となり，その場合いかなる刑罰が科せられるのかについては，予め定められた法律（国会に制定された成文法）によってのみ決められる。これは**罪刑法定主義**といい，刑法上の大原則である。罪刑法定主義がなければ，我々が普

段当たり前のように行っている行動が，ある日突然，権力者の恣意的裁量によって「犯罪」とみなされ，処罰されてしまうかもしれない。そんなことになれば，我々は普段の生活をおちおちと送ることもできないだろう。

2　どのような犯罪がどれぐらい日本では起きているのか

日本は世界で最も治安のいい国と言って過言ではないであろう。しかし近年は，「日本ももはや安全な国ではない」といった認識を持っている人もいるかもしれない。では実際には，日本における犯罪の認知件数は増加傾向にあるのだろうか，減少傾向にあるのだろうか？そして，どのような犯罪がどれぐらい認知（把握）されているのだろうか？

図1と**表1**を見てほしい。まず，注意してほしいのはいくつかの用語についてである。**認知件数**とは，発生した犯罪の中で，警察や検察といった**捜査機関**（⇒**UNIT 7・14**参照）が把握できた件数のことを言う。犯罪が発生しても何らかの理由により，警察がその犯罪を認知できなければ，その犯罪は**暗数**となる。一方，**検挙**というのは，やや複雑な概念である。これは，⑴捜査機関がその事件について捜査を行った結果，被疑者を逮捕し，検察に送検すること，⑵一定の軽微な事件の場合，検察が予め指定した事件について警察限りの処分とする，**微罪処分**（刑訴法246条但書）となること，さらに⑶**交通反則通告制度**に付されること，を指す。また，**検挙率**とは検挙件数／認知件数の割合のことである。

ところで，**図1**からも分かるように，刑法犯の認知件数は1996

図1　刑法犯　認知件数・検挙人員・検挙率の推移

（昭和21年～令和3年）

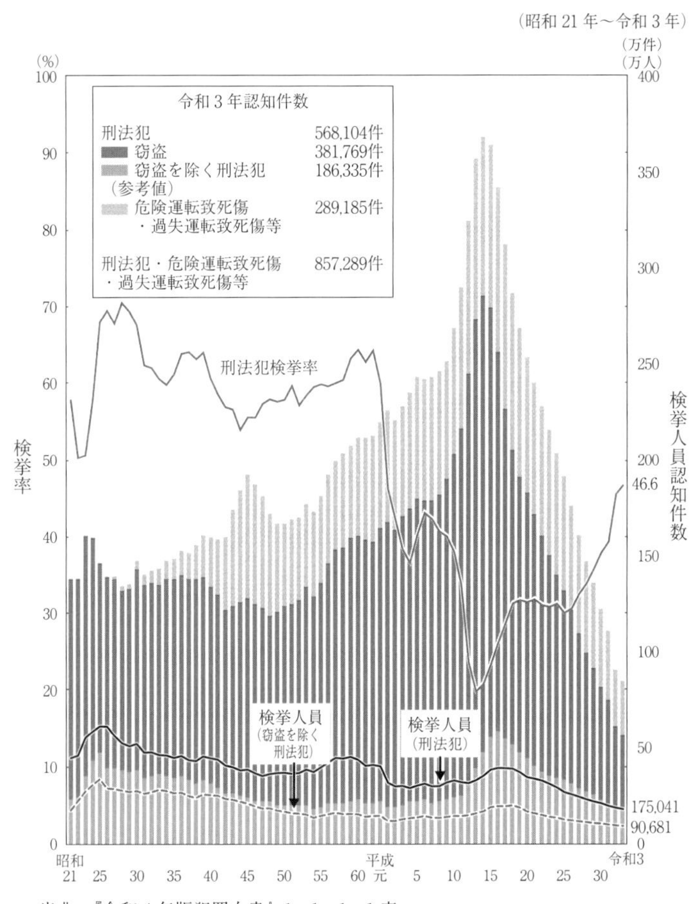

出典：『令和4年版犯罪白書』1－1－1－1表

注1　警察庁の統計による。

　2　昭和30年以前は，14歳未満の少年による触法行為を含む。

　3　昭和40年以前の「刑法犯」は業務上(重)過失致死傷を含まない。

　4　昭和40年以前の「② (参考値) 危険運転致死傷・過失運転致死傷等」は，道路上の交通事故に係らない業務上(重)過失致死傷を含む。

年（平成8年）から毎年戦後最多を記録し，2002年（平成14年）には285万4061件のピークに達したが，その後連続して減少し続け，現在に至っている。つまり，**認知件数**でみる限りは，犯罪はここ20年の間減少し続けているのである。一方で毎日の報道等を見ていると，犯罪が増えていると感じる読者も多いかもしれない。「何となく事件が多く起こっているような気がする」といった，いわば皮膚感覚で感じる治安への認識を**体感治安**と呼ぶ。実際の犯罪の認知件数とこの体感治安の間のずれは，検証すべき重要なテーマであろう。

ところで，2022年については，街頭犯罪（路上強盗，ひったくり，自転車盗等）の件数が前年比で14.4％，刑法犯全体でも5.9％も増加した。まさに20年ぶりの増加である。この増加傾向が今後も続くのか，コロナ行動制限の緩和が影響によるものか，今後も注視する必要がある。

犯罪の中で多数を占めるのは，窃盗であり，認知件数全体の7割近くを占める。次に多いのは過失運転致死傷等の交通事件である。また，人口10万人あたりの犯罪の認知件数を**発生率**といい，人口の違う複数の地域の犯罪の認知件数を比較する際には必要な単位となる。強盗，放火及び強姦といった凶悪犯罪は発生率でみると非常に低いことが分かる（**表1**）。もちろんこれらの犯罪はいったん事件が起こると被害者や社会に甚大な影響を及ぼすのであるから，低いからと言って軽視できないのは当然である。

表 1　刑法犯　認知件数・発生率・検挙件数・検挙人員・検挙率（罪名別）

（令和 3 年）

罪名	認知件数	発生率	検挙件数	検挙人員	検挙率
総　数	568,104 (−46,127)	452.7 (−34.3)	264,485 (−14,700)	175,041 (−7,541)	46.6 (+1.1)
殺　人	874 (−55)	0.7 (−0.0)	883 (−30)	848 (−30)	101.0 (+2.8)
強　盗	1,138 (−259)	0.9 (−0.2)	1,130 (−228)	1,460 (−194)	99.3 (+2.1)
放　火	749 (−37)	0.6 (−0.0)	664 (−36)	534 (−48)	88.7 (−0.4)
強　姦	1,388 (+56)	1.1 (+0.1)	1,330 (+33)	1,251 (+74)	95.8 (−1.6)
凶器準備集合	6 (+1)	0.0 (+0.0)	4 (−)	12 (−10)	66.7 (−13.3)
暴　行	26,436 (−1,201)	21.1 (−0.8)	23,257 (−1,058)	23,993 (−890)	88.0 (−0.0)
傷　害	18,145 (−818)	14.5 (−0.6)	15,585 (−1,305)	17,525 (−1,301)	85.9 (−3.2)
脅　迫	3,893 (+115)	3.1 (+0.1)	3,373 (+74)	2,964 (+102)	86.6 (−0.7)
恐　喝	1,237 (−209)	1.0 (−0.2)	1,072 (−184)	1,230 (−285)	86.7 (−0.2)
窃　盗	381,769 (−35,522)	304.2 (−26.6)	161,016 (−9,671)	84,360 (−4,104)	42.2 (+1.3)
詐　欺	33,353 (+2,885)	26.6 (+2.4)	16,527 (+1,257)	10,400 (+2,074)	49.6 (−0.6)
横　領	13,028 (−2,514)	10.4 (−1.9)	10,135 (−2,643)	9,617 (−2,456)	77.8 (−4.4)
遺失物等横領	11,746 (−2,408)	9.4 (−1.9)	9,056 (−2,502)	8,680 (−2,312)	77.1 (−4.6)
偽　造	1,893 (−197)	1.5 (−0.1)	1,428 (−130)	991 (−32)	75.4 (+0.9)
贈収賄	47 (+15)	0.0 (+0.0)	52 (+28)	79 (+41)	110.6 (+35.6)
背　任	63 (+1)	0.1 (+0.0)	51 (−7)	60 (−3)	81.0 (−12.6)
賭博・富くじ	130 (+12)	0.1 (+0.0)	121 (+9)	518 (+23)	93.1 (−1.8)
強制わいせつ	4,283 (+129)	3.4 (+0.1)	3,868 (+102)	2,903 (+143)	90.3 (−0.3)
公然わいせつ	2,431 (−32)	1.9 (−0.0)	1,846 (+62)	1,452 (+73)	75.9 (+3.5)
わいせつ物頒布等	1,050 (+62)	0.8 (+0.1)	917 (+30)	563 (−5)	87.3 (−2.4)
公務執行妨害	2,094 (−24)	1.7 (−0.0)	2,036 (−36)	1,597 (−69)	97.2 (−0.6)
失　火	244 (+17)	0.2 (+0.0)	129 (+3)	116 (+17)	52.9 (−2.6)
住居侵入	9,780 (−1,241)	7.8 (−0.9)	5,678 (−679)	3,425 (−257)	58.1 (+0.4)
略取誘拐・人身売買	389 (+52)	0.3 (+0.0)	365 (+30)	376 (+110)	93.8 (−5.6)
盗品譲受け等	733 (−142)	0.6 (−0.1)	714 (−98)	607 (−102)	97.4 (+4.6)
器物損壊	56,925 (−7,164)	45.4 (−5.4)	8,463 (−113)	4,563 (−359)	14.9 (+1.5)
暴力行為等処罰法	10 (−10)	0.0 (−0.0)	12 (−8)	20 (−5)	120.0 (+20.0)
そ の 他	6,016 (−47)	4.8 (−0.0)	3,829 (−102)	3,577 (−48)	63.6 (−1.2)

（参考値）

罪名	認知件数	発生率	検挙件数	検挙人員	検挙率
危険運転致死傷	697 (−33)	0.6 (−0.0)	697 (−33)	694 (−38)	100.0 (−)
過失運転致死傷等	288,488 (−11,471)	229.9 (−7.9)	288,488 (−11,471)	296,613 (−11,218)	100.0 (−)

出典：『令和 4 年版犯罪白書』1-1-1-2 表
注 1　警察庁の統計及び総務省統計局の人口資料による。
　2　「遺失物等横領」の件数・人員は，横領の内数である。
　3　（　）内は，前年比である。
　4　「強制性交罪」は，平成 29 年法律第 72 号による刑法改正前の強姦を含む。

3　犯罪と刑罰

何のために罰するのか？

犯罪と刑罰は対応関係にある。刑罰とは，犯罪を行った者に対する不利益処分である。不利益処分という側面だけでみれば，民事執行法による**強制執行**や行政法による**過料**，また独占禁止法による**課徴金**等と共通点があると考える読者もいるかもしれない。しかし，刑罰は科される者の生命を奪うこともあり得る（わが国には死刑制度がある）。またその執行が終了した後も，スティグマがその者の人生に様々な形で影響を及ぼすこともある。影響力の甚大なこれらの不利益処分を国家がその強制力をもって個人に科すのであるから，刑罰の内容，またそれを科すことができる範囲については特別の注意が必要となる。そして刑罰は，私人が勝手に科すことはできず，国家のみがこれを科す権限を有している（**国家刑罰権**）。

ところで，なぜ犯罪に対して刑罰を科すのであろうか？これには大きく分けると，刑法学における古典派と近代学派，それぞれの考え方の違いを理解する必要がある（参考文献①）。古典学派はまず，人はその自由意思に基づいて犯罪を行っていると考え，その行為に対して道義的に報いを与えるために，刑罰の本質は，過去の一定の悪行に対する反作用として捉えられる，としている（**応報刑論**）。こうした考え方からは，刑罰の目的は，刑法に刑罰が規定されていることで，また現に刑罰が執行されることにより，一般の人々が犯罪を犯すことを思い留まる，つまり威嚇による犯罪予防にあるとするのである（**一般予防**）。これに対して近代学派は，刑罰の本質は社会を将来の犯罪から防御するという目的にあるとし（**目的刑論**），刑罰の目的は刑罰による教育的効果により，犯罪を犯した者が改善・更生され，再犯を犯さなくなるためにある，と考える（特別予防）。現在では，刑罰の本質は応報にあることは認めつつも，犯罪を防止する目的のもとで相応の刑罰が科せられるべきだとする，**相対的応報刑論**が有力に主張されており，通説的見解である。

4　どのような刑罰があるのか

わが国にはどのような刑罰があるのだろうか。刑法9条はわが国における刑罰7種を重い順に規定している。ここではそれらについてみてみよう。

死　刑

生命刑である死刑は究極の刑罰であり，極刑とも呼ばれる。OECD加盟国のなかで死刑を存置しているのは，日本，韓国，アメリカの3国である。しかし韓国は20年以上死刑の執行が行われていない事実上の廃止国であると言えるし，アメリカも50州中23州が廃止，3州は知事によるモラトリアム（一時停止）状態にあり（しかしこれも事実上の廃止であろう），廃止州が多勢になりつつある（2022年12月現在）。ヨーロッパ諸国は死刑廃止がEU加盟の条件となっていることから，死刑廃止国が圧倒的に多い（参考文献②）。

世界的にみると死刑の執行方法は，斬首やガス殺，薬物注射等いろいろであるが，わが国では執行方法として絞首刑を採用している（刑法11条）。死刑囚は死刑の執行まで拘置所に収容され，死刑の執行は法務大臣の命令による。この命令は判決確定の日から6ヵ月以内に出されなければならないが（刑訴法475条2項），この規定は法的

表2　通常第一審における死刑・無期懲役雪渡人員の推移（罪名別）

（平成23年〜令和3年）

①死刑

年次	総数	殺人	強盗致死
23年	10	3	7
24	3	2	1
25	5	2	3
26	2	−	2
27	4	2	2
28	3	1	2
29	3	3	−
30	4	2	2
元	2	2	−
2	3	2	1
3	3	3	−

②無期懲役

年次	総数	殺人	強趣致死偏・強盗強姦	その他
23年	30	9	18	3
24	39	20	19	−
25	24	6	17	1
26	23	2	19	2
27	18	7	10	1
28	25	9	16	−
29	21	7	13	1
30	15	8	6	1
元	18	5	13	−
2	12	3	8	1
3	18	8	9	1

出典：『令和4年版犯罪白書』2-3-3-2表
注1　司法統計年報及び最高裁判所事務総局の資料による。
　2　「殺人」は，自殺関与，同意殺人及び予備を含まない。
　3　「強盗致死(傷)」は，強盗殺人を含む。
　4　「強盗・強制性交等(致死)」は，平成28年以前は平成29年法律第72号による刑法改正前の強盗強姦(致死)をいい，29年以降は強盗・強制性交等(致死)及び同改正前の強盗強姦(致死)をいう。

拘束力のない訓示規定であると解されている。また，死刑囚が上訴権回復請求，非常上告，恩赦の出願または申出の手続を行っている期間はこの6ヵ月に算入されない。一方で，法務省は再審請求中の死刑囚に対する執行に消極的ではあるが，これを禁止する規定はなく，2017年12月には再審請求中の死刑囚2人に対し，死刑が執行された（参考文献③）。法務大臣の命令があれば，執行は5日以内になされなければならない（刑訴法476条）。近年の死刑の科刑状況については，表2を参照してほしい。

死刑を法定刑として置いている犯罪は現行刑法のもとでは12種

類である。わが国には**量刑ガイドライン**は存在しないが，死刑についてはその選択基準として永山則夫事件最高裁判決（昭和58・7・8刑集37巻6号309頁）が存在する（**永山基準**と称される）。

最高裁は1948年に，刑罰としての死刑そのものが，一般に直ちに憲法36条の禁止する「**残虐な刑罰**」に当たるとは言えないとして死刑制度を合憲だと判断し（最大判昭和23・3・12刑集第2巻3号191頁），さらに絞首刑という執行方法についても特に人道上残虐であるとする理由は認められず，合憲だと判断している（最大判昭和30・4・6刑集第9巻4号663頁）。

ところで，死刑に対しては存置論と廃止論が激しく対立している。これらの意見対立には，抑止力や被害者遺族感情などに関する国民の考えや国際的な潮流についてどう考えるかが関係してくる。また，仮釈放の可能性のない**終身刑**を代替刑として設置するのか等も議論の対象となる（参考文献④）。とくに，民意との関係では，内閣府は5年に1回「基本的な法制度に対する国民の意識調査」を行っており，その中で死刑制度についても国民の意見を聞いている。

2009（平成21）年5月21日の裁判員制度施行後は，法定刑に死刑が含まれる事件についてはすべて，裁判員裁判で審理されることとなった（⇒ **UNIT 14**）。死刑を言い渡すかどうかを裁判員にも決めさせることは負担が重すぎるという意見もある。ところで，刑事裁判への市民参加である陪審制度を有する米国では，死刑事件に限らず，刑事事件においては，陪審の全員一致による評決を必要としている（⇒ **UNIT 14**）。一方，裁判員制度のもとでは，死刑求刑事件であっても，裁判官と裁判員の双方を含む多数決（つまり5/9以上であればいい）で決せられてしまう（裁判員法67条1項）。これについては，死刑判決のハードルがあまりに低すぎないかと懸念する意見もある。

自由刑

自由刑とは受刑者の身体を拘束することで，その自由を奪う形態の刑罰を指す。わが国には以下の三種類の自由刑がある。

(i) 懲役刑　懲役刑とは受刑者を刑事施設に拘置し，所定の作業を行わせる刑罰（刑法12条）である。懲役には有期と無期があり，有期懲役は原則として1ヶ月以上20年以下である。ただし，併合罪などにより，最長30年まで加重することができる。ここでいう，所定の作業とは，受刑者が刑事施設で従事する**刑務作業**のことである。受刑者は施設において生産作業，社会貢献作業，自営作業に従事し，その作業に対しては**作業報奨金**（2020年度の1人当たり月額予算額は4,320円）が支払われる。

(ii) 禁錮刑　禁錮刑もその期間等は懲役と全く同じである。しかし，刑務作業については強制ではなく，禁錮受刑者が望めば請願作業というかたちで行うことができる。禁錮受刑者の数は受刑者全体の0.2％程度と少数であり，その約9割近くが請願作業に付いている。

(iii) 拘　留　拘留は軽微な犯罪に対する刑罰であり，1日以上30日未満刑事施設に拘置することである（刑法16条）。拘留には執行猶予を付けることができず，拘留受刑者は希望すれば刑務作業につくことができる。

(iv)「**拘禁刑**」の新設　上で述べたように，禁錮受刑者の数自体が少なく，しかもそのうち多数の者が希望して刑務作業を行っているのであれば，わざわざ懲役刑と禁錮刑を分ける合理性はなく，この二つを一本化するべきだとする意見が主張されてきた（自由刑の一本化）。また，刑務作業に重点が置かれる一方で，再犯防止や社会復帰に向けた取り組みに十分な時間を割けないとする批判もあった。

こうした背景もあり，2022年6月13日に成立した改正刑法では，懲役刑と禁錮刑を合わせて拘禁刑として一本化し，刑務作業を義務とはせず，受刑者の年齢や特性に応じた改善指導や教科指導を柔軟に行うことが目指された。自由刑の内容が応報から教育に重きを置いたものに大きくシフトしたとも言える。拘禁刑の施行は2025年を予定しているが，各受刑者に応じたどのような矯正教育プログラムを提供できるかが鍵となろう。

財産刑

財産刑とは犯罪者から財産的利益をはく奪する刑罰である。わが国の刑法は，罰金・科料・没収の3種類を規定している。罰金は1万円以上（刑法15条）であり，科料は1000円以上1万円未満である（刑法17条）。行政法上の手続違反に対して課される過料（⇒ **UNIT 8**）と区別するために，それぞれ科料（とがりょう），過料（あやまちりょう）と読むこともある。ところで，刑法は罰金の上限を設定しておらず，個別の法律（独占禁止法，会社法，所得税法）に規定される犯罪において上限が決められている。罰金に関しては，自然人だけでなく，法人にも科すこともできるので，特別法で非常に高額な罰金が設定されることも多い（法人に対する罰金刑の最高額は7億円である。金融商品取引法207条1項1号）。ところで，実は刑罰の大部分はこの罰金である。「令和4年版犯罪白書」2-3-2-1表によると，2021（令和3年）中に確定有罪判決を受けた被告人の数は213,315人であるが，そのうち罰金刑の確定判決を受けた者の数は165,276人で，これは約77.48％を占める。もちろん，この数字の中には，自由刑も併せて言い渡された（犯罪によっては両者は併科される）被告人もいるが，それでも刑罰全体の大部分を罰金が占めることは間違いない。

ところで，罰金刑の強みは自由刑に比べ，その執行が簡便なところにある。また刑を受ける者に対し付与されるスティグマ（負の烙印付け）も圧倒的に低いと言えるであろう。一方で，罰金刑の弱みは，行為者の貧富の差に対応できず，不平等となることが多いという点である。罰金や科料が支払えない者は，労役場に留置され，所定の作業を行わせられる（刑法18条）。

（i）交通反則通告制度　　罰金に類似したものとして，交通反則通告制度がある。自動車の増加に伴い大量に発生した交通違反事件に対処するために，1968年7月1日から（少年に対しては1970年8月20日から）施行された制度で，一定の軽微な交通違反事件に対しては，罰金を科す代わりに反則金を納付させる制度である。交通違反の現場で青切符が切られ，切符に記載された金額を期日までに金融機関を通して納付すれば公訴は提起されないが，納付しないと起訴され，通常の刑事手続で処理される。

5　犯罪後はどのようなプロセスで処理されるのか

犯罪が発生した場合，その事件は刑事司法制度においてどのようなプロセスを経て処理されるのであろうか。図2を参照してほしい。ここではより可視的にそのプロセスを理解してもらうために，架空のストーリーを例に考えてみよう。

事件発生～犯罪発覚まで

X（男性・28歳）とV（男性・25歳）は同じ会社の上司・部下の関係であった。ある日Xは会社の同僚から，VがSNS上でXの悪口を言い，他の同僚の間で笑いものにしている，ということを聞かされる。20＊＊年1月10日午後10時頃，XはVを問いただすべく夜

図2　刑事司法手続の流れ

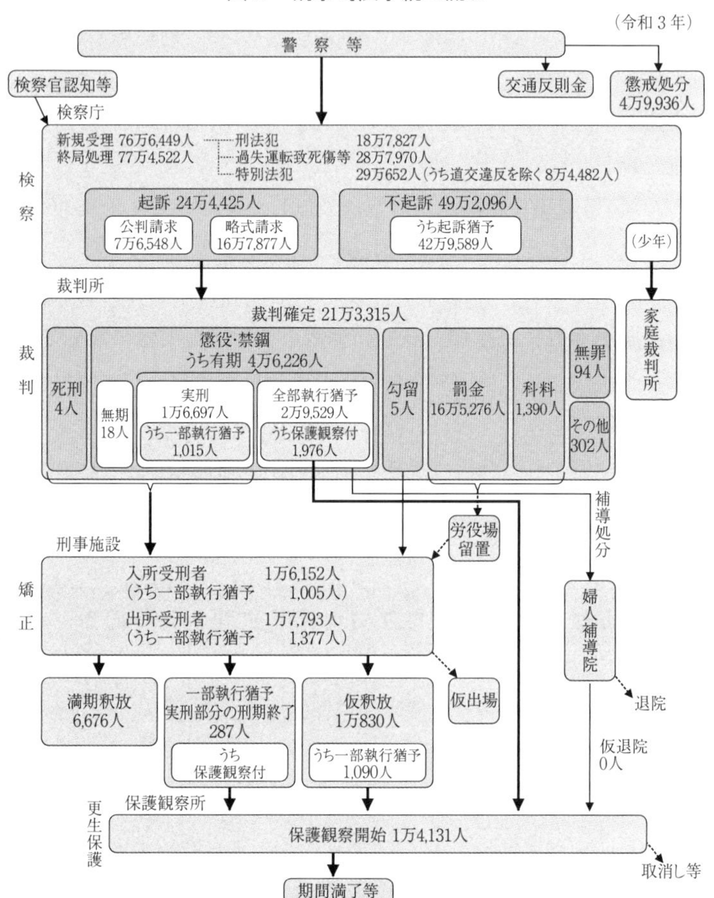

出典：『令和4年版犯罪白書』2-1-1図

注1　警察庁の統計，検察統計年報，矯正統計年報，保護統計年報及び法務省保護局の資料による。

2　各人員は令和3年の人員であり，少年を含む。

3　「微罪処分」は，刑事訴訟法246条ただし書に基づき，検察官があらかじめ指定した犯情の特に軽微な窃盗，暴行，横領（遺失物等横領を含む。）等の20歳以上の者による事件について，司法警察員が，検察官に送致しない手続を執ることをいう。

4　「検察庁」の人員は，事件単位の延べ人員である。例えば，1人が2回送致された場合には，2人として計上している。

5　「出所受刑者」の人員は，出所事由が仮釈放，一部執行猶予の実刑部分の刑期終了又は満期釈放の者に限る。

6　「保護観察開始」の人員は，仮釈放者，保護観察付全部執行猶予者，保護観察付一部執行猶予者及び婦人補導院仮退院者に限り，事件単位の延べ人員である。

7　「裁判確定」の「その他」は，免訴，公訴棄却，管轄違い及び刑の免除である。

の公園に呼び出したところ，Ｖはあっさりと行為を認め，むしろ開き直った。激昂したＸはＶを素手で何発か殴り，さらに地面に落ちていた拳大の石で殺意を持ってＶの頭部をさらに何発か殴った。地面に倒れて動かなくなったＶを見たＸは怖くなって，凶器となった石を公園の林に投げ捨て，そのまま自宅まで走って帰った。同日午後10時20分頃，愛犬の散歩で公園を通りかかった夫婦が頭から血を流して倒れているＶを発見し，救急車を呼び，さらに警察にも110番通報した。警察はすぐに現場の公園に駆け付けるとともに，Ｖが緊急搬送された病院にも警官が派遣された。事件性あり，と判断した警察はとりあえず「傷害事件」（刑法204条）として**認知**した。この場合，上で述べた犬の散歩中の夫婦の110番通報が警察が犯罪発生について知るきっかけ，であり，これを**捜査の端緒**という。捜査の端緒には110番通報以外にも被害者による**被害届**や**告訴**，第三者による**告発**，警察による**職務質問**，**自首**，**検視**等が挙げられる。Ｖは出血量も多く危険な状態であったが，発見が早かったことが幸いし，一命をとりとめた。

被疑者逮捕，警察の捜査から公訴の提起まで

怖くなって自宅に逃げ帰ったＸであったが，夫の異変を感じ取った妻に質問攻めにあい，朝方になってやっと妻に対して自分がやってしまったことを告白した。妻は動揺したが，Ｘを説得し，事件翌日の1月11日午前7時頃，最寄りの警察署に出頭した（Ｘのかかる出頭は，任意出頭ではあるが，事件は既に警察に発覚しているから，**自首**にはならない（刑法42条1項）ことに注意）。

警察はＸから話を聞き，Ｘが前日に管内の公園で発生した傷害事件の**被疑者**（罪を犯したとして，捜査機関に疑いをかけられた者を指す。容疑者という用語はマスコミ用語で法律用語ではない）であるとの充分な疑いを持つ

に至り，また，このままXを帰すと証拠を隠滅するおそれもあると考え，Xを緊急逮捕した。

ところで，逮捕には**通常逮捕**，**現行犯逮捕**，**緊急逮捕**の三種類がある。**通常逮捕**は，被疑者が罪を犯したことを疑うに足りる**相当な理由**があるときに，司法官憲（裁判官）が予め発する**逮捕令状**に基づいて行われる（刑訴法199条1項）。逮捕令状を請求出来るのは検察官または**司法警察員**（警察官は全員が司法警察職員であるが，このうち司法巡査を除いた者をこう呼ぶ）に限定される（刑訴法199条2項）。一方，現行犯逮捕は，「現に罪を行い，又は現に罪を行い終わった者」である現行犯人，或は被服に犯罪の顕著な証跡がある，などの一定の条件が認められれば準現行犯人（刑訴法）として，令状によらない逮捕が認められている。また，現行犯は**私人逮捕**も可能である。ところで憲法33条は「何人も，現行犯として逮捕される場合を除いては，権限を有する司法官憲が発し，且つ理由となつてゐる犯罪を明示する令状によらなければ，逮捕されない」と規定し，現行犯逮捕と令状による通常逮捕を明文で認めている。しかし，刑訴法はその210条でさらに，**緊急逮捕**というカテゴリーを認め，一定の重大な事件を被疑者が犯したことを疑うに足る**充分な理由**があり，急速を要し，令状の発付を求めることができない場合は，令状なしに被疑者を逮捕できる，としている。ただし逮捕後，「直ちに」逮捕状を請求する手続をとらなければ，被疑者を釈放しなければならない。三種類の逮捕の割合は例年，通常逮捕が50数％，現行犯逮捕が40％程度，緊急逮捕は数％程度である。

ところで，警察は当初，傷害事件として捜査を進めていたが，病院におけるVからの事情聴取で得られた情報や，またXが自ら出頭後，任意で応じた取調べにおいて自白した内容に基づき，Xに対する被疑事実を「殺人未遂」に切り替え，Xを殺人事件で通常逮捕した。Xはそのまま身柄を拘束された。逮捕によりXの身体が拘束されてから，48時間以内に，Xの身柄は証拠物とともに，警察から検察の方へ送付される必要がある（送検，刑訴法203条）。検察はXの身柄を受け取った時から24時間以内に，Xに対するさらなる身体拘束を裁判官に対して請求するかどうかを決定しなければならない（刑訴法205条）。これを**勾留**の請求という。勾留はまず10日間，その後さらに通じて10日間を超えない範囲で延長が認められる（刑訴法208条）。被疑者の身柄は警察署内の**留置場**，または**拘置所**において勾留されるが，割合で言えば前者が圧倒的多数であり，これは**代用刑事施設**（代用監獄）と呼ばれ，**冤罪**の温床としても批判される。裁判官は，一．被疑者が住居不定である，二．被疑者に罪証を隠滅する相当の疑いがある，三．被疑者が逃亡する恐れがある，場合のみに勾留許可状を発して勾留を認めることになるが，実際は，勾留却下率は非常に低い。とくに，被疑者が自白を拒んでいる場合などは，勾留が認められてしまう，いわゆる**人質司法**の問題も指摘されている（参考文献⑤）。

Xに対する**取調べ**は警察，検察により続けられた。Xの被疑事実は裁判員裁判対象事件であることから，逮捕後の取調べのすべてについて録音録画が行なわれた（刑訴法301条の2。取調べの可視化につき⇒**UNIT 14**）検察は上記最大20日間の勾留期間のうちに，被疑者を**起訴**するか，**不起訴**にするか，また釈放するかを決めなければならない。不起訴には証拠や嫌疑が不十分な場合になされる**狭義の不起訴**処分と，証拠や嫌疑は不十分であるが，被疑者の年齢や境遇，犯罪後の情況等様々な点を考慮して敢えて起訴しない，**起訴猶予処分**に分けられる。被疑者を起訴するか否かは検察官のみが決定することができ（これを国家訴追主義という，刑訴法247条。但し例外的に検察審査会制度があることにも注意⇒UNIT 7），また上述のように起訴を猶予する裁量も有しているわけであるから（起訴裁量主義，刑訴法248条），検察官の権限は絶大である。Xは勾留開始から12日目に，殺人未遂被告事件で起訴された（起訴は検察官が裁判所に対し起訴状を提出することで行なわれる（刑訴法256条1項））。なお，起訴に際して検察官は起訴状のみを提出し，裁判所に予断や偏見を抱かせるような書類や証拠物を添付してはならない。このことを起訴状一本主義（刑訴法256条6項）といい，憲法が要請する公平な裁判所（憲法37条1項）を実現するための重要な原則となっている。

公判の準備から公判へ

殺人未遂事件で起訴されたXの裁判は，裁判員裁判（⇒UNIT 14）の対象事件であったことから，公判前に証拠の整理と審理計画の策定を行う公判前整理手続にのせられた（刑訴法316条の13以下）。裁判員裁判ではXも弁護人も事実関係については争わず，その裁判の主な争点は量刑についてのものであった。裁判ではVは検察側の証人として，Xの父親と妻は弁護側の証人として出廷した。最終弁論手続で検察官は懲役5年を求刑したのに続き，被害者参加制度（刑訴法316条の33以下）の利用を希望したVが被害者参加人として，弁論としての意見陳述（刑訴法316条の39）を行い，執行猶予をつけず実刑判決にXを処してほしいと意見を述べた。一方，弁護人は執行猶予付（刑の全部の執行猶予は刑法25条）の判決を裁判所に対して求めた。Xはまだ若く，前科もないし，Xの妻や父親が情状証人として，Xの更生を何があっても支える旨証言した。評議において裁判官と裁判員の量刑についての意見は分かれたものの，Xには懲役4年の実刑判決が言い渡された。弁護人は控訴することをXに勧めたが，部下であるVに大けがをさせた短絡的犯行を反省したXは控訴せず，Xに対する判決は確定した。

ところで，裁判において被告人が有罪であることを証明しなければいけないのは検察官であり，その証明には「**合理的な疑いを差し挟まない程度に確からしい**」とする，高いハードルが要求される。民事事件の証明において求められる「**証拠の優越**」より圧倒的に高いのは，刑事裁判の帰結（有罪であれば刑罰が科せられる）は民事のそれ（原告の訴えが認められれば，賠償金の支払いが命じられる）と比べても，被告人が受ける影響が様々な点において深刻なためであることは言うまでもない。

Xの裁判では被告人が事実関係を争わない**自白事件**であったわけであるが，**否認事件**も含めた刑事裁判全体では，どの程度の割合が有罪になるのだろうか。わが国の刑事裁判での**有罪率**は約99.9％であり，これは世界的に見ても非常に高い。前述のように，大きな起訴裁量を有している検察官は起訴処分を慎重に吟味していることも事実である。事件の細部にわたるまで詳細な捜査，取調べを行い，有罪判決が得られる見込みが高い事件だけを慎重に選んで起訴するという刑事司法のあり方は，**精密司法**とも評され，誤判を防止するうえで肯定的に評価する（参考文献⑥）ことも可能である。わが国の高い有罪率はこの精密司法の帰結だと言えるかもしれない。しかし一方で，被疑者を起訴前に長期間身体拘束することが法律上可能で，**弁護人の立会い**もない中で長時間の取調べが行なわれ，自白が獲得され，それに大きく基づいて起訴されてしまうことの問題点も考えなければならない。また，そもそも真実発見の場所は捜査段階ではなく，公判段階にあるべきである。このような考え方からは，起訴のハードルをもう少し緩やかにして，裁判における真実発見を重視する（公判中心主義）べきであるとして，欧米型のラフ・ジャスティスを重視する意見もある。

施設内処遇と社会内処遇

Xは初犯であったことからA指標に分類され（犯罪傾向が進んでいる者や暴力団関係者はB指標に分類される），A指標刑務所に収容された。施設内でXは無事故無違反で過ごし，**改悛の状**（情ではないことに注意）が認められたことから，入所後3年を過ごした時点で**仮釈放**（刑法28条）を許され，刑務所から出所した（刑の執行率は3年／4年で75％）。施設収容時から，施設の**更生支援企画官**や刑務所職員による**就労支援**が行なわれ，**コレワーク**（矯正就労支援情報センター）によって情報提供を得ながら，出所後の就職の機会を模索した。幸いにも，Xは出所後は県内の漁業組合に就職できることとなった。出所後，刑期満了までの1年間は**保護観察**が行われる。保護観察の担い手は法務省保護局の職員である**保護観察官**とヴォランティアの**保護司**である。保護観察中に重大な遵守事項違反などがあれば，保護観察が取り消されて，再度施設収容ということもあり得るが，Xは保護観察期間も無事に終了した。ここでXに対する処遇はすべて終わったことになるが，Xは今後も一生更生に向けた努力を続けなければならない。Vに対する**損害賠償**はまだ支払い終わっていないし，直接Vに対して謝罪する機会として，NPO団体や弁護士会の実践する**修復的司法**の機会の利用を模索することも検討すべきかもしれない（参考文献⑦）。

6　少年非行はどのように処理されるのか？

非行少年とはどのような少年を指すか？なぜ少年は特別か？

図３　非行少年に対する手続の流れ

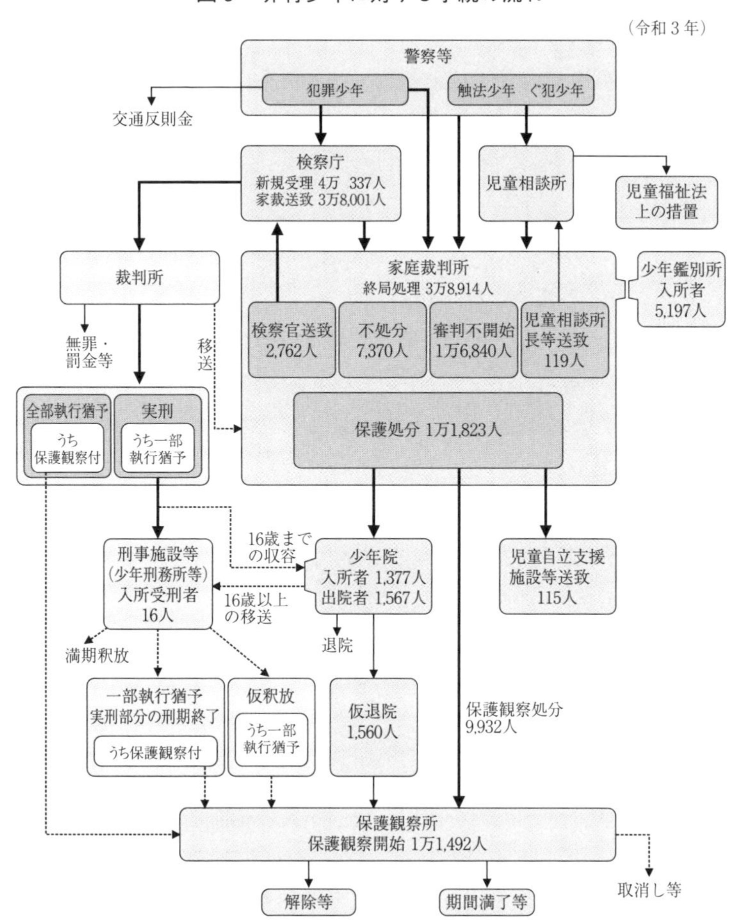

出典：『令和４年版犯罪白書』3－2－1－1図
注１　検察統計年報，司法統計年報，矯正統計年報及び保護統計年報による。
　２　「検察庁」の人員は，事件単位の延べ人員である。例えば，１人が２回送致された場合には，２人として計上している。
　３　「児童相談所長等送致」は，知事・児童相談所長送致である。
　４　「児童自立支援施設等送致」は，児童自立支援施設・児童養護施設送致である。
　５　「出院者」の人員は，出院事由が退院又は仮退院の者に限る。
　６　「保護観察開始」の人員は，保護観察処分少年及び少年院仮退院者に限る。
　７　本図及び数値は少年法等の一部を改正する法律（令和３年法律第47号）施行前の手続による。

これまで説明して来たのは，犯罪を行った者が20歳以上の場合である。では20歳未満の者が事件を起こした場合はどうなるのだろうか？ 2022年4月1日より改正民法が施行されたことで，成年と未成年の線引きは18歳以上と以下で引かれることになった。しかし，犯罪に関する問題の場合は少し違う。18，19歳の成人も特別に少年として扱われる（特定少年と言われる。後で詳しく述べる）。被疑者が少年（ここでは成人の対概念）の場合は少年法が適用され，成人とは大きく異なった手続となる（図3）。

ここでいう非行少年とは，家庭裁判所の審判に付すべき少年，すなわち犯罪少年（14歳以上20歳未満で犯罪を犯した少年），触法少年（14歳未満で刑罰法令に触れる行為をした少年），虞犯少年（犯罪少年や触法少年になる虞（おそれ）のある少年）をいう（少年法3条1項）。

少年が犯罪を行った場合には，成人とは異なった手続で処理すべきであるとする考え方の起源は1899年にイリノイ州のシカゴにおいて世界で初めての少年裁判所が創設されたことに遡ることができる（参考文献④140頁）。その根底にあった考え方は，保護の欠けた少年に対し，その親に代わって国が保護するという理念であり，これをパレンス・パトリエ（国親思想）と言う。わが国でも，1948年に制定された少年法によって，少年の健全育成と成長発達権の保障を家庭裁判所で実現する手続を採用した。成人の犯罪とは異なる対応が少年非行に許されるのはなぜか？それは少年が成人に比べ可塑性に富み，また成人の犯罪に比べ環境の影響が大きく，本人の責めだけに帰することができないことも多いこと，に求められよう。但し，このような理念は往々にして，被害者にとっては納得できないと見なされ，また社会も反発を感じる等，社会が少年法の改正を求める動機付けとなってきたことも事実である。

7　非行少年の手続と処遇

上記図3からも分かるように，非行少年に対する手続は，(1)家庭裁判所の少年審判を中心とする「保護事件」と，(2)家庭裁判所の検察官送致決定（逆送）により開始される「刑事事件」に分けることができる。

司法警察員または検察官は，捜査の結果，犯罪の嫌疑または審判に付すべき事由があると判断する場合には事件をすべて家庭裁判所に送らなければならない（少年法41，42条）。これを全件送致主義という。事件を受理した家庭裁判所は家庭裁判所の調査官に命じて調査を行う。このように審判に先立って調査が行われることを調査前置主義と言い，少年司法の大きな特徴である（刑事事件における起訴状一本主義と対照的である）。少年が逮捕・勾留されている場合を含め，家庭裁判所の審判・調査に必要なときは，24時間以内に観護措置決定を行い，少年を鑑別所に送致する。全件送致主義のもとでは家庭裁判所に先議権があり，裁判所が刑事処分相当と判断した事件のみが検察官送致（逆送）される。これを保護処分優先主義という。

8　少年審判手続

少年法22条1項は「審判は，懇切を旨として，和やかに行うとともに，非行のある少年に対し自己の非行について内省を促すものとしなければならない」としている。法律に「和やか」という用語が出てくることに，まさに少年法らしさが表れていると言えよう。

少年審判は**非公開**で行われる（同条２項）。少年審判では**非行事実**につき確信の心証を得るために行う非行事実認定過程と**要保護性**（当該少年が保護を必要とするかどうか）を判定し適切な処分を決定する処分決定過程とに分けることができる。また，**当事者主義**を採用している通常の刑事裁判とは違い，少年審判は**職権主義的審問構造**を採用している。家庭裁判所の行う**終局決定**には次の７種類がある。⑴家庭裁判所は調査の結果，**非行事実不存在**などで審判に付することができないか，また**要保護性**がみとめられない若しくは極めて微弱で，処分の必要性なしと判断すれば，**審判不開始決定**を行う（少年法 19 条 1 項），⑵**児童福祉法上の措置**を相当と認めるときは，知事または**児童相談所長に送致**する（少年法 18 条 1 項），⑶**刑事処分相当**と認めるときは**検察官送致**（少年法 20 条），⑷**不処分決定**（少年法 23 条），⑸**保護観察**，⑹**児童相談所**または**児童養護施設送致**，⑺**少年院送致**，である。このうち，⑸〜⑺をまとめて**保護処分**といい，非行少年の健全育成，社会への再統合を究極の目的としつつ，少年の可塑性に注目し，少年の非行性を除去し，犯罪への危険性から少年自身を守り，その結果として社会を少年から守ることも目的とされている（参考文献④ 162 頁）。保護処分は**非行事実**と**要保護性**の双方が認められる際に選択される。保護処分は刑罰ではないことに注意が必要である。

調査・審判段階において，保護処分を決定するために必要があるときは，家庭裁判所調査官による**試験観察**が行われる（少年法 25 条）。試験観察は，保護処分の蓋然性があるときに，終局処分を留保して行う**中間処分**である。

9　幾度もの改正 ── その背景は？

少年法には「少年に甘い」という社会からの反発や，抑止力が十分でないのではないかといった恐怖感に常にさらされる。とくに社会的耳目を集める少年事件が起こった後は，改正を求める声が大きくなる。少年法はまた，捜査機関からはその手続関与を強める要請にもさらされる。こうした背景もあって，改正の議論が常に活発な法律の一つである。ここではこれまでの少年法改正の動向を概観してみたい。

少年法第一次改正

1997年に起きたいわゆる「神戸連続児童殺傷事件」は少年法の第一次改正に大きなインパクトを与えた。この事件後も社会の耳目を集めた少年事件が立て続けに発生し，社会は少年に対し理解できない「モンスター」というイメージや恐怖を抱き，少年法の厳罰化を求める声が強くなった。こうして，1949年に施行されて以来50年以上改正されなかった少年法が大きく改正された。2000年に成立した改正少年法の主な改正点は，(1)刑事処分適用年齢を検察官送致決定時16歳以上から14歳以上に引き下げた，(2)故意の犯罪行為により被害者を死亡させた事件は原則検察官送致（逆送）とする，(3)行為時18歳未満の少年に対する無期刑の必要的緩和を裁量的軽減に改め，(4)家庭裁判所に3人の裁判官による裁定合議制を導入し（裁判所法31条の4第2項，3項），(5)少年鑑別所に少年を送致する観護措置期間を従来の最大4週間から最大8週間に延長，(6)事実関係に争いのある事件では，少年審判に検察官を関与させ，対審構造化する（少年法22条の2，同条の3），(7)検察官による抗告受理申立て制度の導入（少年法32条の4），(8) 死刑を無期刑に緩和した際に仮釈放可能となる期間を7年から10年に延長した，(9) 被害者による審判記録の閲覧・謄写の新設（少年法5条の2），(10) 家庭裁判所調査官による被害者からの意見の聴取の新設（少年法9条の2），(11) 被害者への審判結果の通知の新設（少年法31条の2），などにまとめることができる。少年法第1次改正は，少年審判における事実認定の適正化を目指すとともに，凶悪でセンセーショナルな少年事件に対する社会の恐怖感に応えた，という点に特徴を見出すことができよう。また，これまで，「少年事件」というだけで，司法手続のあらゆる場面において，いわば蚊帳の外に置かれてきた被害者の「二重の苦しみ」への配慮も盛り込まれた点を評価することができよう。

少年法第二次改正（2007年11月1日施行）

2007年の第二次改正では，触法少年に対する警察官の調査権限（少年法6条の2），押収・捜索等の強制調査（少年法6条の5），重大触法事件の原則家庭裁判所送致（少年法6条の7）などが規定され，従来の触法少年に対する家庭裁判所先議原則（福祉的措置の重視）に大きな変化が見られた。この背景には，2003年の「長崎男児誘拐殺害事件」（少年は犯行時12歳）2004年6月に起きた「佐世保小6女児同級生殺害事件」（少年は犯行時11歳）等，触法少年による凶悪な事件が続いたことが大きな要因として挙げられる。

少年法第三次改正（2008年12月15日施行）

2008年の第三次改正では，非公開が原則の少年審判において，一定の重大事件において被害者の傍聴が認められることになった（少年法22条の4）。ただし，犯行時12歳以上の少年の審判に限られる。これは，2008年12月より，刑事裁判において被害者参加制度（⇒ **UNIT 14**）が導入されたことが関係しているであろう。少年事件においても加害者に対する審判がどのように行われているか知りたいという被害者の要請に応えた改正である。

少年法第四次改正（2014年5月8日施行）

2014年の第四次改正では，犯行時18歳未満の少年に無期刑を緩和して言い渡す有期刑の上限を15年から20年に引き上げ，不定期刑の長期が10年から15年に，短期が5年から10年に引き上げられた。また，不定期刑を科することとなる事件の範囲を拡大した。さらに，国選付添人制度の対象範囲の拡大，検察官の審判関与範囲が拡大された。この改正の背景には，被告人が成人の場合と少年の場合の刑の上限の較差への対応を求める意見があったこと等挙げられる。またこの改正でも，被害者による厳罰を求める声も大きな役割を果たした。

少年法第五次改正（2022年4月1日施行）

2015年6月に「公職選挙法」の一部が改正され，18歳以上20歳未満の者にも選挙権が与えられ，さらに成人年齢を20歳から18歳に引き下げるべく民法が改正された（2022年4月1日施行）ことから，他の法律との整合性などから少年法の適用範囲を18歳未満に引き下げることが議論された。また，2015年2月に川崎市で発生した中学一年生の男子生徒が18歳の少年を主犯格とする少年グループに殺害された事件では，その犯行の残虐さに対し，社会は強い怒りと恐怖を感じ，18歳以上の年長少年が重大な犯罪を犯した場合は大人と同様に処罰すべきだとする声が強くなった。少年法の年齢引き下げを巡っては意見が激しく対立したが，更生を重視した少年法の教育的効果は18歳以上の若者にも有効であるという意見も有力であったことから，18，19歳を「特定少年」として，少年法の特例として扱うこととなった。但し，特定少年については，原則逆送対象事件に，死刑，無期又は短期１年以上の懲役・禁錮に当たる事件が追加された（例えば，新たに強盗罪や強制性交等罪が対象となった）。また，特定少年が起訴された場合，**推知報道の禁止**（少年法61条）が解除され，**実名報道**が可能となった。実名報道による**デジタル・タトゥー**が特定少年の更生にどのような影響を及ぼすのかも懸念される。

〈参考文献〉

① 三井誠=瀬川晃=北川佳世子編『入門刑事法（第８版）』（有斐閣，20122年）〔17頁〕

② アムネスティ日本〈http://www.amnesty.or.jp/human-rights/topic/death_penalty/statistics.html〉（最終閲覧日2018年１月31日）

③ 朝日新聞「再審請求中に死刑執行４人殺害の死刑囚 別事件の１人も執行」（2017年７月13日夕刊１面）

④ 前田忠弘・松原英世・平山真理・前野育三『刑事政策がわかる（改訂版）』（法律文化社，2019年）「Chapter 3 刑罰制度」〔46～53頁〕

⑤ 五十嵐二葉「代用監獄・自白・供述調書」菊田幸一編『社会のなかの刑事司法と犯罪者』（日本評論社，2007年）〔211頁〕

⑥ 椎橋隆幸編『ブリッジブック刑事裁判法』（信山社，2007年）

⑦ NPO法人対話の会〈http://taiwanokai.org〉，兵庫県弁護士会「犯罪被害者・加害者対話センター」〈http://hyogoben.or.jp/konnatoki/index-10.html〉（最終閲覧日2018年１月31日）

ステップアップ

オリジナルで考えよう

死刑の存廃論について，それぞれどのような主張があるのか。参考文献④を読んで議論してみよう。

UNIT 14

刑事手続はどう変わったか

Point 近年，刑事手続にはどのような変化が起きたのだろうか。それによって，どのようなインパクトが期待できるのだろうか。そしてどのような問題が起きているのだろうか。

1 刑事手続を大きく変えたふたつの波

かつてわが国の刑事立法は「ピラミッドのように沈黙する」と評されたことがあった（参考文献①）。犯罪や被害にかかわる様々な問題が存在したにも拘わらず，立法や法改正が活発ではない時期が続いたからである。しかしとくに1990年代後半からはこの状況に大きな変化が見られ，立法や法改正が相次いだ。沈黙するピラミッドが急に「おしゃべり」になった背景には何があったのであろうか。そこにはきわめて大きな「改革」の波に刑事手続がさらされたという状況が指摘できる。その波の一つは，2001年6月に出された『司法制度改革審議会意見書』（以下，『意見書』）（参考文献②）に基づくものである。司法制度改革によって，刑事手続は大きく変わった。もう一つの波は，刑事手続において長い間「陽の当たらない存在」であった犯罪被害者が重視されることになったことである。この流れはとくに，社会が抱く安全への不安感と親和性が高いことも忘れてはならない（従って「被害者保護」という言説はときに厳罰化に結び付く）。

UNIT 13 では，人質司法や精密司法についても論じた。この **UNIT** では，司法改革後の刑事手続ではそれらの問題にいかに対処しようとしているのかについても論じてみよう。

2　司法制度改革――何が変わって，何が変わらなかったのか？

それでは，『意見書』では，刑事司法についてどのような提言が行われたのであろうか。被疑者・被告人の人権擁護という視点に合致すると思われるのは，下記の事項である（参考文献②第Ⅱ部第２章）。

1．**公判前整理手続**の創設と，その一環としての**証拠開示**の拡充。
2．公判を**連日的開廷**とする。
3．**直接主義・口頭主義**の実質化を図る。
4．**公的弁護制度**の整備。
5．被疑者の**取調べ過程・状況**について，取調べのつど，書面による記録を義務づける。

上記事項を見る限りでは，いわゆる人質司法への改革は全くなされていない，とする批判もあり得る（参考文献③）。現に，冤罪の温床として国際的に批判されてきた**代用刑事施設**（**代用監獄**）は廃止されるどころか，2005年の監獄法改正後2006年に成立した**刑事収容施設及び被収容者等の処遇に関する法律**においてはその15条で，**留置**される者だけではなく勾留される者も拘置所に代えて**留置施設**に収容できる旨が規定された。法律により，逆に代用刑事施設にお墨付きを与えてしまうという皮肉な結果となった。ところで，上で挙げた提言の１～３はいわば2009年５月の裁判員制度の導入の準備を目的としたものであった，と言えよう。以下では，司法改革のなかでも最も重要な改革の一つである裁判員制度について論じよう。

刑事裁判への市民参加 ── 裁判員制度

(i) 裁判員制度とは？　『意見書』においては，一定の重大な事件を対象に，広く一般の国民が，裁判官とともに責任を分担しつつ協働し，審理に参加し，裁判内容を主体的に決定することができる新たな制度の導入を提言された。これを受けて2004年５月に「**裁判員の参加する刑事裁判に関する法律**」(以下，「裁判員法」) が制定・公布され，2009年５月21日から施行された。

ではそもそも裁判員制度はなぜ導入されたのであろうか。「裁判員法」第１条においては，国民の司法参加が“司法に対する国民の理解の増進”や“その信頼の向上”に資する，と位置付けられている。国民が司法に参加することで司法の民主化につながることが目指されたためであろう。しかし実際にこれまで一般の人々の，司法に対する理解や信頼は低かったのであろうか。むしろ，司法や裁判に対して関心がない人々がほとんどではないか。司法に対する関心が決して高くない一般市民に対し，裁判が「対岸の火事ではない」という意識を持たせる効果はあるかもしれない。また，これまで専門家 (裁判官) だけで行われてきた裁判に市民感覚が入ることへの期待もあった。

裁判員裁判の対象事件はとくに重大な刑事事件に限定され (通常第一審の約2.5％)，原則として裁判員６人，裁判官３人で裁判体が構成される。事実関係に争いがない等，比較的複雑ではない事件にお

表１

	裁判員制度	陪審制度（アメリカ）	参審制度（ドイツ）
対象事件	重大な刑事事件のみ（刑事通常第一審事件の２％程度）が対象	刑事，民事ともに対象	刑事事件，労働事件，行政事件，また社会保障関係の事件が対象
参加する市民は？	選挙人名簿の中から無作為に抽出される（18歳以上）。事件ごと	選挙人名簿や運転免許証リスト等の中から無作為に抽出される（18歳以上）。事件ごと	政党等から推薦された25歳以上の者。任期は４年
裁判体の構成	６人の裁判員と３人の裁判官（但し，自白事件では４＋１もあり得る）	12人の陪審員（但し，民事では６人や７人の州も）	参審員２人＋裁判官３人（地方裁判所），参審員２人＋裁判官１人（区裁判所）
権　限	事実認定，法令の適用，量刑	事実認定のみ	事実認定及び量刑
評決要件	双方の意見を含む多数決	刑事事件においては必ず全員一致	有罪判決の場合，裁判体の３分の２以上の賛成が必要
被告人の選択制	対象事件であれば自動的に裁判員裁判となる。被告人には選択権はない	被告人は裁判官裁判か陪審裁判かを選択できる（陪審による裁判を受けることは被告人の権利である）	被告人は選択できない
守秘義務	「評議の秘密」「その他職務上知り得た秘密」を生涯話してはならない	評決を出した後は，原則として守秘義務はない	判決後も守秘義務が課される

いては，「裁判員４人＋裁判官１人」の，いわば「ミニ合議体」で裁判を行うこともできるが（裁判員法２条），裁判員制度が開始して以来，まだ１件も実践例はない。また，裁判裁判員裁判は第一審のみにおいて適用されることにも留意が必要である。

裁判員と裁判官は，実体裁判における事実の認定・法令の適用・刑の量定を行う（裁判員法6条1項）。一方，法令の解釈や訴訟手続にかかわる判断については，裁判官のみによる合議体で判断される（同条2項）。

（ii）裁判員制度，陪審制度そして参審制度～それぞれどう違うか？

刑事裁判における市民参加としては，映画やドラマに登場する英米の陪審制度を思い出す読者も多いであろう。また，ヨーロッパには，参審員というかたちで市民が裁判官と一緒になって裁判を行う制度を長く採用している国もある。わが国の裁判員制度と陪審制度，さらに参審制度（ここではドイツの制度と比較した）はどのように違うのかについては（**表1**）を参照してほしい。

（iii）裁判員選任手続　裁判員の選任手続は，当該裁判の前年の11月ごろに，各地方裁判所管轄の市町村の選挙管理委員会が選挙権のある住民を対象にくじ引きにより名簿を作成することから始まる。なお，2016年に改正公職選挙法が施行されたことで，投票年齢の下限が20歳から18歳に引き下げられたが，この改正後も18歳以上20歳未満については就職禁止事由にあたるとみなし，候補者名簿から削除することを定めた附則が同法に置かれていた。しかしこの附則は2021年に削除され，2022年4月1日以降は選挙権を持つ年齢と合わせて，裁判員候補者の年齢の下限も18歳に引き下げられた。上記の「名簿」に基づき，次年度の「裁判員候補者名簿」が作成され，その候補者に「質問票」が送付される。「質問票」により，各候補者が裁判員を辞退すべき理由に該当するか否かを確認する。裁判員対象事件が起訴されると，この名簿の中から候補者が無作為に選ばれ，裁判所で**選任手続**が行われる（裁判員法32条）。選任手続には，裁判官，裁判所書記官，検察官及び弁護人が出席して行われる。裁判所は必要と認めるときは，被告人を出席させることができる。手続は非公開である。（裁判員法32，33条）。選任手続では裁判所が法定の**欠格事由**（同14条），**就職禁止事由**（同15条），**事件に関連する不適格事由**（同17条）に該当し，またその他裁判所が不公平な裁判をする恐れがあると認めた者（同18条）について，当事者の請求または職権により不選任の決定をする。

検察官及び弁護人は，裁判員候補者についてそれぞれ4人を上限として「**理由を示さない不選任**」（同36条）をすることができる。また，裁判員候補者には法定の**辞退事由**も認められている（同16条）。これらの選任手続を経て残った裁判員候補者最終グループにさらにくじが適用され，実際に裁判に参加する裁判員と補充裁判員が選ばれる。英米の陪審制度では，弁護人，検察官がそれぞれ，自分たちに望ましい陪審候補者を選ぶための白熱した駆け引きを公開の選任手続（Voir Dire と呼ばれる）で行うが，わが国の裁判員選任手続では「くじ」という偶然的要素が大きな役割を果たすことも特徴の一つであろう。

(iv) 裁判員制度と公判手続　　裁判員制度には市民の協力が不可欠であることは間違いない。しかし刑事裁判があまりにも長引けば，市民からの協力は得にくくなるであろう。ゆえに裁判員裁判では**連日的開廷**が不可欠となる。かつては数年かかったような重大事件の裁判も数日程度で審理されることが多くなった。このように集中審理するためには事前の準備が必要となる。**公判前整理手続**（⇒ **UNIT 13**）は，裁判員制度を見越して導入されたものであり，証拠の整理や審理計画の策定を行う。裁判員対象事件は必ずこの手続に乗せられなければならない（同49条）。なお，2015年6月に施行された改正裁判員法によって，連日的開廷を行っても1年以上かかる裁判は裁判員裁判の対象から外されこととなった。

審理終了後，裁判員と裁判官は合議による評議を行うが，評決は多数決で決められる。ただし，単純多数決ではなく，構成裁判官及び裁判員の双方の意見を含む合議体の過半数の意見による（同67条1項）。また，量刑について意見が分かれた場合は，構成裁判官及び裁判員の双方の意見を含む合議体の過半数になるまで，被告人に最も不利益な意見の数を順次利益な意見の数に加え，その中でもっとも利益な意見による（同条2項）。英米の陪審制度が刑事事件においては原則としては**全員一致ルール**（Unanimous Rule）を採用していることと対比的である。この点，例えばスコットランドの陪審制度も（陪審員は16名で構成される）多数決により評決に至るが，同法域には死刑制度がない。死刑事件においても裁判体の全員一致を要求しないわが国の制度は極めて異例であると言えよう。

（v）裁判員制度の影響と残る課題　　裁判員制度の導入により，刑事手続には様々な変化が当然にもたらされたが，判決や量刑への影響はどうであろうか。高いことで有名なわが国の有罪率（99.89％）は，裁判員制度導入後もほとんど何らの変化も見られていない。死刑判決は裁判員制度導入により，やや微増したとさえ言える（⇒**UNIT13** 表2）。また量刑についてもほとんどの事件ではあまり大きな変化は見られないが，性犯罪については量刑に顕著な厳罰化傾向が見られる（参考文献④）。裁判に市民感覚を反映させることが裁判員制度の趣旨の一つだとするのであれば，量刑の幅が多様化することは想定の範囲内とも言える。しかし，**罪刑の均衡**もまた，刑事司法制度の基本的要請の一つであるから，同種事件において従来の量刑と大きくかけ離れた判決が言い渡されるのであれば，そのように判断した過程について，被告人だけでなく，社会に対しても丁寧に説明が行われる必要があろう。

ところで，裁判員は「評議の秘密」「その他の職務上知り得た秘密」を漏らしてはいけないという守秘義務を負い，これに違反すれば6月以下の懲役または50万円以下の罰金に処せられる（裁判員法108条）。このうち，「評議の秘密」とは，例えば評議の経過や，どのような意見が出たか，意見の数や多数決の人員などを含むと解されているが，話していいことといけないことの線引きも曖昧で，結果として裁判員経験者は単なる感想を述べる以外はほとんど何もしゃべれなくなってしまう。そしてこの守秘義務は一生続く。一方で，守秘義務があるからこそ，裁判員は安心して評議において議論できる，とする意見もある。しかし裁判員制度が社会に根付き，司法がより民主的になるためには，裁判員経験者の経験が社会に還元されることが重要である。曖昧でありながら厳しい守秘義務を見直すべきか否かについては議論が必要である。

ところで，とくに近年は裁判員候補者の選任手続への出席率が低下しているという問題がある。制度が開始した2009年の出席率は約84％であったが，2020年は約70％までに落ち込んだ。また，選任手続を経て裁判員となる人々が，社会の実際の構成よりも，会社勤めの男性が多く（逆に専業主婦の割合は実際の構成よりも低い），社会の様々なグループの人々の意見を取り込んだ裁判員制度にするためにはまだ課題も多い。（参考文献⑤）

犯罪被害者と刑事司法制度

（i）陽の当たらない存在から行動する被害者へ　わが国における犯罪被害者支援は欧米と比べると遅れてきたと言わざるを得ない。ところで，刑事手続においてはどの範囲の人々が被害者に含まれるのであろうか。刑訴法290条の2は，被害者等について「被害者又は被害者が死亡した場合若しくはその心身に重大な故障がある場合

における その配偶者，直系の親族若しくは兄弟姉妹をいう」としている。つまり，被害者本人と，被害者が死亡した場合はその遺族が被害者「等」と位置付けられる，ということになる。

わが国における最初の実質的な被害者支援制度は，1981年より施行された「犯罪被害者等給付金支給法」によるものであった。この法律はその後改正され，2001年7月1日より「犯罪被害者等の給付金に関する法律」が施行された。

一方，精神的な支援等，被害者等への具体的な配慮の必要性への意識が高まったのは1990年代後半以降である。この背景には，1995年1月17日に発生した「阪神・淡路大震災」や同年3月に起きた「地下鉄サリン事件」などが大きな契機といえよう。前者は犯罪ではないが，災害により深く傷ついた人々の中にはPTSDを発症した被災者もおり（その意味では犯罪の被害と共通性がある），そうした人々のへの息の長い支援と，また専門家だけでなく，ヴォランティアが支援に関わる重要性を社会が認識する大きなきっかけとなった。

刑事司法制度における犯罪被害者の具体的な権利の実現に大きな役割を果たしてきたのが，2000年1月に誕生した全国犯罪被害者の会（通称「あすの会」）であった。自身も犯罪被害者遺族である弁護士が代表を務め，その構成員も被害者やその遺族が多く含まれた。従来の被害者運動が被害者の窮状を訴えることを主な内容としていたことに比べ，「あすの会」は後述する被害者参加制度に代表されるように，刑事手続において被害者の声や意見が反映される範囲を大きく拡大することに寄与した。「あすの会」はその要望事項のかなりの部分が実現されたことや構成員の高齢化などを理由に2018年3月に活動を休止した。しかしその後，2022年3月に「新あすの会」として再結成し，国に対し「犯罪被害者庁」の設立や，加害者が賠償金を支払えない場合などに国が被害回復を行う等の政策を求めている。わが国の被害者保護政策に「あすの会」が今後も影響を与え続けるかについて注目する必要がある。

(ii) 刑事手続における被害者

① 被害者保護の芽生え　わが国においては1990年代後半から高まった被害者保護の動きは，警察が先導したことに特徴の一つがある。これはとくに，性犯罪被害者に対する警察の対応がときに配慮を欠き，二次被害（性犯罪の場合はとくにセカンド・レイプといわれることもある）の問題も指摘されてきたことへの反省が背景にある。警察庁では1996年より各都道府県警本部に性犯罪捜査専従捜査官を置き，被害者の心理に配慮した対応を進めてきた（参考文献⑤）。また同年警察庁により「被害者連絡実施要領」が制定され，身体犯の被害者に対して被疑者の処分状況について通知を始めた。この動きに続いて検察庁は1999年4月より「被害者等通知制度」を実施し，被害者が希望すれば事件の処理結果などの情報を通知するようになった。

② 具体的な法制定や法改正へ　こうした流れは，法改正にもつながっていく。2000年5月12日に「**刑事訴訟法及び検察審査会法の一部を改正する法律**」（以下，「2000年改正刑訴法」）及び「**犯罪被害者等の保護を図るための刑事手続に付随する措置に関する法律**」（以下，「犯罪被害者保護法」）が成立し，同月19日より施行された。この二つの法律をまとめて「**犯罪被害者等保護関連二法**」と呼ぶことがある。

まず，「2000年改正刑訴法」のもとでは，被害者が裁判で証言する際の配慮が大きく進んだ。これらは**証人への付添い**（刑訴法157条の4），**証人への遮蔽措置**（刑訴法157条の5），また性犯罪や児童福祉犯罪の被害者証人を中心とした**ビデオリンク・システムの採用**（刑訴法157条の6）である（2016年の刑訴法改正ではこの対象犯罪がさらに拡大された）。また児童である被害者が繰り返し事件について証言することによる負担を防止するためにビデオ証言の証拠利用についても規定された。

また，旧強姦罪等は親告罪であったため告訴期間（原則として犯人を知った日から6ヵ月）が置かれていた（2017年の刑法改正で非親告罪化された⇒**UNIT 17**）が，性犯罪については告訴期間の制限が撤廃された（刑訴法235条）。

ところで，「2000年刑訴法改正」は基本的に被害者「保護」を目的としていたと言えるが，「行動する被害者」の声が反映された改正も行われた。それが被害者等による意見の陳述（刑訴法292条の2）である。従来は裁判で必要とされれば「証言する」位置付けであった被害者であったが，被害者が希望した場合には被害に関する意見の陳述をする機会を裁判所が認めることとなった。欧米を中心にVictim Impact Statements（VIS）として採用されてきたものをモデルにした制度である。しかし，わが国の刑事手続は事実認定と量刑手続が二分されていない。従って被害者の意見陳述を事実認定の証拠としてはいけないことがとくに定められている（刑訴法292条の2第9項）。

(iii) 発展する被害者保護政策

① 犯罪被害者基本計画のインパクト　2004年12月1日，「**犯罪被害者等基本法**」（以下，基本法）が議員立法により成立し，翌年4月1日より施行された。「基本法」は被害者のための施策の基本理念を定め，その基本構想を条文化したものである。さらにこの「基本法」のもとでは，被害者のための施策とその体系を構築し，推進していくために，2005年12月27日に「**被害者等基本計画**」（以下，「基本計画」）が閣議決定された。この「基本計画」では，以下に挙げる5つの重点課題が掲げられた。すなわち，1. 損害回復・経済的支援

等への取組，2. 精神的・身体的被害の回復・防止への取組，3. 刑事手続への関与拡充への取組，4. 支援等のための体制整備への取組み，5. 国民の理解の増進と配慮・協力への取組，である。さらにこの「基本計画」のもとでの施策を受けて，2007年6月20日「**犯罪被害者等の権利利益の保護を図るための刑事訴訟法等の一部を改正するための法律**」(以下，「2007年刑訴法改正」)が成立し，同年施行された。上記のうち，刑事手続に大きく関係するのは1と3である。

② **損害賠償命令制度**　まず，1については，2006年6月13日に「**組織的な犯罪の処罰及び犯罪収益の規制等に関する法律の一部を改正する法律**」および「**犯罪被害財産等による被害回復給付基金の支給に関する法律**」が成立し，同年12月1日より施行された。これにより，財産犯罪等の犯人からその犯罪収益を剥奪し，損害回復にあてるための法整備が進んだ。また，これとは別に，過失犯と財産犯を除いた犯罪について，刑事裁判の成果を利用した民事裁判による**損害賠償命令制度**が新設され，2008年12月より施行された(「犯罪被害者保護法」17条以下)。ここでは，被害者が刑事裁判終了後に損害賠償命令の申立てを行えば，裁判所は有罪判決後に引き続き審理を行い，刑事裁判の訴訟記録等を取調べ，申立てに対する決定を行う。こうしてフランス等で採用されている**附帯私訴**制度に類似した制度が採用された。

③ **地方自治体による被害者支援**　以上見てきたのは国による被害者支援施策である。上で述べた「基本計画」はその後，第2次(2011年3月)，第3次(2016年4月)，第4次(2021年3月)と策定され，各都道府県における被害者支援窓口の設立も進められてきた。とくに第3次以降は，各地方自治体における**被害者支援条例**の制定が進み，都道府県では39団体，市区町村の多くが被害者支援を目的と

した条例を制定している（2022年4月1日現在）。例えば兵庫県明石市は，犯罪被害者遺族への損害賠償金が加害者から支払われない場合に立て替える制度（上限1000万円。市が加害者に対する求償権を取得する）を採用している。被害者が居住する地域の地方自治体による被害者支援が充実することは，各種サーヴィスへのよりよいアクセスを被害者に保証することになる一方，被害者の回復支援における国の責務を希薄化させないことも重要である。

被害者参加制度（刑訴法316条の33以下）── 当事者化する被害者

被害者の回復を国や民間団体が「支援」することは重要である。しかしそれだけでなく，被害者の中にはもっと「直接的」に刑事裁判に参加したい，と希望する人々もいる。前述の「基本計画」の重点課題3にあるように，被害者の刑事手続への関与を拡充するための議論が進められ，「2007年改正刑訴法」により，被害者参加制度が導入され，2008年12月1日より施行された。わが国の刑事訴訟は**当事者主義**構造をとっており，被告人と検察官が当事者であり，被害者はそこに含まれない。しかし被害者参加制度は被害者を「当事者」的立場で刑事裁判に関与させるものであると言えよう。被害者参加制度は一定の重大事件（刑事訴訟法316条の33第1項。）を対象に，被害者等が希望した場合に，裁判所が相当と認めれば，被害者の参加を許すものである。被害者参加人ができることは下記の事項である。

① **公判期日への出廷**（刑訴法316条の34）：傍聴席ではなく，「法廷の柵」の中に入りたいという被害者の思いに応え，在廷権を認めたものである。被害者参加人は検察官のすぐ後ろ等に着席する。

② **証人尋問**（刑訴法316条の36）：被害者参加人は情状に関する事項に限定して（犯罪事実に関するものは除く）ではあるが，証人に尋問をすることができる。証人尋問におけるやり取りは量刑の資料となるに

過ぎないことに注意が必要である。

③ **被告人に対する直接質問**（刑訴法 316 条の 37）：被害者参加人は次にのべる「弁論としての意見陳述」または上で述べた「被害者等による意見の陳述」（刑訴法 292 条の 2）をするために必要があるときは，被告人に直接質問することができる。質問事項は情状に関する事項に限定されない。したがって被害者参加人と被告人の間の質問と応答は事実認定の証拠としても量刑のための資料にもなり得る。

④ **弁論としての意見陳述**（刑訴法 316 条の 38）：被害者参加人は証拠上認められる「事実」や「法律の適用」について意見を述べることができる。被害者参加人が検察官とは別個に行う「論告・求刑」であると位置づけることができよう。但し，意見陳述が認められるのは「訴因として特定された事実の範囲内」である。例えば，傷害致死事件として起訴された事件の裁判において，被害者参加人が被告人には殺意があった旨陳述することや，傷害致死罪の法定刑に規定されていない死刑を求刑することは認められない。

裁判員制度と被害者参加制度の対象事件は大部分が重複する（完全に一致するわけではないことに注意）。裁判に両方の制度が適用される場合，裁判員が被害者感情によって大きな影響を受けるのではないかとする懸念もあった。しかし，被害者参加の有無によって量刑に大きな差が生じていることはこれまで観察されていないし，それは裁判官裁判においても同様である。

以上説明してきたように，2000 年の刑訴法改正以降，被害者が刑事手続に関与する機会は大幅に増えた。ところで，わが国の刑事手続の特徴として，事実認定も量刑も同じ裁判体が行うという点が挙げられる。このような刑事手続のなかで被害者の視点が強調され過ぎると，そのことが事実認定にも影響を与える危険性は完全には防止できない。被害者の意見を刑事手続に反映させる制度を維持していくのであれば，わが国でも手続二分を検討すべきである（参考資料⑦）。

被害者のプライヴァシーと刑事手続

「2007年刑訴法改正」により，公開の法廷における被害者特定事項の秘匿のための措置がとれるようになった（刑訴法290条の2）。被害者のプライヴァシーを保護することで，その負担や裁判における二次被害を防止すること自体は必要である。

ところで，逗子ストーカー殺人事件（2012年）では，被害者の住所等の情報が警察や行政から漏洩されたことが問題視され，逮捕状や起訴状においても被害者を匿名とする実務がとられるようになった（参考文献⑧）。この流れを受けて，2022年5月には逮捕状や起訴状において被害者の氏名や住所を秘匿するための刑事訴訟法改正案が法制審議会に諮問された。性犯罪やストーカー等の被害者のプライヴァシーや再被害を防止する必要性が非常に高いことは間違いない。しかし，逮捕状や起訴状は被疑者・被告人の防禦の範囲や訴因を明らかにするうえでも重要な資料である。被害者保護と被疑者・被告人の権利のバランスをどうとるかが議論されるべきである。

3　再審制度の課題

再審とは事実誤認を理由として，確定判決に対してなす非常救済手続である。憲法39条では二重の危険に基づく一事不再理を定めているのであるから，再審は利益再審しか認められない。再審請求の理由は刑事訴訟法435条に列挙されているが，主なものは同条6号に定められた再審理由であり，その要件は証拠の新規性および証拠の明白性である。判例は従来，法的安定性を重視し，証拠の新規性・明白性は厳格に解釈されてきたが，1975年の最高裁の「白鳥決定」により，無罪を言い渡すべき明らかな証拠かどうかについても「疑わしきは被告人の利益に」の原則が適用されると解されている。わが国における著名な再審事件としては，確定死刑囚に対する再審無罪判決である，免田事件（1983年），財田川事件（1984年），松山事件（1984年），島田事件（1989年）などがある。また，刑務所で16年以上を過ごした男性が，再審後無罪となった足利事件（2010年）も有名である（参考文献⑨）。

ところで，わが国の刑事手続においては，裁判所が再審決定を行っても，それに対して検察が即時抗告をすることが可能である。その後，検察の異議についての審理にまた長時間かかり，実際に再審が開始されるまでさらに時間を要するし，いったん出された再審決定が取り消されることもある。1961年に発生した「名張毒ぶどう酒事件」では，第7次再審請求を受けて出された再審開始決定（2005年4月）がその後，同じ名古屋高裁によって取り消され，再審請求人の男性は2015年10月に刑務所の中で89歳で亡くなった。また，袴田事件（1966年）においては，袴田氏は死刑判決を受けた後42年間拘禁され，その期間の長さによってギネスブックにも認定されたが，2014年3月に再審開始決定がなされた。しかし，検察からの即時抗告の審理に時間が費され，現時点（2022年12月）においてもまだ再審が開始されていない。これは異常な事態ではないだろうか。

刑事訴訟法においては再審について定めた規定は19条文しかなく，制度としても不十分な点が多い。2022年6月には，日弁連に再審法改正実現本部が実現され，再審請求手続における全面証拠開示や再審開始決定後の検察官の抗告の禁止を求めている。

冤罪が起きると，誤って罪に問われた無辜の人だけでなく，真犯人が捕まっていないことで犯罪被害者も一層苦しめられる。冤罪は絶対に避けなければならないが，人間が裁判を行う以上，間違いは起き得る。その場合にそれを早期に回復するプロセスがあることが健全な刑事手続である。海外に目を向けると，再審開始決定や冤罪原因究明のプロセスに第三者機関を関与させる制度を採用している国もある。代表的な例は英国の「**刑事事件再審査委員会**」(Criminal Cases Review Commission）である（参考文献⑩)。この **UNIT** でも見てきたように，刑事手続に「専門家以外」の視点を反映させることがわが国でも進められてきた。誤判回避についても，諸外国の例を参考にする価値はあるであろう。

変化し続ける刑事手続

(i) 検察の在り方検討会議から新時代の刑事司法制度へ　2010年9月に大阪地検特捜部のエース検事が証拠の改ざんにより逮捕された，いわゆる「**郵便不正事件**」は検察に対する社会の信用を大きく失墜させた（⇒ **UNIT 7**）。また，前述したいくつかの冤罪事件が社会的耳目を集めたこともあって，取調べに重点を置き過ぎた捜査手法は，虚偽自白の原因となることへの社会的認識も高まった。このような状況の改善策として，法務省は2010年11月に法制審議会に「**検察の在り方検討会議**」を設置し，15回の会議を経た後に，2011年3月に「**検察の再生に向けて**」とする提言を法務大臣に対して提出した（参考文献⑪)。2011年5月，当時の江田五月法務大臣は，刑事司法の改革を**法制審議会**に諮問した。この刑事司法改革で当初目指されたことは，取調べ及び公判調書に過度に依拠した捜査や公判（こうした裁判は**調書裁判**として批判されてきた）の在り方の見直しや，取調べの可視化を実現することであった。同年6月，法制審議会に「**新時代の刑事司法制度特別部会**」（以下，「特別部会」）が設置された。その構成メンバーは法曹や警察関係者，学者だけでなく，上記「郵便不正事件」において冤罪の被害者となった元厚労省事務次官，また映画監督等の26名の委員で構成された。特別部会は合計30回の会議を開催し，2014年7月に「**新時代の刑事司法**」答申案（以下，『答申案』）が出された（参考文献⑫）。この『答申案』では，当初最も重要な課題の一つとして想定されていた取調べの可視化については，全過程可視化の対象事件は一部の事件に限定されることに終わり（以下(ii)を参照），一方で，わが国にはなかった司法取引制度（以下(iii)を参照）や通信傍受法の対象犯罪の拡大など，捜査権限を強化する方向の改正も多く行われた。それぞれの改正の審議においては，かなり激しいやり取りがあったようである（参考文献⑬）。この答申を受け，2016年5月24日に「**刑事訴訟法の一部を改正する法律**」（以下，「2016年改正刑訴法」）が成立した。これにより改正される事項は多岐にわたるため，施行時期は四段階に分けられた（参考文献⑭）。

以下では，「2016年改正刑訴法」における改正のうち，取調べの可視化と司法取引に焦点を当て，説明する。

(ii) 取調べの可視化　　この **UNIT** でも説明したように，わが国では被疑者の身体拘束時間が一つの被疑事実につき23日間と長く，その間，警察や検察から取調べを受けるわけであるから，そもそも自白が強要される環境が発生しやすい。このような取調べを「可視化」するということは，広義においては弁護人等の立会や取調べ状況報告書の作成（犯罪捜査規範182条の2第1項）も含むが，より狭義には取調べを録音録画することを指す。取調べの可視化導入に対しては従来，警察や検察は強く反対の姿勢を示してきた。録音録画することで被疑者が却って真実を話さなくなるというのが主な反対の理由であった。しかし裁判員制度の導入により，自白の任意性が争われた際に，より客観的な証拠（つまり録音録画映像）を示す必要が高まり，警察は2008年9月ごろから裁判員対象事件において一部録音録画を始め（参考文献⑮），また検察も始めていた（参考文献⑯）。

「2016年改正刑訴法」によって，まず全過程可視化の対象を「裁判員裁判対象事件」と「検察による独自捜査事件」に限定し，導入されることとなった（刑訴法301条の2第1項）。そして，対象事件に該当する場合でも，① 機器の故障等により記録が困難である，② 録音等により被疑者が充分に供述できない，③ 被疑者及びその親族に加害行為のおそれがある，④ 指定暴力団の構成員による事件である，との事由に該当するときには例外的に録音録画をしなくてもよい，としている（刑訴法301条の2第4項1号〜4号）。また，全過程録音録画が義務化されるのは，被疑者が対象事件によって逮捕・勾留されている場合のみ（刑訴法301条の2第4項）であり，任意の取調べは対象とならないことにも注意が必要である。取調べの録音録画媒体は，公判において被疑者の**自白の任意性**が争われれば，検察官によりその取調べが請求されなければならない（刑訴法301条の2第1項）。

全過程可視化の対象事件があまりにも限定され過ぎていること（全体の2〜3％である）は大きな問題として残った。また重大事件においてしばしば行われるように，別件で逮捕，勾留後，起訴し，本件については任意で取調べるという手法については義務的全過程可視化の対象とならないという問題もある。しかしそれでもなお，全過程の録音録画が法制化されたことには大きな意味があることは間違いない。ところが一方で，被疑者が自白する様子の録音録画映像を判断者（裁判官，裁判員）が見て，自白が任意になされたものであるかを判断するだけでなく，自白の内容そのものを判断してしまう，取調べ録音録画映像の**実質証拠**化が新たな問題として浮上している。この議論の大きな契機となったのは，いわゆる**今市事件**の一審判決（2016年4月7日宇都宮地裁判決）である（参考文献⑰）。映像のインパクトは非常に大きく，取調べにおいて自白する様子の映像を見れば，たとえ公判段階で被告人が否認したとしても，裁判官や裁判員は映像に大きく依拠して判決を下してしまうことが考えられる。これらの問題は取調べの可視化のみによっては解決しない。取調べにおける**弁護人立会**制度の導入や**代用刑事施設**の廃止など，虚偽自白が獲得されやすい状況を改善することが重要となる。

(iii) 協議・合議制度 ── 日本型司法取引か？　アメリカでは刑事事件の約9割はいわゆる**司法取引**（Plea Bargaining）により処理されている。一方，わが国では「2016年改正刑訴法」による改正以前は，司法取引という制度は採用されていなかった。これは，司法の持つ廉潔なイメージに「取引」はそぐわないという意見が強かったこともその一因であった。しかし，上述のように新時代の刑事司法を議論するなかで取調べの可視化の導入が現実化する一方，捜査機関からは「あらたな捜査手法」を要求する声が高まった。

ところで，協議・合議制度については，**自己負罪型**（自分の犯罪についての自白を行うことで起訴を免れたり，減刑等の恩典を受ける）と捜査・公判協力型（共犯者等他人の特定の犯罪の捜査，起訴，公判に協力したことと引きかえに，自己に対する処分や訴追に関する恩典を受ける）に分けることができる。わが国では後者のタイプが導入され，2018年6月1日より施行された（刑訴法350条の2～350条の15）。

この制度の対象となる犯罪は，① 贈収賄，詐欺などの刑法上の財産犯罪，② 組織的詐欺など組織犯罪処罰法上の一定の犯罪，

③ 独占禁止法，不正競争防止法，著作権法，銀行法，貸金業法など財政経済関連犯罪，④ 一定の薬物犯罪，銃器犯罪，⑤ これらにかかる犯罪の証拠隠滅等司法妨害の罪等である。これらの事件について被疑者は（i）他人の犯罪について警察や検察に対して供述を行う（ii）裁判でこれらの犯罪について証言を行う（iii）証拠提出などで警察，検察に協力をする，等のことをすることができる。それと引きかえに検察官は（a）**不起訴処分**とする（b）起訴処分を取り消す（c）軽い求刑を行う（d）**即決裁判**を申し立てる，ことができる（参考文献⑱）。2019年に逮捕された日産の元会長カルロス・ゴーン氏の事件では，同社の元社員が自身の不起訴を免れる代わりに証言を行い，ゴーン氏の逮捕に結びついたとされている。

〈参考文献〉

① 松尾浩也「第4版の刊行にあたって」『刑事訴訟法判例百選（第4版）』（有斐閣，1981年）
② 司法制度改革審議会『司法制度改革審議会意見書 —— 21世紀の日本を支える司法制度』2001年6月12日
③ 宮澤節生ほか『ブリッジブック法システム入門（第3版）』（信山社，2015年）
④ 平山真理「裁判員制度の課題・展望・影響 —— 制度施行後2年間の性犯罪裁判員裁判の検討を通じて問う」法社会学第79号（2013年）
⑤ 平山真理「かくして裁判員制度は始まった —— しかし，欠けていたのは何か？　被告人の視点，被害者の視点，そしてジェンダーの視点」須網隆夫編『平成司法改革の研究 —— 理論なき改革はいかに挫折したのか』（岩波書店，2022年）
⑥ 板谷利加子『御直披』（角川書店，1998年）
⑦ 杉田宗久「裁判員裁判における手続二分論的運用」同『裁判員裁判の理論と実践』（成文堂，2012年）
⑧ 毎日新聞2013年6月15日記事

⑨ 菅家利和・佐藤博史『訊問の罠 ── 足利事件の真実』(角川書店, 2009年)
⑩ 日弁連えん罪原因究明第三者機関WG編著『えん罪原因を調査せよ ── 国会に第三者機関の設置を』(勁草書房, 2012年)
⑪ 検察の在り方検討会議提言『検察の再生に向けて』2011年3月31日〈http://www.moj.go.jp/content/000072551.pdf〉
⑫ 『新時代の刑事司法の構築についての調査審議の結果【案】』〈www.moj.go.jp/content/000125178.pdf〉
⑬ 周防正行『それでもボクは会議で闘う ── ドキュメント刑事司法改革』(岩波書店, 2015年)
⑭ 警察庁「警察における録音録画の実施状況について」2017年5月〈https://www.npa.go.jp/bureau/criminal/sousa/record/h290525rokuon.pdf〉
⑮ 最高検察庁「検察における録音・録画の実施状況」〈http://www.kensatsu.go.jp/kakuchou/supreme/rokuon_rokuga01.html〉
⑯ 「2016年改正刑訴法成立に伴う注意点」刑事弁護ビギナーズver.2(季刊刑事弁護増刊)補遺 http://www.genjin.jp/files/supplement/keijibengobignnerssupplement201804.pdf
⑰ 平山真理「今市事件裁判員裁判における被疑者取調べ録音録画映像のインパクト ── 刑事裁判のリアリティ」上石圭一他編『現代日本の法過程(宮澤節生先生古稀記念)下巻』(信山社, 2017年)
⑱ 市川雅人『日本版司法取引の実務と展望:米国等の事情に学ぶ捜査協力型司法取引の新潮流』(現代人文社, 2019年)

ステップアップ

オリジナルで考えよう

参考文献④を読んで, 性犯罪事件が裁判員裁判で審理される際には, 被告人, 弁護人, 被害者, 検察官, 裁判員, 裁判官のそれぞれの観点から見てどのようなメリットとデメリットがあるか, を考えよう。

PART V

法の変動と社会の変動

UNIT 15

法の使用が社会を変えるのか

Point 私たち市民が原告となって訴訟をすることによって，政府や立法府が主導権をもつ政策形成に影響力を行使することができるだろうか。

1 訴訟を通じた政策形成

政策形成の場を司法に求めることはできるか

UNIT 1 で政治学における立法過程研究の展開を学んだ読者なら，立法過程への働きかけによって自らの要求を反映した法の成立を目指す行為は，一般市民にとってきわめて多難な道のりになるということがすぐに理解できるだろう。現代の社会では，一般の市民が自らの利害を直接法に反映させうるような強力なアクセスを立法過程にもつことは一般的にいってほぼ不可能に近い。

なぜなら，**政策形成過程**へのアクセスは，経済団体など，ごく限られたいわゆる**利益集団**にほぼ集中的に独占されており，その他の集団，たとえば消費者団体や労働組合といった大規模に組織された集団でさえ，自らの利害を立法過程への参画を通して法の内容に反映させることは事実上非常に困難であるという背景があるからである。

しかし他方，新たに社会に生じた何らかの新しい価値観や利益の主張に，「新しい権利」としての，いわばお墨付きを与える方法が皆無というわけではない。立法過程での要求の実現を断念せざるをえない場合でも，訴訟をはじめとする司法過程を通じて新しい権利を公に承認させることに成功する可能性がある。

たしかに，社会における利害対立の帰趨を国家の強制力を伴う判決をもって決定できる訴訟を，新しい権利をつくりだす装置としてみることは，判例が実際に先例として果たしている役割をみれば十分可能であるように思われる。

政策志向の現代型訴訟とその困難

(i) 新しい権利を求める訴訟　そして，実際日本では社会の変化と連動して発生する新しいタイプのさまざまな主張を「新しい権利」として，あるいは既存の実定法上の権利によって根拠づけられるものとして承認せよと求めるタイプの訴訟が，特に高度成長期以降活発に展開されてきている。いわゆる「現代型訴訟」の経験（参考文献①，**UNIT 12** でもすでに触れた）は，まさにその典型を示している。現代型訴訟を通じて主張されてきた「新しい権利」には，たとえば環境権，日照権，嫌煙権，自己決定権（子供の権利，患者の権利，高齢者の権利，性と生殖に関する女性の再生産の権利であるリプロダクティヴ・ライツ），自然の権利，プライヴァシーの権利といったものがあげられるだろう。

(ii) 失敗の歴史とその背景　ところが，これらの新しい権利の主張は，プライヴァシーの権利や日照権を除いては，ほぼことごとく判決によって公的な承認を得ることに失敗してきた。なぜ，「新しい権利」の主張はこのような失敗の歴史をたどってきたのだろうか。この点については，以下のような背景があるだろう。

「新しい権利」の主張を必要とするのは，複雑化・高度化する現代の社会において次々に生じる社会的問題に直面する人々や，新しい価値観やライフスタイルを身につけた人々である。先に述べたように，訴訟を通じて「新しい権利」の形成を試みるのは，多くの場合立法過程へのアクセスをもたないゆえに，司法の場で「権利」によって自らの利害を語らざるをえない主体である。たとえばHIV訴訟（参考文献⑭）や後でも触れるハンセン病訴訟に典型的にみられるように，差別が再強化される恐れにもかかわらず，裁判所に頼らざるを得ないのである。そこで，そのような新しい権利や利益の主張を行う主体にとっては，メディアを通じた社会へのインパクトという観点からも大規模な原告団および弁護団による集団訴訟が望ましいとされる。

そもそも，事業者や行政など関係主体の利害関係に大きな変化を生じさせる可能性のある新しい権利の司法による承認は，法的な正当性に支えられた有力な武器を一方当事者に与える契機にほかならない（この視点につき，参考文献② 20頁）。しかし，裁判所は従来このことに非常に消極的であった。その背景には日本における伝統的な司法消極主義とそれを再強化する司法行政による裁判官統制があろう（⇒ **UNIT 8－9**）。統治機構の他の二部門（立法・行政）との決定的対立を避け，行政権の司法への介入を回避する必要から伝統的に積極的な政策形成に抑制的であり続けてきたと考えられている。

また，行政訴訟や国家賠償訴訟では，担当官庁は行政の義務の明確化を回避する傾向から，下級審で敗訴した場合でも控訴・上告により徹底して争うのが常である。さらに，公害や薬害など原告側が早期の救済を求めている場合など，判決が確定すると自らに不利だと予測可能なら和解で妥協し，判例による新しい権利の確立を妨げることが容易にできるのである。

(iii) 典型例としての水俣病訴訟　　このように，国や企業など組織体との格差が公害訴訟などでの原告の訴訟継続を困難にする側面は大変重要である。その典型的な例として**水俣病訴訟**の原告の訴訟戦略に，組織的・経済的・時間的制約や健康上の問題がもたらした影響の例がある。水俣病未認定患者による国家賠償訴訟のうち，関西での訴訟以外では，1995年の村山内閣によるいわゆる「政治解決」による救済を受けることに合意し，訴訟を取り下げた。この協定は国や県の法的責任を明確化したものではない。しかし，その後唯一合意に加わらなかった関西訴訟では2004年最高裁判決で国および県の責任が認定された（⇒ **UNIT 12**）。このことはむしろ，訴訟を継続していさえすれば，関西訴訟以外の他の訴訟でも最高裁で同様の判決を得た可能性が高いにもかかわらず，前述のさまざまな制約が考慮されざるをえなかった事情を示唆している。早期の救済を受けることが優先された結果，原告が訴訟による権利の承認を断念せざるをえなかったのである（朝日新聞2004年10月16日朝刊「やっと認めてもろた　提訴から22年　水俣病関西訴訟，最高裁判決」，参考文献③21頁）。

これらの事情から，訴訟によって新しい権利を主張する行為は一般的にいって失敗の可能性が高いといわざるをえないだろう。

「政治過程」という視点

裁判による「新しい権利」の主張には，様々な社会的要因が作用する，ということがわかった。さて，「新しい権利」により，自らの主張が法的に正当なものになる，ということは，政治学上の用語で言い換えれば，「合法性」という権力資源を一方の当事者が獲得する，ということである。つまり，新しい権利の主張を含む政策形成訴訟の帰趨（きすう）に作用する社会的諸要因のダイナミクスを分析する際の視点として，それが本質的に合法性という資源の獲得をめぐる政治過程であるとみることができるのである。

2 「権利」の政治学的見方

権利の政治学

実際にアメリカでは「新しい権利」の形成過程を政治学的なアプローチによって分析しようという研究（「権利の政治学」）が 1970 年代以来蓄積されてきている。

私たちは判決である主張が認められれば，判決内容に沿った社会変化が自動的に訪れるはずと考えがちである。また，裁判のプロセスは，政治過程とは全く異なったプロセスと捉えられがちである（参考文献④）。「権利の政治学」は，このような見方，考え方を「権利の神話」として，批判し，乗り越えようというアプローチである。

「権利の政治学」では，「新しい権利」の主張はさまざまな利害関係を持った当事者がかかわる政治過程として把握される。したがって，裁判所の実際の役割も，より当事者たちがおかれた状況に即して観察，理解しようという志向を持つことになる。

政策形成効果の限界

この視点からの観察からは，必然的に，「新しい権利」の主張にとって司法過程は唯一の権利主張の場ではなく，その位置付けは相対的なものに過ぎないということがわかってくる。つまり，権利の形成を目指す主体にとって訴訟は絶対的なよりどころというほどのものではなく，あくまで選択肢の一つなのである。また，仮に裁判所によって「新しい権利」の主張が認められたとしても，それだけでは，行政による対策や新しい立法に効果を発揮できるとは限らない。

実際，裁判所は立法・行政ほどの政策立案能力もその実施の権限ももたないので，司法における新しい権利の確立が現実に政策形成過程にすぐさま実質的なインパクトを及ぼすことはほとんどないといってもよい。このことは議員定数の不均衡をめぐる訴訟の判決が，なかなか実際の議席配分の変化に結びついていかないことからも明らかである（参考文献⑤）。

つまり，原告に有利な判決をテコに政策形成過程にすぐさま影響力を行使できるという「権利の政治学」の期待は，淡い期待に過ぎず（参考文献④），アメリカの司法積極主義的伝統のもとにおいてさえも，裁判所の政策形成機能は非常に限定的なものであるとするネガティヴな評価が一般的なのである。

3　法使用の効果

法使用の間接効果Ⅰ ── 象徴的機能

では，「新しい権利」を主張するような，政策形成型の訴訟は，結局それほどの役割を果たせないのだろうか。確かに，判決が直接に政策形成を導くか否か，ということになると，否定的な評価しか与えられないだろう。

（i）象徴的な機能　　一方で，裁判にはそのプロセス自体から生み出される，いわば間接的な社会的効果も存在する。まず，裁判自体が一種の**象徴的機能**を果たす場合がある。「新しい権利」主張の多くは，社会の変化とともに生じたさまざまな新しい社会的問題を解決しようというニーズを背景にもっており，例えば，環境保護運動や女性の地位向上運動のように，従来の価値観を転換させようという運動によって行われていることが多い。このような新しい価値を希求する**社会運動**は，「新しい権利」の主張を裁判所で展開することを通して，その社会運動の正当性の強化を目指しているのである（このようなタイプの社会運動を「**法運動**」と呼ぶ）。つまり，裁判は運動にとり正当性の象徴あるいは源泉としての位置づけを与えられているといえるのである。

そのための不可欠な要素が，裁判を通じて社会問題を告発すること，すなわち裁判の（特にメディアへの）**社会問題開示機能**の活用である。社会問題の存在を広く一般に広めるということが裁判の重要な目的となっているようなケースでは，相手方への損害賠償の請求などの法的主張自体は，告発のひとつの手段という位置づけになっているということもあるのである。同時に，裁判では立証の過程で過去の被害のストーリーを公開の法廷での弁論などを通してつまびらかにしていくといういわば，「事実の再構築」が行われ，それが報道を通じてよりいっそう社会へインパクトを与えていくことにつながるのである。

① ハンセン病国家賠償訴訟　たとえば，1998年から2001年にかけての**ハンセン病国家賠償訴訟**では，被害のストーリーが原告の意見陳述・尋問・療養所の現地検証等，裁判の各段階を通じて再構築されている。裁判が社会的弱者としての立場から国の行為の告発者へという自己認識の転換の場となっているのである。同時に，訴訟手続を通じて社会に開示されたこの被害のドラマの強烈なインパ

クトがメディアを通して原告に共感する世論をつくりだし，裁判のプロセスへ影響力を及ぼしてゆくのである（参考文献⑥，また，公害調停に関する事例だが，参考文献⑦）。

② **スモン訴訟と水俣病訴訟**　同様なことは，1970年代のスモン**訴訟**において，「奇病」患者という誤解にさらされていた薬害被害者が，薬事行政や医薬品業界のシステムそのものに対する薬害告発者の役割を獲得していった過程（参考文献② 48頁）や，前にも触れた1980年代以降の未認定患者による**水俣病訴訟**が，いわゆる「偽患者」とのスティグマを払拭し，正当な告発者としての社会的な認知を患者たちに与えていく経過のうちにも見てとれる（参考文献③ 280～283頁）。

これらの事例で，裁判に期待されている役割の少なくとも一部は，不当な被害を生み出した社会システムへの**異議申立**の象徴としての役割なのである。

（ii）法使用の積極的意義付け　このことはまた，裁判が最後の手段として，他に選択肢のない中で消極的選択の結果として選択されたとは必ずしもいえないことを示してもいる。すなわち，異議申立のための裁判が発揮する社会問題開示の象徴的な機能は，そもそも公開で，当事者中心に手続きが進む現代の裁判が，その仕組みの上で本質的に有している性格であり，裁判所による直接的な法的権利の承認の「付随物」ではないということである。

法使用の間接効果Ⅱ ── 権利意識の変容

（i）権利意識の変容　また，裁判を通じての「新しい権利」の主張には，その**間接効果**として**権利意識の変容**を促す側面が存在するといわれている。たとえば，同等の価値を持つと思われる異なった職種には同等の賃金が支払われるべきとする「同一価値労働同一賃金の原則」の実現を求めたアメリカでの法運動の事例研究が参考になる。この運動では，法的な意味では裁判所からほとんど成果を引き出せなかったにもかかわらず，長期的には当事者の権利意識に変化が生じ，その意味で，裁判が政策変更へ向けた政治過程へのテコとしての役割を果たしているという（参考文献④）。日本でも，大規模訴訟の原告団が権利意識形成や変容の場となっているとの指摘もある（参考文献⑧ 248～249 頁）。

（ii）社会意識の変容作用　　さらに，当事者の権利意識同様，メディアを通じた社会意識の変容という作用も見逃すことができない。一例を挙げると，80 年代の嫌煙権訴訟やその後の 90 年代のタバコ PL 訴訟では裁判の過程そのものが運動を活性化させ，報告集会や出版活動等を通して社会に対して新しい価値観を広報していくきっかけとなった（参考文献⑨）。この裁判がきっかけとなって（もちろんそれのみによるのではないが）喫煙に対する意識の劇的な変化がその後 20 年程度で急速に進み，喫煙をめぐる私たちの意識は大きく変わった。

同様のことは，前述のハンセン病訴訟における原告や，訴訟に加わっていなかった元患者たちの権利意識の変化と，メディア報道を通じた社会意識の変化のプロセスにおいても観察される（参考文献⑥）。

以上のように，裁判には，法の象徴的機能を活性化させ，権利意識を変化させるというもうひとつの役割がある。当事者たちは，裁判をいわば劇場として利用することにより法使用の間接効果を得ることができるのである。

法使用の実質的効果

ここまでの話では，裁判において「新しい権利」を認めさせたい場合，主に期待できるのは権利意識の変化などの間接効果に限定されることになりそうである。

一方,「新しい権利」の形成を実質的効果の面からみると,その成否の判断基準を裁判での勝ち負けに限定する必要は必ずしもない。たとえば,行政による何らかの措置や当事者の救済のための特別立法などによって,実質的に当事者の目的が達成されていく場合があるのである。

(i) 実質的効果の具体的事例　たとえば,いわゆるタバコ訴訟(新幹線の禁煙車両設置と損害賠償を求める嫌煙権訴訟,前述のタバコ起因疾病患者たちによるタバコ PL 訴訟)ではどうだろうか。嫌煙権訴訟では原告の請求そのものは退けられたにもかかわらず,新幹線の禁煙車両設置・拡大が 80 年代以降に急速に進んだ。また,医療費関連支出の伸び抑制の必要が強く意識されるようになり,90 年代末のタバコ PL 訴訟とおおよそ同時期に,タバコ産業と財務省(当時は大蔵省)主導の拡販政策が,禁煙支援・喫煙対策重視の政策へ転換し始めた(参考文献⑨)。このような傾向は 2002 年の健康増進法の成立と,その後の企業・自治体等,組織体における喫煙対策・禁煙支援の浸透によりさらに加速された。

このような裁判の実質的なインパクトは,**四大公害訴訟**など現代型訴訟の端緒となったような裁判においても観察することができる(参考文献⑩ 30 ~ 31 頁)。相次いで公害訴訟が提起された 60 年代後半から各裁判所の判決が下された 70 年代初めにかけての,いわゆる「公害国会」における公害対策関連立法や,環境庁創設がそれにあたる。

(ii) 政策形成のタイミング　これらの政策の立案は,必ずしも判決を待って行われたわけではなく,訴訟プロセスと同時に進行し,判決後の当事者の救済に重要な役割を果たしている。水俣病訴訟では,原告の勝訴判決後,**公害健康被害補償法**(1973 年成立)に基づく公

害健康被害補償制度が利用され，患者団体と被告企業が補償等に関する協定を締結している。さらに，80年代になって未認定の水俣病患者が国家賠償を求めた訴訟では，すでに述べたように村山内閣時の「閣議了解」によって包括的な政治解決が図られた。その内容は国の賠償責任を認めたわけではないにせよ，一時金，医療費，医療対策事業，地域再生・振興事業など，たとえ十分ではなくとも実質的な救済を原告に与えるものである（朝日新聞1995年12月15日夕刊「水俣病，村山首相が陳謝　政府，救済問題で最終解決策を決定」，参考文献③273～275頁）。

四日市大気汚染訴訟に関しては，判決における共同不法行為の認定など裁判における勝利という観点からは最も成功した事例のひとつといえるが，他方では，当事者への被害補償という観点からは判決内容の履行のみでは実際には不十分で，訴訟を契機として成立した「公害に係る健康被害の救済に関する特別措置法」による救済が必要であった。また，水俣病訴訟同様，公害健康被害補償法に基づく協定が，原告有利の判決がテコになって締結されていることこそが重要である（参考文献⑩）。

四大公害訴訟以外でも，国道43号線訴訟では，1995年の最高裁判決でそれまで生じた損害の賠償のみが認められている一方で，国の側の対応として道路交通公害対策関係省庁連絡会議が設置され総合対策が実施されている。また，**大阪空港訴訟**最高裁判決は，賠償は得たものの，環境権の承認に失敗した事例として有名である。しかし，国会での対策立法と行政による各種の対策は，離発着制限など事実上裁判による権利の形成と同じ効果を当事者にもたらしている面がある。

(iii) 実質的効果を生む条件　　このように，裁判には，間接効果には留まらず，立法や行政を動かし，実質的に当事者の目的を達成させるきっかけを与える効果が存在している。しかし，そのような効果はいかなる場合にも伴うというわけではない。たとえば，活発な社会運動が背景に存在していたり，支援運動の分厚いネットワークが存在している場合で，なおかつ長期にわたり継続的に裁判が繰り返される場合に，他の活動と組み合わさりながら，いわばボディブロー的に徐々に立法や行政の政策形成過程にインパクトを及ぼす可能性が高まる（参考文献④ 12頁）。

そのような好ましい前提条件が存在する場合であれば，たとえば**医療過誤訴訟**のように，個別の訴訟ごとに新しい権利の形成が目指されているわけでもないし，かつ公害訴訟のような大規模で社会的注目を浴びるわけでもない場合でも，何らかの政策形成に結びつく場合がありうる。近年，医療過誤訴訟には弁護士・医師等の分厚い支援のネットワークが形成されており，複雑な専門技術的論点を含むこの種の訴訟も以前より提訴しやすい状況が生み出され，それが訴訟数の増大を招いている。この訴訟数の増大が，裁判所が医療過誤訴訟の手続改革を中心とした制度改革（鑑定人推薦のための最高裁医事関係訴訟委員会をはじめとする協議会の設置や，東京・大阪両地裁から始まった医療集中部設置等）へ向かう状況を作り出す要因となっていると思われる。

(iv) 法使用の意義　新しい権利を求める訴訟にとって法の使用がもつ実質的意義を以下に整理しておこう。

法使用と組み合わせての多様な活動の重層的な蓄積が**ボディブロー効果**を発揮して，たとえば公害訴訟の場合であれば，救済のための立法や，行政による対策を通じて目的の達成を促進する作用がある。たしかに，司法はそもそも本質的に権利形成を目的とする場とはいえず，単独では十分な役割を果たせない。その意味では，司法によらずとも，国会による立法と行政の対策さえあれば足りるともいえる。しかし，現代型訴訟や政策形成型訴訟の多くの事例において，国による対策や救済のための立法も裁判がきっかけになってはじめて実現しているのであって，裁判が新しい政策の形成に寄与する程度を過小評価できない。参考文献⑪は国籍法違憲判決に至る当事者の運動と裁判官の判断枠組の変容が国籍法改正へと至るプロセスの詳細な分析であり，この点についての好個の例を提供している。

つまり，他の手段に乏しいための消極的選択の結果として裁判に賭ける場合であっても，あるいは戦略的かつ道具的に法を用いる場合であっても（参考文献⑫），裁判は司法の外での政治的プロセスに，動き出すきっかけを与えうるものなのである。

新しい視点の必要性

このように，裁判による「新しい権利」の形成や，被害者の救済を個々の判決の内容だけを中心に把握することには限界がある。判決自体は，権利の形成や救済を自動的に実現するわけではないが，逆に有利な判決をえられなくても，裁判のプロセスそのものがテコになって当事者たちの目的が実質的に達成されてゆくこともある。わたしたちには，裁判の役割についてリーガリスティック（法律中心主義的）な見方から一定の距離をおいた観察が求められることとなろう（参考文献⑬）。

4　訴訟による権利の形成再検討

判決によって「新しい権利」が認められることが，最も大きな社会的インパクトを与えることはいうまでもない。勝訴判決は，その後の交渉過程や他の同種の訴訟の帰趨に大きな影響を与えたり，新規の提訴や原告勝訴的な和解を促進するきっかけともなる。その意味で，実は，21世紀に入って以降，裁判所が原告を勝訴させることで，実質的に国に一定の政策形成や変更を求める傾向が強まりつつあるように思われることは，権利の形成を求めるタイプの訴訟にとって重要な意味がある。

具体的には，たとえば，すでにとりあげた水俣病関西訴訟の最高裁判決（2004年）での原告側の勝訴，ハンセン病国家賠償請求訴訟での熊本地裁の確定判決（2001年）などが典型的な例である。それぞれ，原告の実質的な勝利にいたる要因は多様であるが，変化の背景として以下の3点を指摘できる。

（i）政治的機会構造の変化　第一に，政治的機会構造の変化である。政治運動論における政治的機会構造論は，一般の市民にどの程度政策形成過程へのアクセスの機会が与えられているか，そのための条件を重視する。1993年以降自民党単独政権は実現しておらず，この間短期間の非自民連立政権を経て自民党中心の連立政権が続いてきた。連立政権下では，官僚機構や政府・与党など政策形成に影響力を行使する集団間の利害が一致しない可能性が，単独政権の時よりも高まるので，「新しい権利」の主張による政策変更をもとめる訴訟も，政策決定者の側に同調者をみつけるのがより容易になるはずである。

たとえば，ハンセン病訴訟の熊本地裁判決後，国が控訴を断念し判決確定に至るプロセスは，裁判を通じて原告を支持する世論が高まったことが，連立与党を構成する公明党および自民党の一部が控訴反対にまわるという，政権内部の分裂を招いたことを示している。

また，HIV 訴訟の過程で原告の勝訴的和解を決定づける証拠となった，自社さ連立政権時の厚生大臣（当時）の指示による厚生省内部資料の開示も，端的に政権と官僚機構との不一致を示しているといえるだろう（参考文献⑭）。これらのことは，政治的機会構造が1990 年代以降の政治状勢の変化により，より当事者に開かれたものとなっていることの反映なのである。逆にいうと，2012 年以降安倍政権のもとで，自民党の影響力が相対的に上昇することにより，政治的機会構造は閉じたものになってきているはずだといえる。

(ii) 法使用の積み重ね　　また，四大公害訴訟以来，長期間にわたって「新しい権利」の形成を求める法使用が積み重ねられてきたことが，当事者たちの権利意識を目ざめさせると同時に，「新しい権利」の裁判による主張を，自然なものとみなすような社会意識の変化を促している面がある。裁判所といえどももちろん社会から孤立した存在ではなく，その判断の正統性の根拠を社会に求めざるをえない。したがって，裁判所もある程度社会の変化や，新しい価値観の社会的な受容の程度を測りつつ，法的な決定を行わざるをえない。なんらかの新しい価値観が，多くの人々に支持されるようになっているのであれば，裁判所がそれを「新しい権利」として認める可能性も相対的に高まる。

このように，裁判所が法的決定をある程度社会意識の変化に開かれたものとしている一つの明確な例として，嫌煙権訴訟では裁判所による受忍限度の判断基準に「社会通念」という考え方が持ち込まれ，法的決定の内容が時々の社会意識の如何により変化しうるものと実質上明示していることがあげられる（参考文献⑮）。

(iii)「法の支配」の要請　　第三に，2000 年代の司法改革の過程で特に高まった「法の支配」への社会的要請がある。いわゆる「法化」の進展が，政策形成への司法の積極介入への障壁を低下させているという側面があろう。

勝訴の効果

判決や和解それ自体は，形の上では勝利しているように見えても，当事者に自動的に利益を与えるものでないことは繰り返し述べた。一方で，ハンセン病訴訟の熊本地裁における勝訴判決後の劇的な原告数増加は，まぎれもなく勝訴による負のレッテルの除去と同時にもたらされた当事者たちの権利意識の変化に伴うものである。また，他の裁判所で同時進行していた訴訟における勝訴的和解の促進など，裁判における勝利には，即時に劇的な変化をもたらしうるという固有の実質的な意義を見出せるのである。

5　法は社会をどこまで変えられるのか

労働市場の変化と男女雇用機会均等法

次に，法は社会に変化をもたらすものだとして，一体それがどこまで私たちの社会に深く根付いている社会的関係にまで影響を及ぼすことができるかを考えてみよう。これから見る例は，法が立法の際に想定されていた以外の局面で一定の社会変化をもたらしている事例である。では，労働市場における女子労働力の量的側面と質的側面の変化が男女雇用機会均等法（1985年）とどのようにかかわっているのかを検討しよう（参考文献⑯ 319～326頁，参考文献⑰）。

女性の労働のうち，いわゆるアンペイドワークとしての家事・育児・介護について，参考文献⑱の『男女共同参画白書　令和3年版』（「Ⅰ-3-6図　子どもの出生年別第1子出産前後の妻の就業経歴」）をみると，

図1　女性の年齢階級別労働力率の推移（1980 ～ 2020 年）

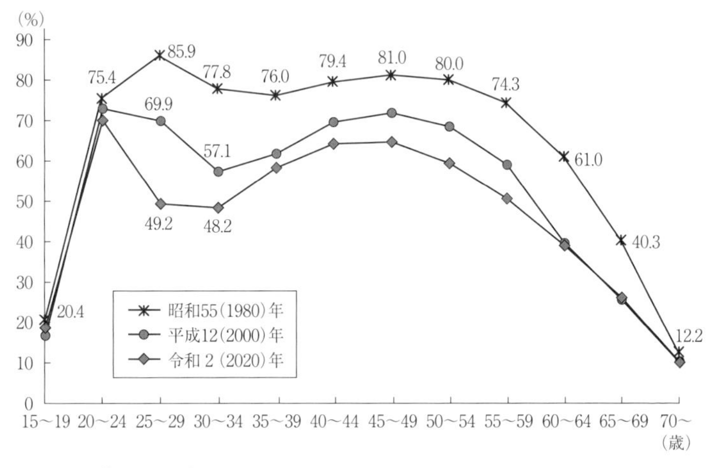

原出所：『労働力調査』
出典：『男女共同参画白書』令和３年版

これまで，４割前後で推移してきた第１子出産前後の女性就業継続率が５割程度に上昇したことが示されているが，それでも依然半数は離職を選択していることがわかる。また，同白書の「Ⅰ-特-38図　６歳未満の子供を持つ夫婦の家事・育児関連時間の推移（共働きか否か別）」では，2006 年以降の夫の家事・育児関連時間は増加傾向にあるものの，妻と比較すると低水準であることが指摘されている。

他方，同白書「Ⅰ-2-1図　就業者数及び就業率の推移」では，女性の就業者数は男性の減少傾向とは対照的に 2003 年以降 2019 年まで上昇を続け，全就業者の約 40 %以上を女性が占めている。

このように家事労働時間が減少しているわけではないにもかかわらず，女性の就業者数は上昇を続けている。その帰結として，女性の労働に関する研究ではよく知られているＭ字カーブ（日本の女性の年齢階級別労働力率のグラフが，30代から40代にかけての有職率が低いためにアルファベットのM字に近い形状を示すこと）の1980年・2000年・2020年のデータを比較すると，20代から30代にかけてのM字部分の曲線全体が上方に移動するという現象がみられる（図1）。確かに，M字部分の落ち込みの角度は緩やかになり，全体にやや台形に近づいてきてはいるものの，やはり，労働市場における女性のプレゼンスが上昇しつつも，女性が主として家事を担当すべきという性別役割分業的な慣行がなお残存していることが示唆されているといえよう。

1985年均等法

さてこの間，女性の雇用をめぐる立法上の大きな動きとして1985年に男女雇用機会均等法が成立した。それまで雇用における男女平等政策としては労働基準法で賃金差別のみが禁止されていたが，この法律は募集・採用，配置・昇進について男女に均等な機会を与えるという努力義務を事業者に課し（この時点では強行規定ではなく努力義務に留まる），教育訓練・福利厚生・定年・退職・解雇について，男女の差別的取扱いを禁止するなど，広範に雇用における男女の平等を規定した。企業の雇用慣行に相応の影響を与えるはずだと想像できるだろう。

しかし，男女雇用機会均等法の労働市場，特に女性の労働へのインパクトを検討してみると，一般に期待されるような効果をそこに見出すのは，実は難しいことがわかる。確かに女性の労働力人口はほぼ一貫して上昇傾向にはあるが，就業者人口における女性割合の増加率も，被用者人口における女性割合の増加率も，均等法が制定された1985年以後に顕著な変動を見せるわけではない。様々なデータを確認すると，前者に関して言えば，1990年代以降はむしろ横ばい傾向であり，後者に関しては1985年以前から継続的に上昇してきた女性割合の伸び率が2000年以後鈍化している。これらのことから，男女雇用機会均等法は労働力人口に占める女性割合には明確なインパクトを与えていないという結論を導けそうである。

非正規雇用の増加と均等法

(i) 均等法のインパクト　他方，労働力人口の統計的推移とは異なった側面で男女雇用機会均等法のインパクトが現れている。男女雇用機会均等法を契機として企業における導入が始まったいわゆる「コース別雇用管理制度」により，企画的業務に従事して全国的規模で転勤するコース（総合職）と，定型的業務に従事し，転居を伴う転勤のないコース（一般職）に分かれた採用が開始された。この制度は，総合職への女性の採用により，女性の職務内容の拡大と昇進・昇格を連動させるという可能性を期待されたものだった。たしかに管理職の女性割合の推移（図2）をみると，80年代末から90年代前半にかけて，管理職の女性割合は特に民間企業の係長相当で相応の伸びを示しており，均等法以後，女性管理職従事者数の上昇という現象がこの時期に現れていたことを示している。ただし，この伸び率も，90年代後半からは鈍化し，それ以後微増程度の伸びであるし，課長相当以上の役職における女性割合も，80年代末以降全体的には微増という程度である。

このことは，男女雇用機会均等法が厳密な意味で男女平等を実現しうるような性格をそもそも有していないことに起因する。つまり雇用関係における男女の平等な取扱いを義務化するのでなく，女性の差別のみを規制（それも罰則なしの努力義務）する片面的性格を持たされていたため，例えば，「総合職」として男性のみを採用し，「一般職」として女性のみを採用することは均等法に反しないということになっていたのである（参考文献⑲）。

図２　管理職の女性割合の推移（1980～2020年）

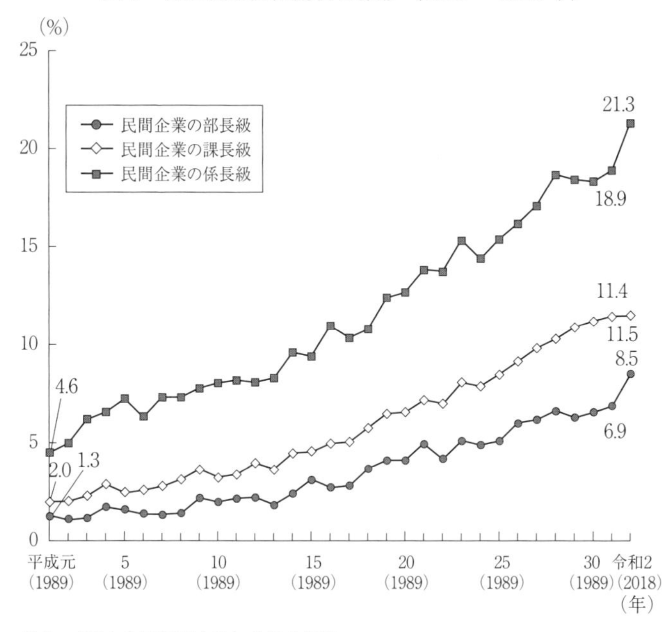

出典：『男女共同参画白書』令和３年版

（ⅱ）雇用形態の非正規雇用化　　このような男女雇用機会均等法の片面的性格は，女性の雇用形態にさらに重要な影響を及ぼしている。近年少子高齢化の進行と連動して，企業においても１人当たりの人件費がより高い中高年層の占める割合が上昇していることや，不況を背景として，企業の雇用管理のリストラクチャリングが進行し，年功的・集団的雇用管理からの離脱が進行している。その顕著な現れとして，雇用形態の非正規雇用化（パートタイム・アルバイト・派遣・契約・嘱託・その他）が急速に進行している。これらは企業にとって合理的な雇用管理システムであるともいえるが，均等法下では深刻な問題をももたらすことになった。

正規雇用の減少と非正規雇用の増加は労働力人口全体にみられる傾向であるが，特に女性では，正規雇用者の割合は1985年の68.1％から，2001年には52.9％まで落ち込み，逆に，非正規雇用では，1985年に28.4％であったパートタイムとアルバイトの割合が2001年には42.9％に上昇した（参考文献⑳40頁）。このような急激な変化は，もちろん均等法のみのインパクトによるものではないが，その片面的性格によって，均等法が女性の非正規雇用労働者数の急増と職域の固定化を妨げる要因とはなりえなかったと理解することは妥当だと思われる。

均等法の改正

募集・採用等における差別規制が努力義務に留まることや，また，その片面的性格を批判されていた均等法は，1997年に改正を受けた。前者については差別規制を努力義務から事業者名の公表など制裁を伴う規定に改め，女性の採用割合や昇進割合が著しく低い場合，使用者はその正当性について明らかにする責任を負うこととなった。また，後者については非正規雇用の増加に伴う女性の職域固定化という均等法の逆機能への反省から，女性のみを対象とする措置を原則的に女性に対する差別と認める内容に改められた。

その結果，例えば「一般職」や「パートタイマー」を女性に限定して募集・採用することは禁止されることになった。この改正雇用機会均等法は1999年に施行され，図2に示すように，確かに，2000年前後から，特に課長級・部長級管理職の女性割合の伸び率は若干上昇し始めたようである。このように，均等法が総合職への女性の採用や管理職への昇進，また女性労働力の非正規雇用化傾向の抑制にどの程度の効果を発揮してきたのかという点は，日本の労働市場のあり方を部分的にせよ規定する重要なテーマである。

むすびに

法と社会とは，これまでみてきたように，相互に連動しつつ変化していくものである。社会の変革期，社会構造の何らかの変動を受けて新しい社会関係にマッチした法が求められ，その法が立法時の意図どおりか，場合によっては想定外の作用を及ぼして社会構造の基本部分を一定程度変化させる。またその変化が新たな法運動のきっかけとなっていく。法の変動と社会の変動はそのように常に相互作用的に影響を及ぼしあっているのである。

〈参考文献〉

① 大塚浩「現代型訴訟」佐藤岩夫=阿部昌樹編著『スタンダード法社会学』（北大路書房，2022年）〔93～102頁〕

② 宮澤節生『法過程のリアリティ──法社会学フィールドノート』（信山社，1994年）〔頁数は各所参照〕

③ 水俣病被害者・弁護団全国連絡会議編『水俣病裁判──人間の尊厳をかけて』（かもがわ出版，1997年）〔頁数は各所参照〕

④ 大塚浩「訴訟動員と政策形成／変容効果──法運動における訴訟再定位へ向けての一試論」法社会学63号（2005年）〔75～92頁〕

⑤ 大塚浩「Topic35　一人0.2票？　議員定数不均衡」阿部昌樹=和田仁孝編『新入生のためのリーガル・トピック50』（法律文化社，2016年）〔104～105頁〕

⑥ ハンセン病違憲国賠訴訟弁護団『開かれた扉──ハンセン病裁判を闘った人たち』（講談社，2003年）〔頁数は各所参照〕

⑦ 大川真郎『豊島産業廃棄物不法投棄事件──巨大な壁に挑んだ25年のたたかい』（日本評論社，2001年）

⑧ 佐藤岩夫「環境訴訟と権利動員の社会的メカニズム」松本博之=西谷敏=佐藤岩夫編『環境保護と法──日独シンポジウム』（信山社，1999年）〔頁数は各所参照〕

⑨　伊佐山芳郎「日本におけるたばこ病訴訟の展開」棚瀬孝雄編『たばこ訴訟の法社会学 ── 現代の法と裁判の解読に向けて』（世界思想社，2000年）〔82頁〕
⑩　松下和夫『環境ガバナンス 環境学入門12』（岩波書店，2002年）〔頁数は各所参照〕
⑪　秋葉丈志『国籍法違憲判決と日本の司法』（信山社，2017年）
⑫　阿部昌樹『ローカルな法秩序 ── 法と交錯する共同性』（勁草書房，2002年）〔205〜209頁〕
⑬　ダニエル・H・フット（溜箭将之訳）『裁判と社会 ── 司法の「常識」再考』（NTT出版，2006年）〔頁数は各所参照〕
⑭　エリック・A・フェルドマン（山下篤子訳）『日本における権利のかたち ── 権利意識の歴史と発展』（現代人文社，2003年）〔116〜120頁〕
⑮　眞鍋佳奈「日本の嫌煙権訴訟」棚瀬孝雄編『たばこ訴訟の法社会学 ── 現代の法と裁判の解読に向けて』（世界思想社，2000年）〔88頁〕
⑯　六本佳平『日本の法と社会』（有斐閣，2004年）〔頁数は各所参照〕
⑰　利谷信義『家族の法〔第3版〕』（有斐閣，2021年）
⑱　内閣府『男女共同参画白書令和 3年版』（2021年）〈https://www.gender.go.jp/about_danjo/whitepaper/r03/zentai/html/zuhyo/zuhyo01-02-04.html〉
⑲　土田道夫「雇用平等への関心 ── 新時代の労働法を学ぶ」土田道夫=高橋則夫=後藤巻則編『ブリッジブック先端法学入門』（信山社，2003年）〔189〜197頁〕
⑳　独立行政法人国立女性教育会館他 編『男女共同参画統計データブック ── 日本の女性と男性2003』（ぎょうせい，2003年）〔頁数は各所参照〕
㉑　大塚浩『弁護士と社会運動 ── 社会改革的公益活動の展開と変容1990〜2020』（信山社，2023年刊行予定）

ステップアップ

オリジナルで考えよう

参考文献㉑で紹介・分析されている様々な事例において，当事者の救済に影響を与えた要因は何だったのかを考えよう。

UNIT 16
ディザスターに法システムは応答できているのか

Point 震災というディザスターによって法システムはどのように変化するのか。また，法システムは震災からの復興にどのような影響を与えるのだろうか。

1 震災と社会

新型コロナウィルス感染症による被害は「災害」か

2019年の終わりごろ，中国武漢で発生したとされる新型コロナウィルスは，瞬く間に世界中で感染が拡大した。東日本大震災の発生から9年目を迎えた2020年3月11日，WHOのテドロス事務局長は，新型コロナウイルスは「パンデミック」であると述べ，世界的な大流行との認識が示された。当然，その流れは日本にも及び，感染拡大の波が津波のように，その高さを増しながら繰り返し襲った（図1）。そこで，日本政府は2020年4月，最初の緊急事態宣言を行い，2021年9月には4回目となる上記宣言が発出された。2022年10月末時点で，日本国内の累積の感染者数は2,200万人を超え，死者数は46,659人にのぼった。

図１　新型コロナウイルス感染症陽性者数（2021年5月23日時点）

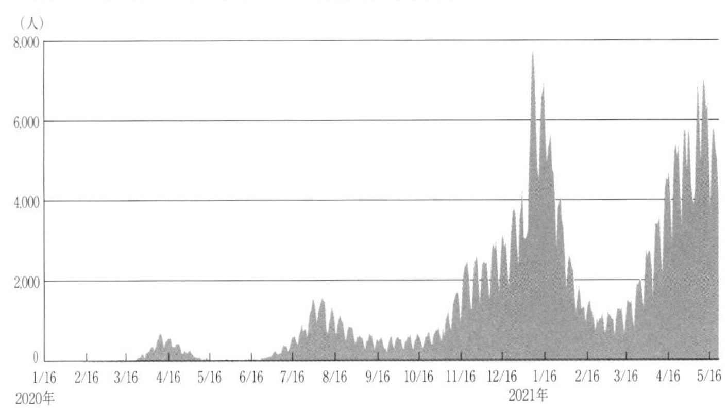

出典：総務省『情報通信白書 令和3年版』154頁。

では，こうした新型コロナウィルス感染症の拡大という事態は，「災害」といえるだろうか。災害対策基本法（昭和36年法律第223号）の定義では，「災害」とは「暴風，竜巻，豪雨，豪雪，洪水，崖崩れ，土石流，高潮，地震，津波，噴火，地滑りその他の異常な自然現象又は大規模な火事若しくは爆発その他その及ぼす被害の程度においてこれらに類する政令で定める原因により生ずる被害」（法2条1号）とされる。感染症については明記されていないが，政令による指定も想定されていることから，上記のような状況をふまえれば，「災害」とみなすことも妥当だと考えられる。しかし，政府の見解では，新型コロナウィルス感染症による被害は災害基本法にいう「災害」には当たらないとされた。

その理由は明らかにされていないが，次のような点が指摘されている（参考文献①78頁）。第1に，感染症法等の厚生労働省所管法令との整合性がとれないこと（災害基本法や災害救助法は内閣府が所管），第2に，災害対応としての準備をしていなかったので，かえって混乱を招くとの懸念，第3に，災害対応の省庁がないことや（アメリカでは，災害対応を行う政府機関であるFEMA［アメリカ合衆国連邦緊急事態管理庁：Federal Emergency Management Agency］が，新型コロナウィルス感染症への対策を実施），厚生労働省との調整が難しいことなど縦割行政の弊害。つまり，制度上の問題というよりも，むしろ政治的な判断がその理由だと考えられている。これに対して，弁護士の一部からは，新型コロナウイルス感染症の拡大という事態を「災害」と捉えることで，法的根拠に基づいた有効な感染症まん延防止政策がとれるとする提言がなされている（参考文献②）。

災害とディザスター

日本語では区別されていないが，「災害」は，英語ではディザスター（disaster）とハザード（hazard）に分けてとらえられている。ハザードとは，潜在的な危険であったり，問題を引き起こしうる自然現象としての側面を，ディザスターとは，それが現実化した社会的な側面を意味するとされる。国連防災機関（United Nations Office for Disaster Risk Reduction：略称UNDRR）では，ハザードの分類や定義が統一されていないことが，ディザスターによる被害を最小限にする対策にも支障をきたしているという問題意識から，統一的なハザードの分類や定義を公表している（参考文献③）。

災害研究においても，ハザードとディザスターとの峻別が災害を研究する出発点とされる。その上で，両者をつなぐ媒介変数として，社会に存在する「脆弱性（vulnerability）」という概念を導入し，ハザードがディザスターへと転換する過程の解明を研究対象とすべきことが提案されている（参考文献④ 24頁）。この枠組みでは，ハザードが発生したとしても，それに対する脆弱性がなければ，ディザスターは発現しないことになる。たとえば，新型コロナウィルスのようなハザードが発生しても，検査や予防・治療などの体制が確立していれば（あるいは，そもそも病原体と人間社会との接点がなければ），今回のような世界規模でのディザスターとはならなかったであろう。また，ディザスターとなっても，一部の弁護士が主張するように，すでにある災害法制を適用し，対応していたら，日本におけるその後の被害は違ったものになっていたかもしれない。

このようにハザードとディザスターを区別することで，災害とは，ハザードが脆弱性を媒介として，ディザスターに変化し，その後，復興が行なわれる一連の社会過程として捉えられる（参考文献④）。このUNITでは，「災害」のこうした社会的側面を強調する意味で，「ディザスター」という用語を用いている。そこで以下では，ディザスターが，法システムを含む社会システムを外からかく乱，変化させるだけでなく，社会ステムによって構築されていく様相を，2つの震災を具体例に考えていきたい。

ディザスターとしての震災

「震災」とは，文字通りに解すれば「地震による災害」を指す。大規模地震対策特別措置法（昭和53年法律第73号）では，「地震災害」を「地震動により直接に生ずる被害及びこれに伴い発生する津波，火事，爆発その他の異常な現象により生ずる被害」（2条1号）と定義している。阪神・淡路大震災と東日本大震災はともに巨大地震というハザードが発生し，その後，大きな被害をもたらした「地震災害」である。地震については気象庁が，それぞれ「平成7年（1995年）兵庫県南部地震」，「平成23年（2011年）東北地方太平洋沖地震」と命名し，その後，政府により「（大）震災」と呼ぶことを閣議で決定（前者は1995年2月14日，後者は2011年4月1日）された。第二次世界大戦後，命名された地震は数多くあるが，「震災」はこれまでのところ，2つしか存在しない。2003年9月26日に北海道十勝沖で発生したマグニチュード8.0の地震は，ハザードとしては阪神・淡路大震災のときを上回り，十勝沖地震と命名されたものの「震災」とは呼ばれていない。まさに「震災」とは，地震の大きさだけを基準とした自然現象ではなく，その後の影響も考慮した社会的事象，すなわち，ディザスターとしてとらえるべきものといえる。

そして，16年という時を経て発生した2つの震災についても，背景となる社会，地域のあり方が異なることから被害の現れ方に違いがみられる（**表1**）。阪神・淡路大震災では，1995年1月17日早朝に発生した地震により，兵庫県の都市部を中心に被災し，建物の倒壊や神戸市長田区を中心とした大規模火災が大きな人的・物的被害をもたらした。他方，東日本大震災は，2011年3月11日昼過ぎに発生した地震により，農林水産地域を中心に広大な範囲で被災し，その後，大津波が沿岸部を襲い多数の地区が壊滅状態になるとともに，**原子力発電所事故**（以下，原発事故）が追い打ちをかける形となり，未曽有の人的・物的被害につながった。

さらに，これらの被害は「被災者地域の人口構造，空間構造，地域の経済構造，階層構造などを破壊し，地域社会を構成する基礎的な部分への深刻な影響を与え」，社会変動というべき大きな変化をもたらした（参考文献⑤46頁）。たとえば，東日本大震災の場合では，原発事故に伴う避難指示により，自治体全体が避難を余儀なくされ，数日のうちに，地域の人口がほぼゼロになるという急激な変化が各地でみられた（**表2**）。自治体とは，法律上，特定の「区域」に「住所」を有する「住民」がいて成立するものであるが，この震災では，本来存在しえない，「住民のいない自治体」が一時的に出現した（参

表1　阪神・淡路大震災，東日本大震災の比較

		阪神・淡路大震災	東日本大震災
発生日時		1995年1月17日 5：46	2011年3月11日 14：46
マグニチュード		7.3	9.0
震度6弱以上県数		1県（兵庫県）	8県（宮城，福島，茨城，栃木，岩手，群馬，埼玉，千葉）
人的被害	死者	6,434人	19,759人
	行方不明者	3人	2,553人
	負傷者	43,792人	6,242人
住家被害	全壊	104,906棟	122,006棟
	半壊	144,274棟	283,160棟
	一部損壊	390,506棟	749,934棟
	合計	639,686棟	1,155,100棟
災害救助法の適用		25市町（2府県）	241市町村（10都県） （※）長野県北部を震源とする地震で適用された4市町村（2県）を含む

出典：『平成29年版・防災白書』，消防庁資料をもとに作成。被害状況については，阪神・淡路大震災については平成18年5月19日確定版，東日本大震災については令和4年3月1日現在。

考文献⑥49～57頁）。

また，同一の社会においても，社会に偏在する脆弱性により，被害の現れ方に違いがでてくる。たとえば，阪神・淡路大震災においては，生活保護受給世帯の割合が高い地域では，地震被害に伴う死亡率が高い傾向がみられたという指摘もあり（参考文献⑦112頁），社会的弱者は災害時には，より厳しい状況に置かれやすいといわれる。

表2　東日本大震災における役場機能の移転の状況

町村	主たる役場機能の移転先	発災後10年経過時点の避難者数
浪江町	浪江町役場津島支所（2011年3月12日）→二本松市役所東和支所（2011年3月15日）→二本松市福島県男女共生センター（2011年5月23日）→二本松市北トロミ（2012年10月1日）→【本庁舎帰還】2017年4月1日	19,613人（2022年9月30日現在）
双葉町	川俣町（2011年3月12日）→さいたま市（2011年3月19日）→加須市（2011年3月31日）→いわき市（2013年6月17日）→【本庁舎帰還】2022年9月5日	6,654人（2022年9月30日現在）
大熊町	田村市（2011年3月12日）→会津若松市（2011年4月5日）→【本庁舎帰還】2019年5月7日	7,755人（2022年10月1日現在）
富岡町	川内村（2011年3月12日）→郡山市ビッグパレットふくしま（2011年3月16日）→郡山市大槻町（2011年12月19日）→【本庁舎帰還】2017年3月6日	9,727人（2022年11月1日現在）
楢葉町	いわき市中央台（2011年3月12日）→会津美里町北河原（2011年3月26日）→会津美里町本郷（2011年12月20日）→いわき市いわき明星大学内（2012年1月17日）→【本庁舎帰還】2015年9月5日	2,384人（2022年9月30日現在）
広野町	小野町（2011年3月15日）→いわき市（2013年4月15日）→【本庁舎帰還】2012年3月1日	467人（2021年7月31日現在）
葛尾村	福島市（2011年3月14日）→会津坂下町川西公民館（2011年3月15日）→会津坂下町旧法務局庁舎（2011年4月21日）→三春町西方（2011年7月1日）→三春町貝山（2013年4月30日）→【本庁舎帰還】2015年4月1日	840人（2022年6月1日現在）
川内村	郡山市ビッグパレットふくしま（2011年3月16日）→【本庁舎帰還】2012年3月26日	412人（2022年8月1日現在）
飯舘村	福島市（2011年6月22日）→【本庁舎帰還】2016年7月1日	3,351人（2022年11月1日現在）

出典：参考文献⑥55頁をもとに福島県のホームページに掲載された情報等を加筆して作成。

では，この震災というディザスターに対して，社会システムのサブシステムである法システムはどのように応答したのかについて具体的に検討していきたい。

2 ディザスターが法システムに与える影響

戦後の災害関連法制のあゆみ

震災というディザスターに対する法システムへの直接的な影響としては，まず復旧・復興を促すための法律の新たな制定が考えられる。復旧・復興を被災者の自助努力に委ねるには限界があり，行政による救済，すなわち公助が重要な役割を果たすことになる。そこで，行政が動く根拠となる法律の必要性への関心が高まり，それによって，普段の生活の中ではあまり意識することのない法システムの存在が可視化されることにもなる。

自然災害大国ともいわれる日本では，第二次世界大戦後も数多くの大災害が発生しており，その度にさまざまな災害関連の法律が整備されてきた。阪神・淡路大震災以前では，1946 年の南海地震を契機として，1947 年に災害救助の基本的仕組みを定める「災害救助法」が，1945 年の枕崎台風及び 1947 年のカスリーン台風の水害を契機として，1949 年に水防体制の確立を図る「水防法」が，そして，1959 年の伊勢湾台風を契機として，1961 年に国の災害対策の基本となる法律である「災害対策基本法」がそれぞれ制定されることとなった。とくに災害対策基本法に関しては，それまで災害の度ごとにつくられてきた特別措置法を体系化・総合化する必要性が強く主張され，「災害国会」とも呼ばれた第 36 臨時国会で集中審議が行われた結果，成立に至った（参考文献⑤60～61頁）。

その後，自然災害の被害による死者数も年間1,000人以下で推移していたところ，1995年に発生したのが阪神・淡路大震災である。

法システムの安定性と保守性

阪神・淡路大震災の主な被害をみると（**表1**），そのほとんどが兵庫県1県に集中している。そこで，復旧・復興にあたっては，被災した兵庫県民の住宅再建が大きな課題となった。しかしその時点では，日本には自然災害で被害を受けた市民を経済的に支援する国の制度は存在していなかった。それは，自然災害で財産を失っても，公費を個人に投入することは私有財産の形成につながるので認められないというのが国の基本的考え方であったからだ（参考文献⑧33～34頁）。そして，仮に法律が制定されたとしても，それを過去の災害に遡って適用できるのでなければ，阪神・淡路大震災の被災者を救済することはできない。しかし，そうした法律の遡及適用については，法律秩序を混乱させ，社会生活を著しく不安定にする可能性が高いことから望ましくないとされている（とくに罰則については，憲法39条が明文で遡及処罰を禁じている）。また，**UNIT 1** で学んだように，内閣提出法案が作成されるまでには関係省庁間の合意が必要となるが，上で述べたように，被災者の経済的な支援には国の財政をつかさどる大蔵省（現・財務省）の反対もあり，内閣から法案が提出されることはなかった。

そこで，被災者の損失の補償ではなく，生活再建のための法案として，次の3つの法案が国会に提出された。① 市民を発案者とする法案に与野党の議員が賛同して作成された**市民立法案**（⇒**UNIT 1**），② 全国知事会の決議を基にした与党案，さらに③ 野党3党がまとめた野党案。それぞれの案は，支給額や対象世帯，国と地方の費用分担割合に関して大きな違いがあったが，協議の結果，自民党など６会派が共同提出した「**被災者生活再建支援法**」が1998年５月に成立した（この間の経緯について詳しくは，参考文献⑧⑨）。これにより，自然災害の被災者に対して，国及び都道府県の公費から給付金を支給する生活再建のための機能が日本の法システムに備わることになったのである。なお，この法律は阪神・淡路大震災の被災者に遡及適用されることはなかったが，阪神・淡路大震災復興基金が「被災者自立支援金」という名目で，同法とほぼ同じ条件の支援金が支給された（参考文献⑩71頁）。

このように，震災という大きなインパクトが加わり，また，被災者の公的支援が必要であるという認識が社会のさまざまな構成員の間で共有されている場合でも，法システムは即座にそれに応答するわけではない。ここからは，法システムが社会システムから自律した，安定性を有するシステムであることがわかる。それは，法というものが，「権利義務関係の保障と実現による秩序維持を目的とするので，その運用はどうしても過去志向であり，既存秩序からの逸脱に歯止めをかける保守性」（参考文献⑪119頁）を有するという，法の一般的な性質に由来するものである。

震災が促進する法の改革

同じく，阪神・淡路大震災を契機として制定された法律のひとつとして，「**特定非営利活動促進法**（いわゆる，NPO法）」がある（以下の記述は，主に参考文献⑫による）。これは発災直後の災害救援において，一般市民によるボランティアが活躍し，その重要性が広く認識されたことから，被災者生活再建支援法に先立ち成立した。

日本においてNPO法の議論が起きてきたのは，震災に先立つ1993年から1994年にかけてであった。バブル経済がはじけて日本の世界におけるプレゼンスが揺らぐ一方，市民活動が力を強めていた時期であり，海外では，ソ連・ロシアの核廃棄物の海洋投棄をグリーンピースが見つけたり，国内でも，まだ介護保険がない時代に住民互助型の介護団体が相次いで設立されたりしていた。そうした市民活動の高まりのなか，震災でのボランティア活動が，新たな法制度の必要性への認識を高めることになった。

阪神・淡路大震災では，全国各地から延べ180万人（1997年12月までの推定）のボランティアが被災地へと駆けつけた。その活動は，発災直後の食糧・物資配給，避難所運営等から，時間の経過とともに引っ越し・家の修理，高齢者や障害者のケアにも及んだ（http://www.bousai.go.jp/kyoiku/kyokun/hanshin_awaji/data/detail/2-4-1.html）。そうした活動が安定的，長期継続的に行われるには一定の組織が必要であり，具体的には，事務所や電話の設置，運営のための寄付金集めに使う銀行口座の開設等が必要となる。そして，それらの法律行為を組織として行うためには，法人格の取得，また，それを認める法律がなければならない（このような考え方を法人法定主義という。民法33条）。NPO法制定以前でも，民法による「**公益法人**」（2008年の法改正により，現在は公益法人認定法による）となることはできたが，取得の要件が厳しかったことから，多くのNPOは任意団体として活動していた。

法案の作成は，当初は内閣提出法案を目指したが，被災者生活再建支援法と同じく，省庁間の調整がつかず，与野党の議員とNPOが連携して法案を作成する市民立法案として1996年12月，衆議院に提出された。その後，法案名が当初の「市民活動促進法案」から変更になる等の修正を経て，1998年3月成立に至った。

法律の成立以降，NPOは急速に発展した。NPO法人の数は年々増加し，認証法人数は5万を超え，さらにその後創設された認定制度で認定を受けている法人数も 1,000 を超えている（https://www.npo-homepage.go.jp/about/toukei-info/ninshou-seni）。その活動は，災害救援や社会福祉だけでなく，文化，スポーツ，国際協力などさまざまな分野に及んでいる。また，**UNIT 3** でも述べられていたように，自治体と協働してサービスを提供したり，若年者のキャリアステップ，高齢者のセカンドキャリアの場としても期待されたりするようになっている（参考文献⑬）。

こうしたNPO法の事例は，震災が法システムに与えたインパクトが，震災関連以外の分野における変化を引き起こし，さらに，その影響が社会のあり方にも波及していったケースといえるだろう。

ところで，上で述べてきた二つの法律が成立した背景として，当時の政治情勢について触れておこう。1993 年 7 月の総選挙の結果，非自民・非共産の 8 党派連立による細川護熙内閣が誕生し，自民党は野党となった（55 年体制の崩壊）。その後，自民党は社会党，新党さきがけと連立を図り，1994 年 6 月，社会党の村山富市委員長を首相として再び政権に返り咲いた。阪神・淡路大震災が発生したのは，この村山内閣のときであった。その後，社会民主党（1996 年 1 月に社会党から改称），新党さきがけ内部の対立から，多くの議員が離脱して民主党を結成する。そして，1996 年 10 月の総選挙で，社会民主党，新党さきがけが大幅に議席を減らす一方，自民党は議席を回復し，自民党単独政権である第二次橋本龍太郎内閣が発足する（社会民主党，新党さきがけは閣外協力，その後，離脱）。こうした当時の不安定な政治情勢が，市民立法という新たな形での議員立法の成立にも影響していたと考えられる。

3 法システムがディザスターからの復興に与える影響

被災者生活再建支援法の改正・運用

阪神・淡路大震災から16年後の2011年，東日本大震災が発生する。その復旧・復興は，前の震災で整備された法制度等，それまでに存在する法システムを前提として進行することになる。

被災者生活再建支援法については，当初，上限が100万円の補助金で，住宅の補修などに使う費用は対象外とし，年齢要件，収入要件が課される窮屈な制度だった。そのため，2000年の鳥取県西部地震，2003年の宮城県北部地震で，各自治体が独自の制度で対策を講じていた。そうした事態を受け，2004年に一度目の改正が，その半年後に発生した新潟県中越地震でさらに批判を浴びたことを受け，2007年に二度目の改正が行われた。これにより，家が全壊して立て直した場合には，300万円が補助金ではなく，生活再建のための見舞金として支給されることになった。さらに，東日本大震災では，甚大な住宅被害が生じたことから，「東日本大震災に対処するための特別の財政援助及び助成に関する法律」（平成23年法律第40号）が制定され，東日本大震災に限る「例外」として，国の補助率を50％から80％に引き上げる特例措置が設けられた。また，これまでの住家被害認定の調査判定方法について，東日本大震災の液状化による住家被害の実態にそぐわないという指摘を受け，新たな地盤にかかる住家被害の判定方法が設けられ，被害の程度が従来に比べより大きく認定されるようになった。このように阪神・淡路大震災で新たに付加された機能がその後の地震災害を契機に修正・調整されていった。ただし，依然として課題は存在する。日弁連は，被災者の生活基盤が被ったダメージを個別に把握し，被害状況ごとに支援を適用することや，支援対象を世帯ではなく，被災者個人にすること等の法改正の意見を国に提出している（http://www.nichibenren.or.jp/library/ja/opinion/report/data/2016/opinion_160219.pdf）。

また，東日本大震災においては，上で述べた国の負担割合の変更のように，今回限りの「例外」として対応されているものがある。たとえば，相続に関連して国はいくつかの特別措置を講じている。通常，**相続放棄・限定承認**が可能な期間は，「自己のために相続の開始があったことを知った時から3箇月以内」（民法915条1項本文）と定められているが，被災者がこの期間でそうした手続きをとることは困難であろう。そこで，東日本大震災の被災者であって平成22年12月11日以降に自己のために相続の開始があったことを知った相続人について，相続の承認又は放棄をすべき期間（「**熟慮期間**」という）を平成23年11月30日まで延長する措置が取られた（http://www.moj.go.jp/MINJI/minji07_00092.html）。他方，行方不明となっている方に関係する財産関係を早期に整理する必要もある。そのため，東日本大震災発生時に被災地にいて行方不明となった方については，遺体が発見されていなくても，一定の条件の下で死亡届を市区町村に提出できることとされた（http://www.moj.go.jp/MINJI/minji04_00026.html）。これらは，あくまで既存のシステムを維持したまま，個別の問題に応答した例といえる。

法システムの誤作動・停止

システムは短期間に過重な負荷がかかると誤作動したり，停止したりすることがある。たとえば，大きな災害が発生すると，安否確認のために被災地への電話やメールが集中し，つながりにくくなるのもそのひとつである。法システムについてはどうだろうか。たとえば，「被災者の支援を阻む法律」という烙印を押されることもあるのが，「**個人情報の保護に関する法律**（平成15年法律第57号）」である（参考文献⑥ 170頁）。それは個人情報保護が壁になって，支援を必要とする高齢者や障害者が把握できなかったり，さらにそのために孤独死につながったりという問題が発生したからである。個人情報を守ろうとするあまり，法律の最終的な目的である「個人の権利利益」（同法1条）を損なう「逆機能」（⇒**UNIT 15**）を生じさせてしまった法システムの誤作動の例といえるだろう。ただし，そうした反省を踏まえ，平常時から個人情報の共有を許容する条項をもつ条例を定めている自治体もある（たとえば，「渋谷区震災対策総合条例」36条3項）。

また，法システムが一時停止したケースとして，東日本大震災を受け，福島県や宮城県において警察に勾留されていた被疑者が釈放されるということがあった。その理由は「震災でライフラインが止まり，警察署に勾留し続けて安全が確保できるかどうかや，事件ごとの内容などを総合的に考慮した」と説明されている（朝日新聞2011年3月29日）。被疑者の安全確保を図ることは当然であるが，その方法の妥当性については検証の上，将来起こり得る同様の事態への対応を考えていくべきだろう（戦前に発生した関東大震災では，被害が甚大であった横浜刑務所で受刑者を解放したケースもある）。

震災が顕在化させる法システムの問題点

東日本大震災によって顕在化した問題もある。その一つが，**土地の所有者不明化**である。所有者の把握が困難な土地が多数存在し，復興に向けたまちづくりのための公共事業が進まないという事態が生じている。その背景には，地籍調査や相続登記が自治体や個人の判断に委ねられており，義務化されていないという法制度上の課題がある。その結果，土地の境界の画定や相続登記がなかなか進まず，それがいざというときの円滑な土地利用の支障となっている（参考文献⑭第3章）。

4　弁護士活動の重要性

被災者生活再建支援法をはじめ，被災者が生活を再建するための手段は複数ある。しかし，すでに述べたように課題は残されており，納得のいく支援がつねに得られるわけではない。では，そのとき被災者はどのように行動するだろうか。東日本大震災のケースで考えていこう。

東日本大震災は発災直後の大地震や津波に加え，それに引き続く原発事故が甚大な被害を引き起こした（その被害は継続している。表2の避難者数参照）。その事故による損害について賠償請求を行うには法制度上3つの方法がある。ひとつは，東京電力への直接請求，もうひとつは，東京電力を被告とした訴訟の提起，そしてさらに，原子力損害賠償紛争解決センターによる和解の仲介の申立てがある。

原子力損害とADR

原子力損害の賠償については，東日本大震災以前に制定された「原子力損害の賠償に関する法律（昭和36年法律第147号）が存在する。そして，原子力損害の賠償に関して紛争が生じた場合，文部科学省に原子力損害賠償紛争審査会（以下，審査会）が設置できるとされ（18条），今回の震災では2011年4月11日に設置された。これに対し，日弁連は同年6月24日「原子力損害賠償ADRの態勢整備について（骨子案）」を提出し，「この原子力損害賠償に係る紛争解決に特化した中立的なADR機関を立法により設立することが必須」と主張した。それを受け，政令の改正により同年9月1日開設されたのが「原子力損害賠償紛争解決センター（以下，紛争解決センター）」である（和解仲介手続の流れに関しては，下記のウェブページを参照。http://www.mext.go.jp/a_menu/genshi_baisho/jiko_baisho/detail/adr-center.htm#container4）。

日弁連が紛争解決センターの必要性を主張した理由は，① 被害者の範囲，数がきわめて膨大である，② 東京電力と被害者との直接交渉に任せることは，被害者にとって負担が大きく，不利益を被る可能性がある，③ 裁判所には物理的，人的な容量の限界があり迅速な解決を望めないということがあった（日弁連「原子力損害賠償紛争解決センターの立法化を求める意見書」2012年8月23日）。これらの理由は，**UNIT10** で学んだ ADR のメリットにも合致するものである。また，紛争解決センターでは，仲介にあたって参照される基準や和解仲介の結果を公表しており，これは ADR のデメリットの一つとされる「非公開性」に配慮したものといえる。

紛争解決センターの組織は，総括委員，総括委員会顧問，仲介委員，調査官，和解仲介室職員により構成される（表3）。そのうち，仲介委員は，単独または合議体でパネルを構成し，和解仲介手続の実施主体となる。また，調査官は和解仲介室の職員として，仲介委員を補佐する役割を担う。前者は弁護士，後者は弁護士または弁護士有資格者がその任に当たることになっている。したがって，**UNIT 10** で学んだ分類によれば，紛争解決センターは政府の審査会の下に設置されており，その運営に数多くの弁護士が関わっていることから，行政型・専門職型の ADR ということができよう。

3つの賠償請求方法の利用状況

直接請求，訴訟，ADR の3つの方法の実際の利用状況はどのようになっているのか。

表3　原子力損害賠償紛争解決センターの活動状況

		平成23年	平成24年	平成25年	平成26年	平成27年	平成28年	～	令和3年
人員体制	総括委員	3	3	3	3	3	3	…	3
	仲介委員	128	205	253	283	278	278		227
	総括委員会顧問						3		5
	調査官	28	91	193	192	189	184		84
	和解仲介室職員	34	112	154	161	153	151		109
	合計	193	411	603	639	623	619		428
取扱状況	申立件数	521	4, 542	4, 091	5, 217	4, 239	2, 794		1, 144
	既済件数	6	1, 856	4, 667	5, 054	4, 281	3, 403		942
	（内訳）和解成立	2	1, 202	3, 926	4, 438	3, 644	2, 755		705
	和解成立割合(%)	33.3	64.8	84.1	87.8	85.1	81.0		74.8

出典：『原子力損害賠償紛争解決センター活動状況報告書 ― 令和3年における状況について（概況報告と総括）』をもとに作成。

東京電力が公表している「賠償金のお支払状況（2022年10月28日現在）」によれば，請求書受付件数・約300.1万件，賠償件数・約278.2万件となっている。それに対し，紛争解決センターの申立件数は，平成26年をピークに減少しているが，令和3年までの期間合計で約2.8万件（表3）である。訴訟に関しては，東京電力は653件の送達を受けており，うち継続中131件，終了522件となっている（2022年6月末現在。原子力損害賠償紛争審査会（第57回）配付資料4-1による）。そのなかには，ADRで十分な賠償が受けられない損害（とくに慰謝料）を請求する集団訴訟約30件が含まれ，原告数は全国で1.2万人に達した。これらの訴訟については，社会運動としての性格をもっていることや訴訟そのものが被害者の精神回復につながっていることも指摘されている（参考文献⑮90頁）。

以上から，3つの請求方法のうち，直接請求が最も多く利用されていることがわかる。ただし，直接請求については，比較的早期に手続が開始されたことが評価される一方で，賠償基準の不透明性，賠償の範囲についての課題も指摘されている（参考文献⑯ 531 頁）。

法システムとの媒介者としての弁護士

そして，これらいずれにおいても多くの弁護士が関与している。紛争解決センターについては，弁護士が務める仲介委員や調査官の増員が，既済事件数の増加，和解成立率の上昇と関連している（表3）。直接請求においても，法テラスが提供する**震災書類作成援助**を通じて，弁護士の支援をうけることができる。また，訴訟についても，弁護士の関与は，裁判所に問題が持ち込まれる前から始まり，判決や和解合意後の内容の実現まで全過程に及んでいる。まだ表に現れていない深刻な被害や新しい価値観が，被害救済の主張や「新しい権利」の主張に発展していくに際しては，多かれ少なかれ法の専門家たる弁護士の関与・支援が不可欠なのはいうまでもない。たとえば，東日本大震災においては，「避難の権利」等の確立を求め，「東京電力原子力事故により被災した子どもをはじめとする住民等の生活を守り支えるための被災者の生活支援等に関する施策の推進に関する法律（いわゆる「原発事故子ども・被災者支援法」）」（平成 24 年法律第 48 号）が制定された。

そして，弁護士の中でも，とくに，**公益弁護士**と呼ぶべき人々が弁護士会内部には存在し，これまでも深刻な社会問題を背景とするような裁判（たとえば，ハンセン病訴訟，HIV 訴訟，水俣訴訟）で弁護活動を活発に展開してきている。

このようにみてくると，弁護士の活動の中心はたしかに訴訟代理ではあるが，それはあくまで相対的にいえば中核的位置を占めるという意味に限定して理解するのが適切だといえよう。社会改革志向の公益弁護士たちは，当事者のおかれた状況やニーズに即した活動を展開することを通して，「新しい権利」主張のすべてのプロセスで多様な知識を提供し，リーダーシップを発揮してきた。また，法律知識以外の面でも当事者の必要不可欠なサポート役として活動している。

5　法システムの検証と改善

阪神・淡路大震災や東日本大震災は一瞬で多くの生命を奪ったが，その後の復興には10年以上の長い年月を要する。その間に，過労や持病の悪化などにより命を落としたり（震災関連死と認定された人は，2022年3月末現在で3,789人。とくに福島県が最も多く2,333人となっている（図2）），家庭が崩壊したり，町や村が衰退したりすることがある。こうした復興の過程で生じる負の効果は「復興災害」といわれる（参考文献⑰ ii頁）。発生から3年が経過した新型コロナウィルス感染症についても，同種の事態が起こりうることが指摘されている（参考文献⑱）。ディザスターが引き起こす社会変動に対して，法システムの応答は受動的なものにとどまる。しかし，法システムがそうした復興災害をもたらすものであってはならない。

「天災は忘れた頃にやって来る」。この警句の趣旨は，天災は覚えているだけではなく，その教訓を次に活かし，平常時から十分な備えをすべきであるというところにある。ディザスターに応答する法システムについても，同様に検証と改善を続けていくことが求められる。

図2　東日本大震災における震災関連死の死者数

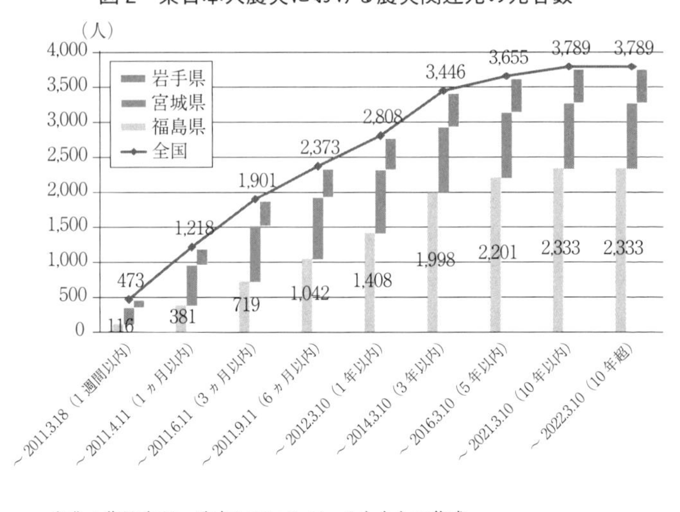

出典：復興庁が　公表しているデータをもとに作成。

〈参考文献〉

① 津久井進「感染症と災害法制 ── 市民生活における差別」法律時報93巻5号（2021年）〔78～81頁〕

② 新型コロナ対策に「災害対応」を求める弁護士有志「災害対策基本法等で国民の生命と生活を守る緊急提言」（2020年4月16日）〈http://www.law-okamoto.jp/wp-content/uploads/2020/04/20200416teigen.pdf〉（最終閲覧日2022年11月1日）

③ UNDRR, Hazard definition and classification review（Technical Report）（2020年）〈https://www.undrr.org/publication/hazard-definition-and-classification-review-technical-report?utm=〉（最終閲覧日2022年11月1日）

④ 田中重好「災害社会学の体系化に向けてのデザイン」西日本社会学会年報18号（2020年）〔21～37頁〕

⑤ 田中重好・大矢根淳・吉井博明「災害と社会的対応の歴史」大矢

根淳=浦野正樹=田中淳=吉井博明編『災害社会学入門（シリーズ災害と社会１）』（弘文堂，2007 年）
⑥　阿部昌樹「全町避難・全村避難と地方自治」小原隆治=稲継裕昭編『震災後の自治体ガバナンス（大震災に学ぶ社会学２）』（東洋経済新報社，2015 年）
⑦　いのうえせつこ『地震は貧困に襲いかかる ―― 「阪神・淡路大震災」死者 6437 人の叫び』（花伝社，2008 年）
⑧　毎日新聞本社震災取材班『法律を「つくった」記者たち 「被災者生活再建支援法」成立まで』（六甲出版，1998 年）
⑨　和久克明『風穴をあけろ ―― 「被災者生活再建支援法」成立の軌跡』（兵庫ジャーナル社，2004 年）
⑩　津久井進『大災害と法』（岩波書店，2012 年）
⑪　季衛東「法と社会変動」棚瀬孝雄編『現代法社会学入門』（法律文化社，1994 年）
⑫　読売新聞政治部『法律はこうして生まれた ドキュメント立法国家』（中央公論新社，2003 年）〔21 ～ 36 頁〕
⑬　労働政策研究機構「NPO の就労に関する研究 ―― 恒常的成長と震災を機とした変化を捉える」労働政策研究報告書 No.183（労働政策研究機構，2016 年）〈http://www.jil.go.jp/institute/reports/2016/documents/0183.pdf〉
⑭　吉原祥子『人口減少時代の土地問題 ―― 「所有者不明化」と相続，空き家，制度のゆくえ』（中央公論新社，2017 年）
⑮　大倉沙江・久保慶明「司法と行政の相克 ―― 弁護団調査からみる福島第一原発事故損害の賠償過程」辻中豊編『政治過程と政策（大震災に学ぶ社会学１）』（東洋経済新報社，2016 年）
⑯　大坂恵理「福島原発事故賠償の実態と課題」上石圭一他編『現代日本の法過程（宮澤節生先生古稀記念）下巻』（信山社，2017 年）
⑰　塩崎賢明『復興＜災害＞ ―― 阪神・淡路大震災と東日本大震災』（岩波書店，2014 年）
⑱　金井利之『コロナ対策禍の国と自治体 ―― 災害行政の迷走と閉塞』（筑摩書房，2021 年）

ステップアップ

オリジナルで考えよう

参考文献①②⑱を読んで，新型コロナウィルス感染症への対策からえられる教訓・課題をまとめた上で，それを今後に活かすための法システムの改善策について考えてみよう。

UNIT 17
法はジェンダー問題にどのように出会うか

Point ジェンダーとは何か？司法制度においてはいかなるジェンダー・バイアスがあり，それらにはどのように対応すべきか？

1 ジェンダーとは何か

ジェンダー概念

子どもが生まれると，その親は出産日を含めて14日以内に市町村役場へ出生届を出さなければならない（戸籍法49条）。出生届にはその子どもの性別について記入する欄があり，通常は親はどちらかに✓を付けて届けることになろう。これはヒトにおける**生物学的な性差**（Sex）であり，具体的には生殖腺の違いである。

一方，「女性は～であるべき，男性は…でなければならない」という固定観念に基づいた，後天的，文化的な性差をジェンダーと呼ぶ。ジェンダーという概念が重視されるようになったのは，アメリカにおいて1960年代に起こった**公民権運動**，そしてそれに続く**フェミニズム運動**（女性解放運動）と大きなかかわりを持つ。一方，わが国でジェンダーという言葉への認知度が高まったのは1995年9月に北京で開催された第4回**世界女性会議**において，女性の権利実現や女性と男性の間の不平等の解決に対する宣言（北京宣言と呼ばれる）が採択されたことが大きな契機であった。

LGBTQの権利と法律

（i）女性？男性？この二分類だけでOK？　　自分の性をどのように認識するか，そしてそれを他人にも尊重してもらうことは生きていくうえでとても重要な問題である。多くの人は自分の生物学的性差について違和感を持たないかもしれない。一方で，「生まれながらの性別」とは違う性の自己認識を持つ人々もいる。また，異性ではなく同性に対し，性的関心を含めた愛情を抱く人々もいる。いわゆる「**LGBTQI**」は，それぞれ，Lesbian（女性同性愛者），Gay（男性同性愛者），Bisexual（両性愛者），Transgender（生物学的性差に違和感を持つ人），Questioning（自己の性認識や性的指向がまだ定まっていない人），Intersex（身体的性において男性と女性の両方の性別を有しているセクシュアリティ）の頭文字をとったものであるが，こうした人々を**性的マイノリティ**と呼ぶこともある。現代では医学の進歩により，こうした性的マイノリティの人々は，外科的手術やホルモン治療により，自己の望む性アイデンティティに自分を近づけることが可能なケースも増えてきた。しかし一方，戸籍上の性別が出生時の性別のままであれば，公的な証明書を必要とする際には不都合が生じるし，なにより就職や結婚など，人生の重要な節目でやはり不利益を受けることが少なくない。出生時の性別に違和感を持ち，通常の生活に不都合を感じる人々を**性同一性障がい者**（Gender Identity Disorder, GID）と呼ぶこともあるが，その自由や権利はどのように尊重される必要があるのだろうか。

2001年6月，性別適合手術を終えた性同一性障がい者を含む6人が，自己の戸籍の続柄に錯誤があるとして，戸籍法113条に基づき家庭裁判所に戸籍変更の申立てを行った。家庭裁判所はこれらの申立てに対し，“事後的に生じた錯誤”による戸籍変更は現行制度のもとでは認められず，立法による解決が必要であるとしてこれらの申立てを却下してきた。2003年7月10日「性同一性障害者の性別の取扱いの特例に関する法律」が成立した（参考文献① 110頁）。この法律のもとでは，性同一性障がい者のうち下の1－6のいずれにも該当する場合は，「性別の取扱いの変更の審判」をすることができる。1．2人以上の医師により性同一性障がい者であると診断されていること，2．20歳以上であること，3．現に婚姻をしていないこと，4．現に未成年の子がいないこと，5．生殖腺がないこと又は生殖腺を永続的に欠く状態にあること，6．他の性別の性器の部分に近似する外観を備えていること，である。これらの要件については厳しすぎるとの声が当事者からは聞かれることも多い。

歴史的にみると，性的マイノリティは様々な形で迫害を受けてきた。ヘイト・スピーチやヘイト・クライムの対象として性的マイノリティが狙われる事件も海外ではしばしば発生している。近年ではLGBTQIの尊厳や，社会一般の彼らへの理解を示すシンボルとして，レインボーフラッグを掲げてパレードや集会が行われる様子が国内外でもよく見られるようになった。また，教育や公共の場でも少しずつ取組が進みつつある。例えばわが国でも中学校や高校において性別に関係なく制服が選べる，いわゆるジェンダー・ニュートラルな制服を採用する学校も増え（参考文献②），またすべてのジェンダーの人が使用できるジェンダー・フリー・トイレを設置する施設もよくみられるようになった。

(ii) 同性パートナーシップ　愛する人と共に人生を歩むことは多くの人に共通する願いであろう。LGBTQIや同性カップルが共に生活をすることを望む場合，どのような弊害がそこには存在するのであろうか。婚姻について定めた憲法24条は「婚姻は，両性の合意のみに基づいて成立し，夫婦が同等の権利を有することを基本として，相互の協力により，維持されなければならない…」としているが，この「両性の…」という文言から，現行憲法下では同性同士の婚姻は認められないとする解釈もある。憲法24条の起草者はGHQ民生局員のベアテ・シロタ・ゴードンであったが，この憲法24条の趣旨はむしろ，明治民法のもとでの親や家制度による婚姻の強制や夫の妻に対する絶対的支配の否定を目指したものであり(参考文献③)，同性間の婚姻を禁じていると解釈する必要はないとも思われる。当の本人同士が同性婚を望むのであれば，それは憲法13条の「幸福追求権」，また憲法24条2項の「個人の尊厳」をもとに認められるべきである，とする意見も多い。世界的にみると，ヨーロッパでは同性同士の結婚を認めている国も多く，2017年5月にはルクセンブルグの首相が同性婚をし，話題となった。2013年4月にはニュージーランドでも同性婚法が成立し，同年6月にはアメリカ連邦最高裁が同国の「結婚防衛法」は合衆国憲法の平等条項に違反すると判断した。またアジアでも，2017年5月には台湾の最高裁である司法院大司法官会議が同性同士の婚姻を認めない同国の民法は憲法に違反するとする判断を下した。

わが国では同性婚を認める法律はまだないが，2015年11月より東京都渋谷区において「渋谷区男女平等及び多様性を尊重する社会を推進する条例」が施行されたことを皮切りに，同性パートナーシップ制度を採用する自治体が増加しつつある(2022年12月1日時点では合計約250)。しかしこの制度は，“その同性カップルを婚姻していると当該自治体において見なす”という宣言に過ぎず，一般企業のサーヴィス（例えば携帯の家族割制度）を受けることはできても，法的に婚姻関係と認められるわけではない。2021年には札幌地裁が同性婚を認めないのは，法の下の平等を定めた憲法14条に反しており，合理的根拠を欠くとして違憲判決が出された（札幌地判令和3年3月17日　参考文献⑤）。

国際社会の中の日本

ジェンダー指数とはジェンダー平等の達成度を測る国際指数である。1995年，国連開発計画が導入したジェンダー指数が「人間開発指数（HDI）」と「ジェンダー・エンパワーメント指数（GDI）」であり，2009年以降はこの両者を統合した「ジェンダー不平等指数（GII）」が利用されている。また2005年以降は世界経済フォーラムが各国内の男女格差を数値化してランク付けし，「ジェンダーギャップ指数（GGI）」を使用している（参考文献④14～15頁）。内閣府男女共同参画局によると，わが国の順位はGIIが22位／191ヵ国，またGGIは116位／146ヵ国（いずれも2022年）であり（参考文献⑥），GGIがジェンダー平等の達成度を最も正確に反映していることから判断しても，わが国の順位は著しく低い。

2014年1月に開催された世界経済フォーラムにおいて安倍晋三総理大臣（当時）は「2020年までに指導的地位にいる人の3割を女性にする」という，いわゆる202030という目標を掲げた。では実際に，わが国では指導的地位に就いている女性はどれほどいるのであろうか。図1は，各分野における「指導的地位」における女性の割合である。国会議員や，行政分野でも課長クラス以上の地位，また民間企業では管理職において女性の占める割合は押しなべて低い。

図1 各分野における主な「指導的地位」に女性が占める割合

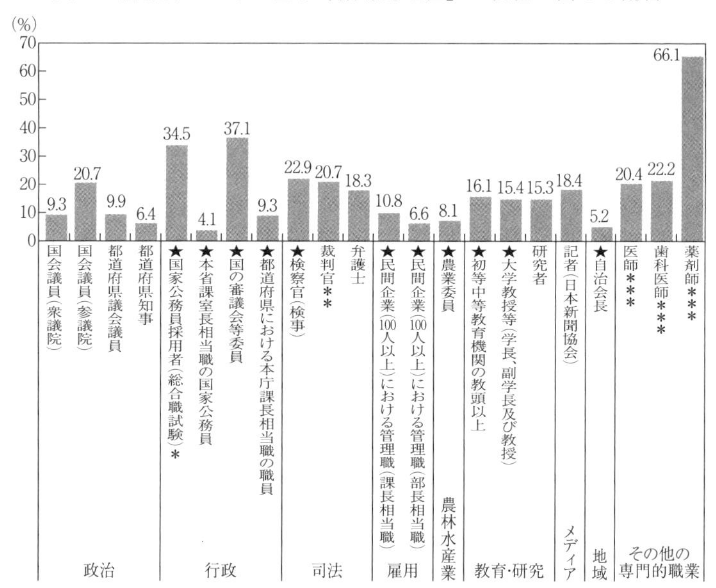

出典：『男女共同参画白書 2017年』
https://www.gender.go.jp/about_danjo/whitepaper/h29/zentai/html/zuhyo/zuhyo_img/zuhyo01-01-14.gif

注1 内閣府「女性の政策・方針決定参画状況調べ」(平性29年1月）より一部情報を更新。

2 原則として平成28年値。ただし，＊は29年値，＊＊は27年値，＊＊＊は26年値。
なお，★印は，第4次男女共同参画基本計画において当該項目が成果目標として掲げられているもの。

女性が社会における一定以上の地位や指導的立場につこうとすることを阻む様々な要因を「ガラスの天井」と表現することがあるが，欧米諸国と比べると，わが国のガラスの天井はずっと分厚く，もっと低い位置にあると言わざるを得ない。ところで，上記の「指導的

図2　司法分野における女性の割合の推移

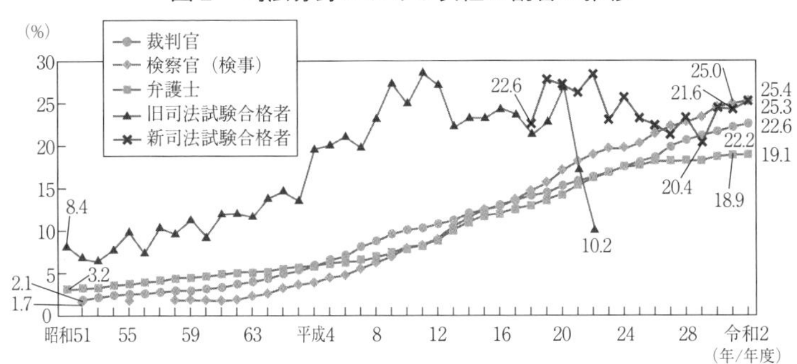

出典：https://www.gender.go.jp/about_danjo/whitepaper/r03/zentai/html/zuhyo/zuhyo01-01-10.html

注1　裁判官については最高裁判所資料より作成。

2　弁護士については日本弁護士連合会事務局資料より作成。

3　検察官（検事），司法試験合格者については法務省資料より作成。

4　裁判官は平成26年までは各年4月現在，27年以降は前年12月現在，検察官（検事）は各年3月31日現在。弁護士は年による異なる。司法試験合格者は各年の値。

地位」のうち，司法分野にフォーカスしてみると，図2のようになる。司法分野においては女性の割合が順調に増加していることは評価すべきことであろう。

2　司法におけるジェンダー・バイアス

ジェンダーに基づいたバイアス（以下，ジェンダー・バイアス）は，ときとして，その人がその人らしく生きようとすることを制限し，その機会を奪うこともある。このようなジェンダー・バイアスは法律や司法制度の中にも往々にして顔を出す。

家族をめぐる問題とジェンダー

わが国においては，結婚をしたカップルは夫か妻かどちらかの姓を名乗ることになる。これは民法750条が夫婦の同氏を規定しているからであり，婚姻を望む者のどちらかが氏を変えない限り，法律婚は認められない。『平成28年度人口動態統計特殊報告「婚姻に関する統計」の概況』によると，平成27（2015）年中に結婚したカップルのうち，夫の姓を選択したのは96.0％であり，この数字はここ50年にわたって殆ど変化がない。出生以来親しんできた自分の姓を変えたくないと双方が考えれば，事実婚を選択するしかなく，配偶者控除を受けることもできないし，子どもは**非嫡出子**（婚外子）と見なされ，両親は子どもに対して共同親権を持つことができない。諸外国では夫婦の別姓を認める法改正が続いたことから，わが国でも1980年代後半頃より同様の法改正が目指されてきた。具体的には，民法750条の改正案として**選択的夫婦別姓**制度の導入が検討されてきたのである。

2015年12月16日，最高裁は，「姓の変更を強制されない権利」は憲法上保障された権利ではなく，また同姓には家族の一員であることを感じさせる効果もあるとして，民法750条の規定は憲法に違しないとの合憲判断を下した（最大判平成27年12月16日民集69巻8号2586頁）。最高裁裁判官のうち10人が合憲，5人が違憲（3人の女性裁判官は全員違憲）という判断であった。一方，選択的夫婦別姓制度については「合理性が無いと断ずるものではない」とし，国会の場で議論されるべきだと付言されたことに期待を見出す意見もある（参考文献⑦）。ところで，上記最高裁判決では，社会においては旧姓使用が広く認められていることも（姓の変更の）不利益を軽減している旨述べられたが，実は裁判官が判決文書を書く際に旧姓使用が認められるようになったのは，この最高裁判決後の2017年9月からである（参考文献⑧）。司法の世界が一番保守的なのかもしれない。一方，同訴訟では，離婚後，女性のみが半年間再婚できないことを定めた民法733条の規定は憲法14条の定める「法の下の平等」に反するとした訴えに対して，「100日を超える部分」については合理性が無い，として違憲判断が下された。これを受けて，2016年6月1日，再婚禁止期間を6ヵ月から100日に短縮する改正民法が成立し，同月7日に施行された。さらに，2022年12月16日に成立した改正民法により，再婚禁止期間は廃止されることとなった（2024年施行予定）。

夫婦別姓訴訟については，最高裁はその後も夫婦別姓を認めない民法と戸籍法の規定は憲法に違反しない，との判断を下している（最大決令和3年6月23日）。夫婦別姓をめぐっては，色々な意見があるのは確かであるが（参考文献⑨），既に述べた同性婚も含め，家族の在り方は時代とともに変化している。法律がそれに追いつけていないのではないだろうか。

暴力とジェンダー

（i）DVとその法的対応　　DV（Domestic Violence）とは，配偶者や恋人など，親密な二人の間で起こる暴力を指す。DVがジェンダーと関わってくるのは，この問題の背景だけでなく，ときにはその対応においても，「妻は夫の言うことを聞くべき」とか「男性は多少乱暴でも許される」等のジェンダー・バイアスに基づいたものになるからである。DVの被害者は女性だけでなく，男性も当然含まれる（この意味で，DVを「夫，恋人からの暴力」と説明するのは，それこそがジェンダー・バイアスである）し，同性カップルの間でも起こり得る。

内閣府は3年に一度「男女間における暴力に関する調査」を行っており，2021年度の調査では，（参考文献⑩），回答した女性の約4人に1人，男性も約5人に1人が過去に配偶者から暴力を受けた経験があると回答している。また，これらの被害経験者のうち，女性の約4割，男性は約6割がどこにも相談していないと回答している。

DVとは身体的暴力，精神的暴力，性的暴力，経済的暴力（生活費の使用用途を細かく制限する），社会的暴力（被害者を孤立させる），子どもを利用した暴力（子どもに危害を与えると脅して被害者の嫌がる行為を強要する）等，さまざまな暴力が含まれると理解されている（参考文献⑪）。このうち，わが国の「**DV防止法**」では身体的暴力，精神的暴力，性的暴力をDVと定義している。

わが国で2001年4月13日に成立し，同年10月13日より施行されている「**配偶者からの暴力の防止及び被害者の保護に関する法律**」（以下，「DV防止法」）では，配偶者（事実上の婚姻関係を含む）から身体に対する暴力を受けた被害者が居住地を管轄する地方裁判所に対し，**保護命令**の申立てをすることができるようになった。保護命令とは，**接近禁止命令**（6ヵ月）と**退去命令**（2ヵ月）を指す。これらの命令に違反した者に対しては1年以下の懲役または100万円以下の罰金が科せられる。DV防止法の第一次改正（2004年5月27日成立，同年12月2日施行）においては，配偶者からの暴力の定義が「心身に有害な影響を与える行動」に拡大され，身体的暴力だけでなく精神的暴力，性的暴力が含まれることとなった。また離婚後も保護命令の申立てができるようになり，接近禁止命令の対象として，被害者本人だけでなく子どもも含まれるようになった。そして「第二次改正DV防止法」（2007年7月5日成立，2008年1月11日施行）では，配偶者から生命・身体に対する脅迫を受けた被害者も保護命令を申立てることができるなど，その範囲が拡大された。さらに「第三次改正DV防止法」（2013年6月26日成立，2014年1月3日施行）では，DV被害者の定義を「加害者と同居している，または同居していた者」にまで拡大した。この改正により，事実婚関係になくても同居の事実がある（あった）恋人同士の間で起きた暴力も対象に含まれるようになった。一方，同居の事実のない恋人間で起きる暴力はデートDVと呼ばれるが，わが国のDV防止法の対象とならない。しかしこれでは，とくに中高生や大学生等の若年層のカップル間で起こる暴力に対応できない。わが国のDV対策でとくに遅れているのは加害者の更生のための取り組みである。加害者がDVを繰り返し新たな被害者を出さないためにも，再犯防止教育に力が入れられるべきである（参考文献⑫）。

（ii）性犯罪と刑法改正　　性犯罪は「魂の殺人」と呼ばれることもあり，被害者の心にも深い傷を残すことが多い。性犯罪の被害者は誰にも相談できなかったり，また周りからの無理解に苦しむことが少なくない（参考文献⑬）。また，警察において全く配慮のないやり方で事情聴取が行われる，証人として出廷した裁判の反対尋問で被告人の弁護人から事件と関係ない性的経験を執拗に聞かれるといった，セカンド・レイプの問題も深刻である（⇒**UNIT 14**も参照）。

また，混雑電車内で多発する痴漢問題は国際的にも悪名高い。そして性犯罪に対する量刑も諸外国と比べると軽いという批判の声も多い。しかし，裁判員裁判においては，とくに性犯罪事件において明白な厳罰化傾向が見られており（⇒**UNIT 14**も参照），性犯罪問題に対する社会の関心は強まっている（参考文献⑭）。2014年10月には「性犯罪の罰則に関する検討会」（以下，「検討会」）が法制審議会に設置された。「検討会」は2016年8月6日に『「性犯罪の罰則に関する検討会」取りまとめ報告書』を提出した（参考文献⑮）。この『報告書』を受け，「刑法の一部を改正する法律案」（以下，改正刑法）が2017年6月16日に成立し，同年7月13日より施行された。性犯罪の規定の構成要件変更を含む，現行刑法が1907年に制定されて以来，110年ぶりの大改正となった。主要な改正点を以下に挙げる。

① **強姦罪の構成要件及び法定刑の見直し**　改正刑法のもとでは，従来の強姦罪（刑法177条）は「**強制性交等罪**」と名称が変更され，処罰対象を従来の「姦淫」から「性交等」に拡大し，これを“性交，肛門性交又は口腔性交”と定義した。改正前は被害者を「女子」と限定していたのに対し，条文の文言を単に「者」と変更したことから，被害者には男性も含まれることとなった。

また，法定刑については従来の「懲役3年以上」から「懲役5年以上」に引き上げられた。これは強盗罪（刑法236条）の法定刑が「懲役5年以上」であるのに比べ，強姦罪のこれまでの法定刑が軽すぎた，とする批判にこたえたものである。量刑にどのように影響するのかにも注目する必要があろう。さらに，「強制わいせつ等致死傷罪」（刑法181条2項）の法定刑の下限も「懲役5年」から「懲役6年」に引き上げられた。

② **性犯罪に対する親告罪規定の撤廃**　従来は強姦や強制わいせつの罪及びそれらの未遂罪は被害者からの告訴がなければ検察官が公訴を提起できない「**親告罪**」とされてきた。これは被害者のプライヴァシーを守ることを意図する一方で，被害者は告訴するかしないかの決断に大きな負担を感じ，また結果として泣き寝入りを誘発してきたと批判もあった。改正により，これらの性犯罪に関しても非親告罪化された。性犯罪の確実な処罰という目的からは望ましい改正である一方で，今後は被害者の意思とは必ずしも関係なく性犯罪事件が起訴され，公判が開かれることもあり得ることを考えると，刑事手続における性犯罪被害者支援の充実が喫緊の課題である。

③ **監護者わいせつ及び監護者性交等の罪の新設**　「令和3年版犯

罪白書」によると，強制性交等の検挙件数のうち約7割は家族や面識ある者からの被害である。とくに加害者が家族である事件は多くの場合，暗数化してしまうことが懸念される。また家族から被害を受けた子どもは，自分が生活上依拠している相手からの加害には抵抗できない心理状態に置かれることも想像に難くない。こうした問題意識から18歳未満の者に対しその監護者がその影響力に乗じて性交等やわいせつ行為を行った場合には，暴行や脅迫を用いていなくても監護者わいせつ及び監護者性交等の罪で処罰されることとなった（刑法179条新設）。監護者とは被害者と同居する親等，被害者が生活を依拠している相手を意味する。従って，教師と生徒やコーチと選手もまた一定の支配関係に置かれることが多いとしてもこの犯罪の対象にはならない。子どもに対する支配的地位を利用した性犯罪から暴行・脅迫要件を無くし，犯罪が成立しやすくしたことは被害者保護の観点からは評価できる。しかしそもそもこうした事件は被害者である子どもが誰にも助けを求められないことこそが問題であり，子どもがSOSを出しやすい環境，周りがそれをキャッチしやすい制度を作ることが必要である（参考文献⑯）。

④ **残された課題と更なる改正**　2017年の刑法改正には課題も多く残った。まず，強姦罪や強制性交等罪における「暴行・脅迫」要件は緩和されずに残された。ここでいう暴行・脅迫要件については強盗罪における“相手方の抵抗を抑圧する程度のもの”までは要求されず，“その抵抗を著しく困難ならしめる程度のもので足りる”と解されている（最決昭和30年6月6日裁判集（刑事）第126号171頁）。しかしこの要件を厳しく認定する裁判も少なくなく，恐怖で硬直して声さえ出せない被害者の状況（フリーズ状態）への理解が低いまま，無罪判決となってしまうケースも少なくない（参考文献⑰）。

また，わが国においては性交同意年齢は13歳以上と設定されている。これは世界的にみると低く，中高生の性被害を防止するうえで問題となっていた。

2017年改正では3年後の見直しの附則が盛り込まれたこともあって，2020年6月に法務省に「性犯罪に関する刑事法検討会」（以下，「刑事法検討会」）が設置され，更なる改正への議論が行われた。「刑事法検討会」には，性犯罪被害経験者がメンバーに入り，被害当事者の声を重視した法改正を行う姿勢が示された。「刑事法検討会」は審議を経て，2021年5月「とりまとめ報告書」を提出し，法制審議会はそれを受けて2022年10月24日に刑法改正のための「試案」を示した。そこでは強制性交等罪の構成要件として，「暴行や脅迫」以外にも，「アルコールや薬物の摂取」，「拒絶するいとまを与えない」，「虐待に起因する心理的反応を起こさせる」等，8つの行為を条文で具体的に列挙し，こうした行為により相手を「拒絶困難」にさせ，性交等をすることも処罰対象とする案が示された。さらに，グルーミング行為やポルノ画像の撮影等に関する罪の新設，被害者が13歳以上16歳未満のケースにおいては，被害者より5歳以上年上の行為者が被害者の対処能力が不十分なことに乗じて性交した場合は処罰する，等の案が示された（参考文献⑱）。その後，2023年2月に法制審議会により出された刑法改正要綱案を受け，「強制性交等罪」「強制わいせつ罪」はそれぞれ「**不同意性交等罪**」「**不同意わいせつ罪**」に変更され，同意のない性交やわいせつ行為を処罰の対象とする改正刑法の成立が予定されている（2023年3月時点）。

3 労働とジェンダー

雇用におけるさまざまな差別

労働は多くの人にとって自己実現のための重要な場である。そこにおける差別は労働者にとって深刻な問題となる。そのなかでも性に基づく差別は，賃金や定年時期において見られてきた。1985年に「**男女雇用機会均等法**」（以下，均等法，⇒**UNIT 15**）が成立したが，均等法制定以前は女性従業員に対しては「結婚した暁には退職する」等の約束をさせる結婚退職制をとる会社が多かった。1966年の**住友セメント事件**（結婚退職制訴訟とも呼ばれる）では，結婚したことで解雇通知を受けた女性従業員が会社に対し，雇用関係確認訴訟を起こした。東京地裁は結婚退職制は，法の下の平等（憲法14条）及び結婚の自由（憲法24条）の趣旨を損ない，公序良俗（民法90条）に反して無効と判じた（東京地判昭41年12月20日労民集17巻6号1407頁）。

また，性差別は定年時期においても長く存在していた。1975年の**伊豆シャボテン公園事件**では，“男性57歳，女性47歳”とした定年制について，既に退職していた女性従業員がその地位保全の仮処分を申請したものであるが，一審・二審ともに原告らの主張を認め，最高裁は会社側からの上告も棄却した（最決第三小法廷昭和51年8月29日・労働判例233号46頁）。

男女間の賃金格差の問題はどうであろうか。均等法の施行により，同じ仕事をしているにも拘らず，男女間で賃金の格差を置くことは許されないはずである。しかし，厚労省の2021年の調査によると，2020年においてフルタイムで働く女性の賃金は男性の賃金の74.6％となっており，歴然とした賃金差が存在する。この格差は，階級や勤務年数等に裏打ちされているものと思われるが，出産や育児等で休職するのは女性が圧倒的に多いことを考えると，昇格の機会を男女間でどう平等に提供するか等，女性の労働を多方面から模索する方法を考える必要がある。

ところで，均等法は当初，雇用の様々な局面において「差別しないように努力しなければならない」という雇用側の努力義務しか規定しておらず，実効性は限定的であった。1990年代半ばのバブル崩壊後，女性の新卒採用が急激に落ち込んだことは1997年の均等法改正につながった。1997年改正では募集・採用に始まる雇用のあらゆる段階における女性に対する差別が明記された。また，女性の社会進出を促すために，**積極的差別是正措置**（ポジティブ・アクション）が規定されたことも重要である（参考文献④ 222頁）。均等法はさらに2007年にも改正され，女性に対する差別の禁止が「男女双方に対する差別の禁止」に拡大された。また，表面的には性別差別とは関係ないように思われる取り扱いやルールでも，それを運用した結果，一方の性が不利益になるような取り扱いを職務の内容とは無関係に行う，**間接差別**の禁止も盛り込まれた。

さらに，働く女性の活躍を後押しするために，10年の時限立法である「**女性活躍推進法**」が2015年8月28日に成立し，同年9月4日から施行された。同法はその後，2019年と2022年に改正され，後者の改正では，企業に対し，情報公表項目に「男女の賃金の差異」が追加された。よい意味でのプレッシャーを企業にかけ，男女間の賃金格差を無くしていく努力が続けられるべきである。

ワーク・ライフ・バランス ―― 仕事と生活の程よいバランスとは？

ワーク・ライフ・バランスとは「仕事と生活の調和」と訳され，働くすべての人が「仕事」と育児や介護，趣味や学習，地域活動や休息等「仕事以外の生活」との調和をとり，その両方を充実させる生き方のことを指す。2007年12月に経済界や地方の代表者，また関係会議の有識者から構成される「仕事と生活の調和推進官民トップ会議」が開催され，「**仕事と生活の調和憲章**」及び「仕事と生活の調和のための行動指針」が策定された。ここで目指されていることは，少子高齢化社会において，労働者に家庭と労働を両立させてもらいつつその労働力を継続的に確保することである。バブル期に「24時間戦えるか」といったフレーズがCMで流行したように，日本社会はこれまで私生活より労働を優先させることを美徳とする風潮が強かった。このことはまた，「男は仕事，女は家庭」といった，ジェンダー・バイアスに基づいた性的役割分担意識を強調させることにも役立ってきたと言える。

政府はさらに，2016年8月に経済政策の一環として**働き方改革**を閣議決定した。その一環として，2018年6月には「働き方改革を推進するための関係法律の整備に関する法律」が成立し，これによって労働基準法を始めとする関連法令が改正され，2019年4月以降順次施行されている。そこでは，少子高齢化社会において，育児や介護との両立など，働く人の個々のニーズに応じた働き方を目指すとともに，日本の企業文化そのものも変えることを目指し，各企業においてそれに向けた取り組みが進められている。

セクシャル・ハラスメント —— Me Tooは日本で拡がったか？

セクシャル・ハラスメント（セクハラ）とは，職場や学校などの一定の集団内で，相手に対してその意思に反して不快や不安な状態に追い込む性的な言葉や行為である。これらは，相手との間の上下関係を利用して行われる「**対価型セクハラ**」（酒の席で異性に酌を強要する，教師が学生にわいせつな内容の発言をする等）と「**環境型セクハラ**」（職場のパソコンの壁紙をヌード写真にする，男女問わず，その恋愛経験や結婚について執拗に聞く等）に分けられる。セクハラは加害者のジェンダー・バイアスに基づいてなされることが多く，往々にして加害者はその地位を利用して被害者に性的な嫌がらせをするのであるから，学校や職場をあげて被害者を保護し，また防止策をとる必要がある。1997年の均等法改正では，事業主はセクハラが発生しないよう環境整備義務を負うことが盛り込まれた。また，2007年の均等法改正では，**男女双方に対する差別の禁止**が規定され，事業主は男性従業員に対してもセクハラの被害にあわないよう防止策をとる義務を負うこととなった。

また，「労働施策の総合的な推進並びに労働者の雇用の安定及び職業生活の充実等に関する法律」が2020年に改正され，企業にパワーハラスメント防止のために雇用管理上必要な措置を講じることが義務付けられ，2022年4月1日より施行されている（この法改正の総称は「パワハラ防止法」と呼ばれることもある）。これに合わせて，男女雇用機会均等法も改正され，労働者が事業主にセクハラ等の相談をしたこと等を理由とする事業主による不利益取り扱いを禁止する条項が盛り込まれた。

ところで，ハリウッドの有名映画プロデューサーから受けたセクハラ被害に女優たちが2017年10月ごろから声をあげ，ソーシャルメディアなどで「# Me Too（私も被害にあった）」と発信し始めたことで，性犯罪やセクハラの被害者を中心に，性暴力や性差別を社会からなくすために社会の関心を喚起しよう，という運動が世界的に広まった。わが国でもこの運動は注目され，性的な被害に遭った人々が実名で被害についてメディアで話したりするなどの動きが起こるようになった。しかし一方，欧米諸国に比べるとわが国では「# Me Too」運動が拡がりにくいことを指摘する声もあった。各国の#Me

Too運動に続き，わが国でも地位ある加害者からセクハラや性被害を受けた被害者が名乗りを上げる事例は数例起きたものの，社会運動としては大きな盛り上がりは見られなかった。その理由を分析する必要があるが，欧米諸国と違ってわが国では，芸能人等，いわゆるインフルエンサーの立場にある人たちがこの運動を支持しなかったこと，マスコミの取り上げ方も十分ではなかったことも原因の一つではないだろうか。セクハラを防止し，被害者を保護するためには，被害者が訴え出やすい環境を作り出すだけでなく，周りの人々が傍観せず，これらの問題に敏感であること，さらに言えば，名乗り出た人が引き続きその環境（職場や学校等）に留まることを負担に思わないですむためのサポート体制も必要である。

〈参考文献〉

① 上川あや『変えてゆく勇気 ―― 「性同一性障害」の私から』（岩波書店，2007年）
② 朝日新聞2018年3月25日35面「多様性，選べる制服　男女共用のデザイン模索」
③ ベアテ・シロタ・ゴードン・平岡麻紀子『1945年のクリスマス ―― 日本国憲法に「男女平等」を書いた女性の自伝 』（柏書房，1995年）
④ 三成美保ほか『ジェンダー法学入門（第2版）』（法律文化社，2015年）
⑤ 第234号　同性婚訴訟札幌地裁令和3年3月17日判決　文献番号 2021WLJCC013〈https://www.westlawjapan.com/column-law/2021/210628/〉
⑥ 内閣府男女共同参画局〈http://www.gender.go.jp/international/int_syogaikoku/int_shihyo/index.html#GII〉
⑦ 木村草太「夫婦別姓訴訟の憲法的考察」月報司法書士548号（2017

年)〔22 ～ 28 頁〕

⑧ 朝日新聞 2017 年 6 月 29 日 38 面「裁判官の旧姓使用認める 判決文などの文書 最高裁」

⑨ 朝日新聞 2017 年 12 月 13 日 16 面「(声，どう思いますか？) 11 月 19, 22 日掲載の「夫婦別姓」をめぐる投稿」

⑩ 内閣府男女共同参画局「男女間における暴力に関する調査報告書＜概要版＞」(2021 年 3 月)〈https://www.gender.go.jp/policy/no_violence/e-vaw/chousa/pdf/r02danjokan-gaiyo.pdf〉

⑪ 前田忠弘ほか『刑事政策がわかる (改訂版)』(法律文化社，2019 年)〔186 ～ 187 頁〕

⑫ 朝日新聞 2015 年 9 月 11 日 31 面「『加害者の自覚』教育で DV 防止法施行 15 年：下」

⑬ 小林美佳『性犯罪被害にあうということ』(朝日新聞出版, 2011 年)

⑭ 読売新聞大阪本社社会部『性犯罪報道』(中央公論新社, 2013 年)〔215 頁以下〕

⑮「性犯罪の罰則に関する検討会」報告書〈http://www.moj.go.jp/content/001154850.pdf〉

⑯ 森田ゆり『子どもへの性的虐待』(岩波書店，2008 年)

⑰ 大阪弁護士会人権擁護委員会性暴力被害検討プロジェクトチーム編『性暴力と刑事司法』(信山社，2014 年)〔33 頁以下〕

⑱ 法制審議会刑事法 (性犯罪関係) 部会 第 10 回会議配布資料 試案〈https://www.moj.go.jp/content/001382454.pdf〉

ステップアップ

オリジナルで考えよう

参考文献⑮と⑱を読み，ジェンダーの観点から，性犯罪関連規定の刑法改正にはいまだどのような課題が残っているかを議論してみよう。

事 項 索 引

〔さ〕

〔た〕

〔ま〕

〔や〕

〔ら〕

〔わ〕

〈著者紹介〉

宮澤節生（みやざわ・せつお）
神戸大学名誉教授，UC ロースクール・サンフランシスコ客員教授

武蔵勝宏（むさし・かつひろ）
同志社大学政策学部教授

上石圭一（あげいし・けいいち）
追手門学院大学社会学部教授

菅野昌史（かんの・まさし）
山陽学園大学地域マネジメント学部教授

畑　浩人（はた・ひろと）
広島大学人間社会科学研究科専任講師

大塚　浩（おおつか・ひろし）
奈良女子大学生活環境学部教授

平山真理（ひらやま・まり）
白鷗大学法学部教授

ブリッジブック法システム入門〔第5版〕
──法社会学的アプローチ　〈ブリッジブックシリーズ〉

2008(平成20)年10月25日　第1版第1刷発行　2321-0101
2011(平成23)年3月30日　第2版第1刷発行　2334-0201
2015(平成27)年4月1日　第3版第1刷発行　2340-0301
2018(平成30)年6月15日　第4版第1刷発行　2735-0401
2023(令和5)年4月1日　第5版第1刷発行　2736-0501

著者　宮澤節生
　　　武蔵勝宏
　　　上石圭一
　　　菅野昌史
　　　畑　浩人
　　　大塚　浩
　　　平山真理
発行者　今井　貴
発行所　信山社出版株式会社
Printed in Japan　〒113-0033　東京都文京区本郷6-2-9-102

印刷／松澤印刷　製本／渋谷文泉閣

ISBN978-4-7972-2736-9　C3332　012-015-005
NDC 321.300 c033　p404　法社会学・テキスト

さあ，法律学を勉強しよう！

サッカーの基本。ボールを運ぶドリブル，送るパス，受け取るトラッピング，あやつるリフティング。これがうまくできるようになって，チームプレーとしてのスルーパス，センタリング，ヘディングシュート，フォーメーションプレーが可能になる。プロにはさらに高度な「戦略的」アイディアや「独創性」のあるプレーが要求される。頭脳プレーの世界である。

これからの社会のなかで職業人＝プロとして生きるためには基本の修得と応用能力の進化が常に要求される。高校までに学んできたことはサッカーの「基本の基本」のようなものだ。これから大学で学ぶ法律学は，プロの法律家や企業人からみればほんの「基本」にすぎない。しかし，この「基本」の修得が職業人の応用能力の基礎となる。応用能力の高さは基本能力の正確さに比例する。

これから法学部で学ぶのは「理論」である。これには２つある。ひとつは「基礎理論」。これは，政治・経済・社会・世界の見方を与えてくれる。もうひとつは「解釈理論」。これは，社会問題の実践的な解決の方法を教えてくれる。いずれも正確で緻密な「理論」の世界だ。この「理論」は法律の「ことば」で組み立てられている。この「ことば」はたいへん柔軟かつ精密につくられているハイテク機器の部品のようなものだ。しかしこの部品は設計図＝理論の体系がわからなければ組み立てられない。

この本は，法律の専門課程で学ぶ「理論」の基本部分を教えようとするものだ。いきなりスルーパスを修得はできない。努力が必要。高校までに学んだ「基本の基本」を法律学の「基本」に架橋（ブリッジ）しようというのがブリッジブックシリーズのねらいである。正確な基本技術を身につけた「周りがよく見える」プレーヤーになるための第一歩として，この本を読んでほしい。そして法律学のイメージをつかみとってほしい。

さあ，21世紀のプロを日指して，法律学を勉強しよう！

2002年9月

信山社『ブリッジブックシリーズ』編集室

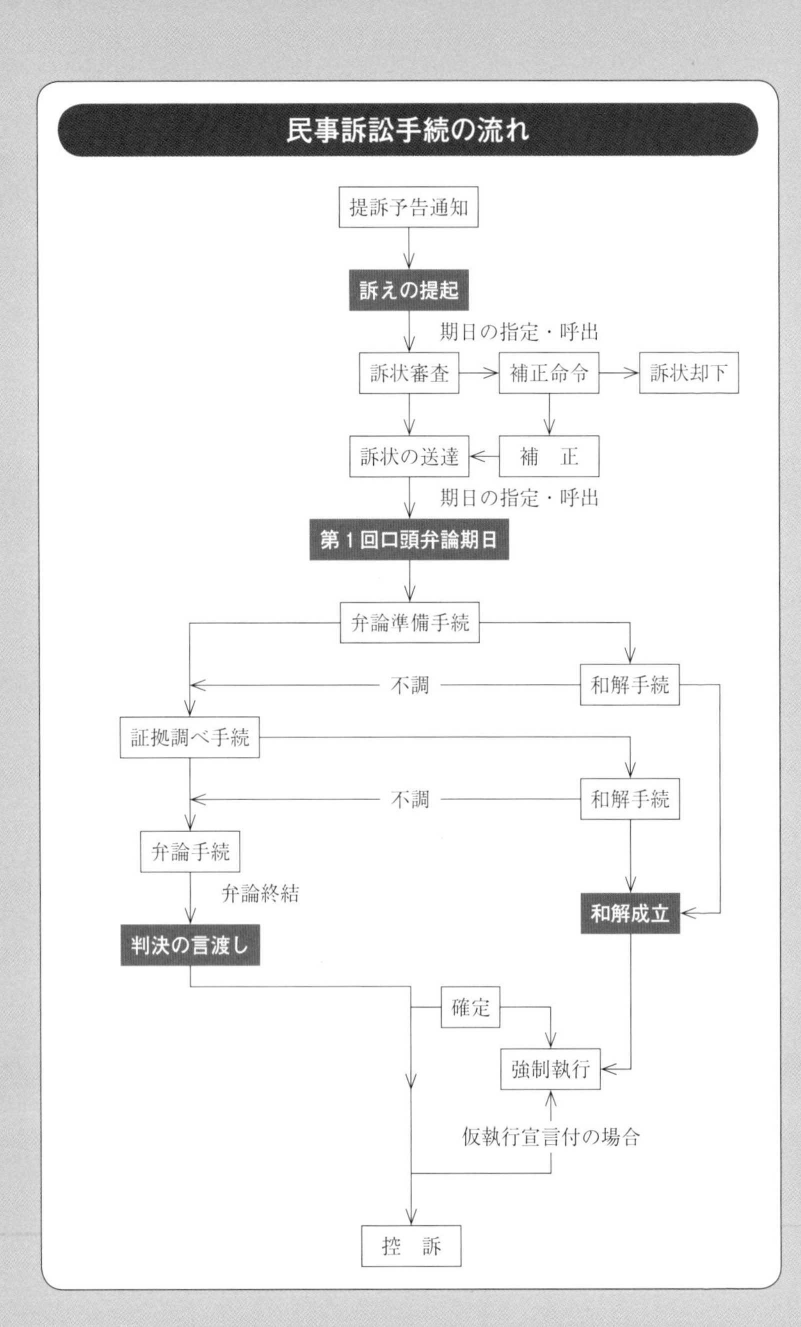
民事訴訟手続の流れ
提訴予告通知
訴えの提起
期日の指定・呼出
訴状審査
補正命令
訴状却下
訴状の送達
補　正
期日の指定・呼出
第1回口頭弁論期日
弁論準備手続
不調
和解手続
証拠調べ手続
不調
和解手続
弁論手続
弁論終結
和解成立
判決の言渡し
確定
強制執行
仮執行宣言付の場合
控　訴